# イタリア 都市社会史入門

## 12世紀から16世紀まで

齊藤寛海＋山辺規子＋藤内哲也 編

昭和堂

# イタリア都市社会史入門　目次

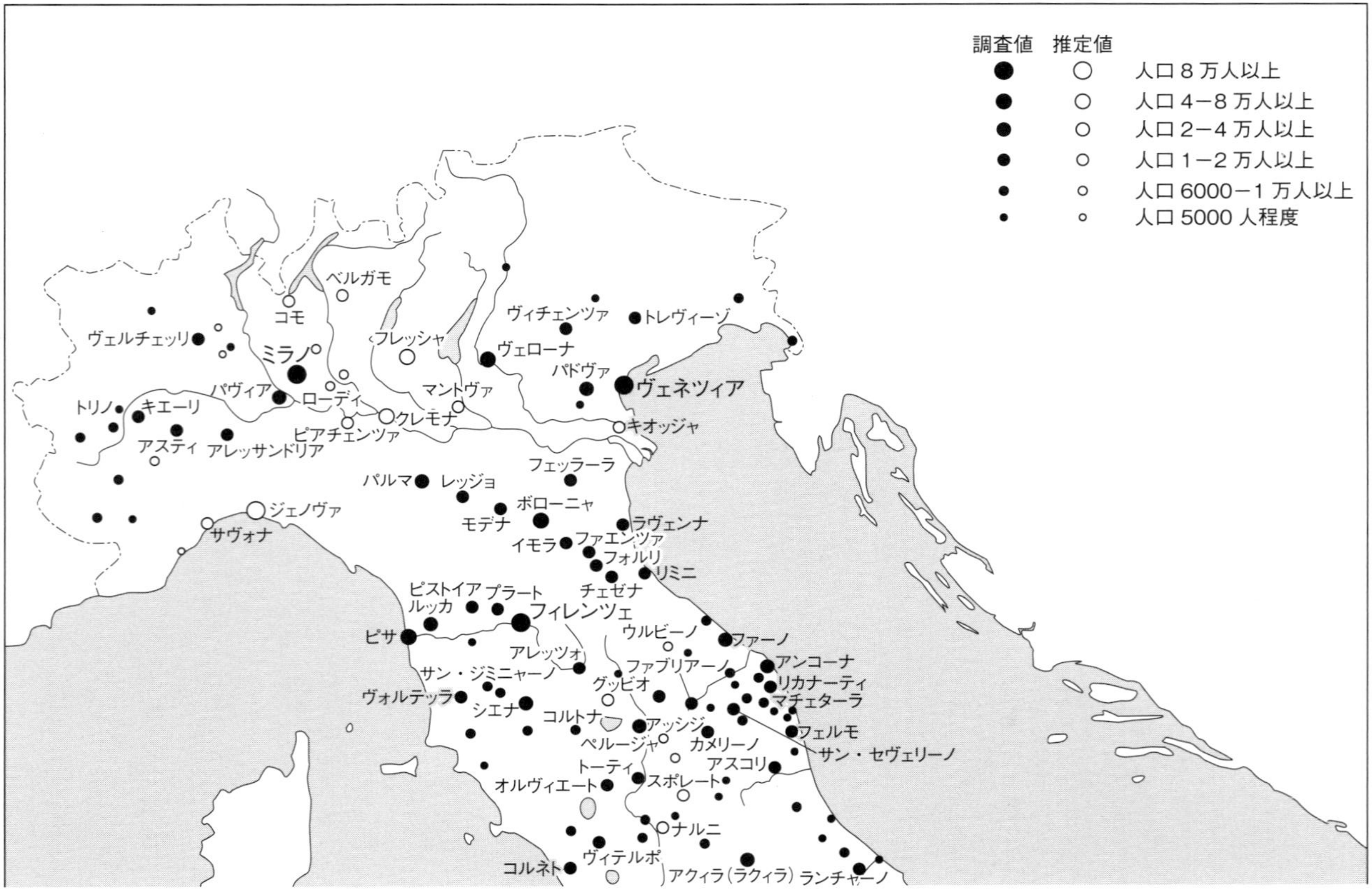
調査値 推定値
人口8万人以上
人口4−8万人以上
人口2−4万人以上
人口1−2万人以上
人口6000−1万人以上
人口5000人程度
ベルガモ
コモ
ヴェルチェッリ
ミラノ
フレッシャ
ヴィチェンツァ
トレヴィーゾ
ヴェローナ
パドヴァ
ヴェネツィア
パヴィア
ローディ
マントヴァ
トリノ
キエーリ
クレモナ
ピアチェンツァ
キオッジャ
アスティ
アレッサンドリア
フェッラーラ
パルマ
レッジョ
ボローニャ
モデナ
ジェノヴァ
サヴォナ
ラヴェンナ
イモラ
ファエンツァ
フォルリ
リミニ
チェゼナ
ピストイア
プラート
ルッカ
フィレンツェ
ピサ
ウルビーノ
ファーノ
アレッツォ
アンコーナ
ファブリアーノ
サン・ジミニャーノ
グッビオ
リカナーティ
マチェターラ
ヴォルテッラ
シエナ
コルトナ
アッシジ
フェルモ
ペルージャ
カメリーノ
サン・セヴェリーノ
トーディ
アスコリ
オルヴィエート
スポレート
ナルニ
ヴィテルボ
コルネト
アクィラ(ラクィラ)
ランチャーノ

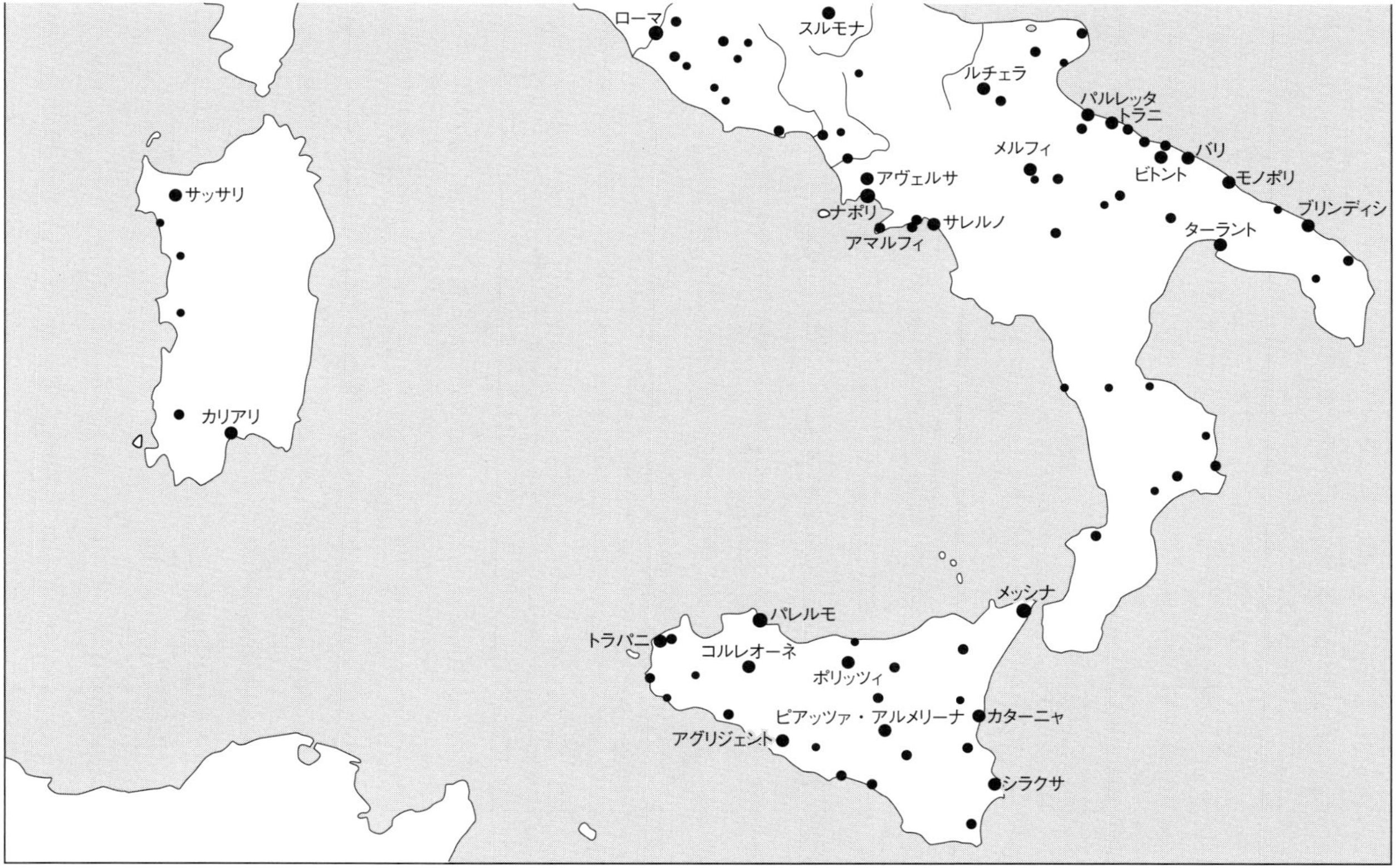


地図1　13世紀末〜14世紀初頭のイタリア

Maria Ginatempo e Lucia Sandri, *L'Italia delle città Il popolamento urbano tra medioevo e Rinascimento (secoli XIII-XVI)*, Firenze, Le Lettere, 1990, pp.236-237 から作成。

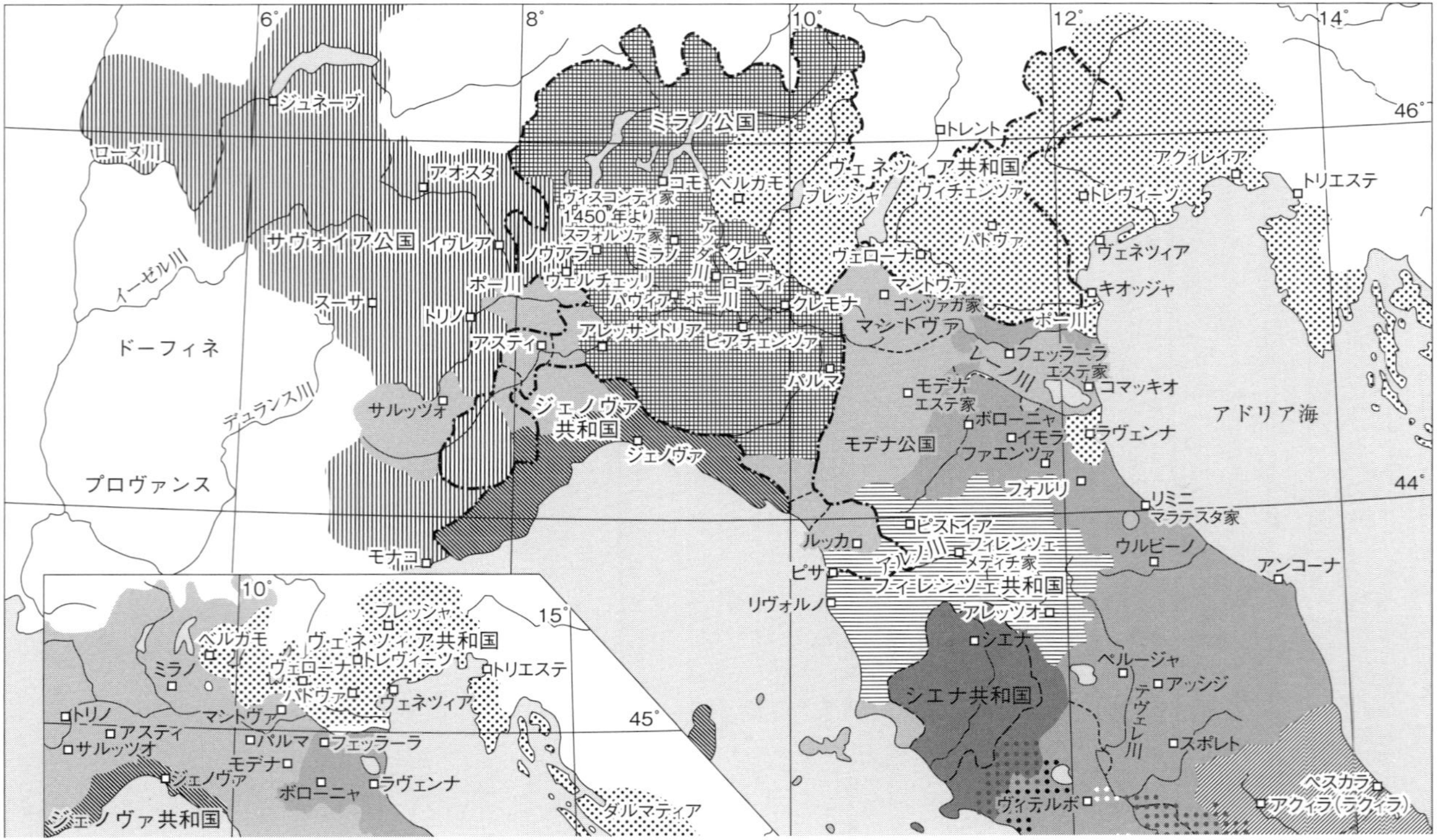
ミラノ公国
ヴェネツィア共和国
サヴォイア公国
ジェノヴァ共和国
モデナ公国
フィレンツェ共和国
シエナ共和国
ドーフィネ
プロヴァンス
アドリア海
ジュネーブ
ローヌ川
イーゼル川
デュランス川
アオスタ
イヴレア
スーサ
トリノ
アスティ
サルッツオ
モナコ
ジェノヴァ
ノヴァラ
ヴェルチェッリ
ポー川
パヴィア
アレッサンドリア
ヴィスコンティ家
1450年より
スフォルツァ家
ミラノ
コモ
ベルガモ
ブレッシャ
アッダ川
クレマ
ローディ
ピアチェンツァ
クレモナ
パルマ
マントヴァ
ゴンツァガ家
ヴェローナ
ヴィチェンツァ
パドヴァ
トレント
トレヴィーゾ
ヴェネツィア
キオッジャ
アクイレイア
トリエステ
フェッラーラ
エステ家
レーノ川
コマッキオ
モデナ
エステ家
ボローニャ
イモラ
ファエンツァ
ラヴェンナ
フォルリ
リミニ
マラテスタ家
ウルビーノ
アンコーナ
ピストイア
フィレンツェ
メディチ家
アルノ川
ルッカ
ピサ
リヴォルノ
アレッツォ
シエナ
ペルージャ
アッシジ
テヴェレ川
スポレト
ヴィテルボ
ペスカラ
アクィラ（ラクィラ）
10°
15°
45°
ベルガモ
ブレッシャ
ヴェネツィア共和国
ミラノ
ヴェローナ
トレヴィーゾ
トリエステ
パドヴァ
ヴェネツィア
マントヴァ
トリノ
アスティ
サルッツオ
パルマ
フェッラーラ
モデナ
ジェノヴァ
ボローニャ
ラヴェンナ
ダルマティア
ジェノヴァ共和国
6°
8°
10°
12°
14°
46°
44°

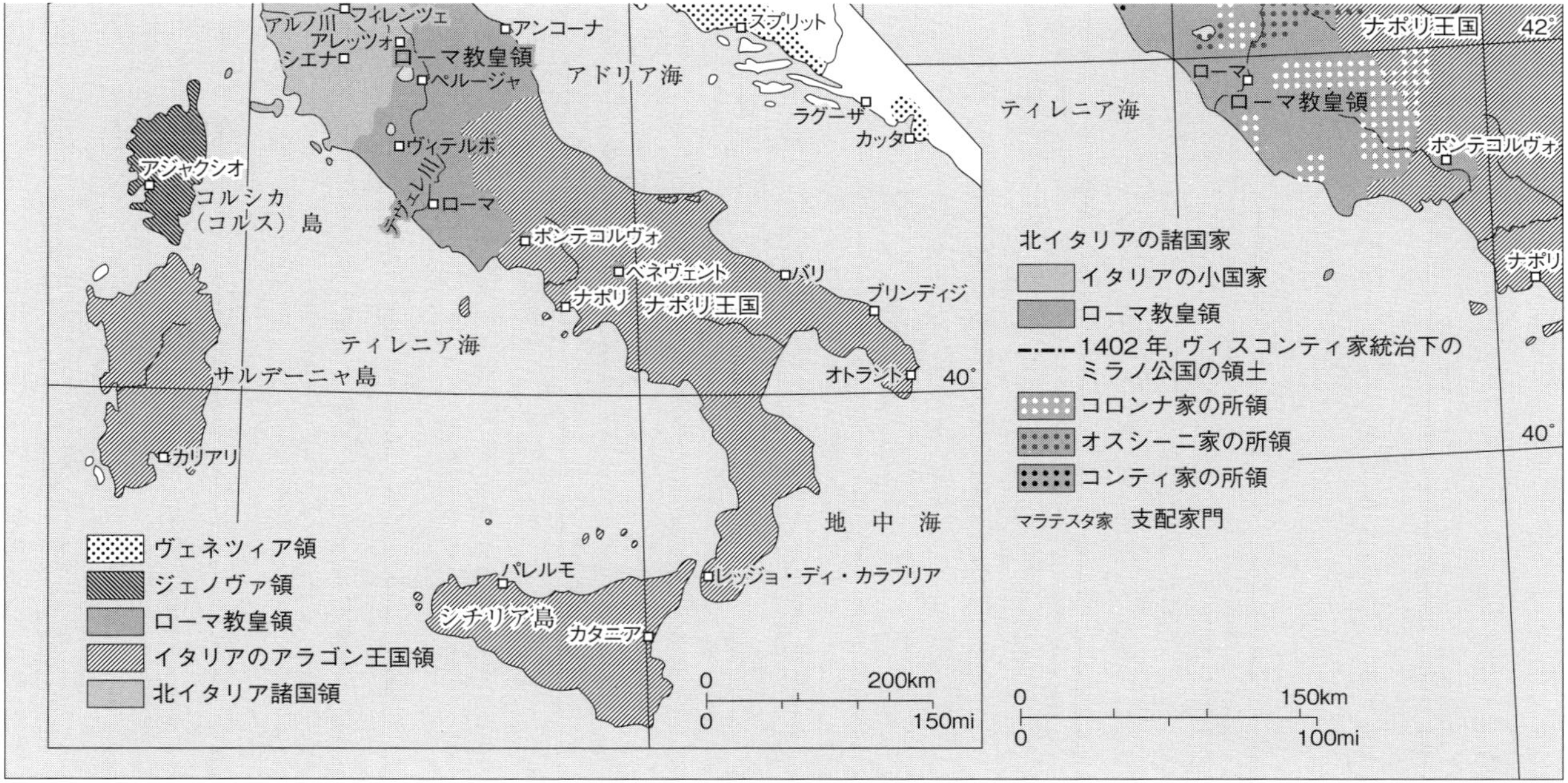


地図2　15世紀のイタリア

Donald Matthew, *Atlas of Medieval Europe*, Oxford, Phaidon, 1986, p.212 より作成。

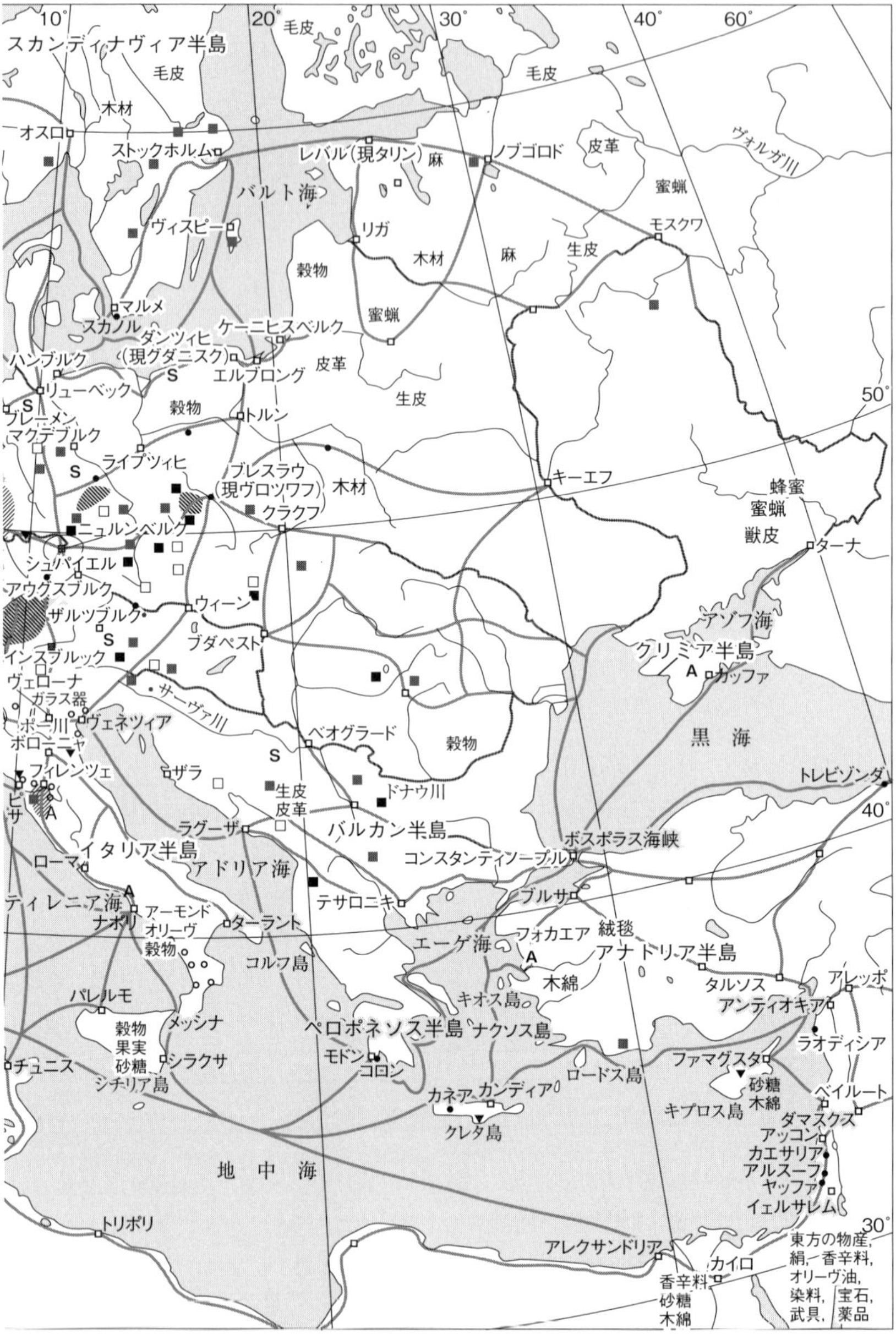


地図３　中世ヨーロッパ交易図

Donald Matthew, *Atlas of Medieval Europe*, Oxford, Phaidon, 1986, p.133 より作成。

15　地図3　中世ヨーロッパ交易図

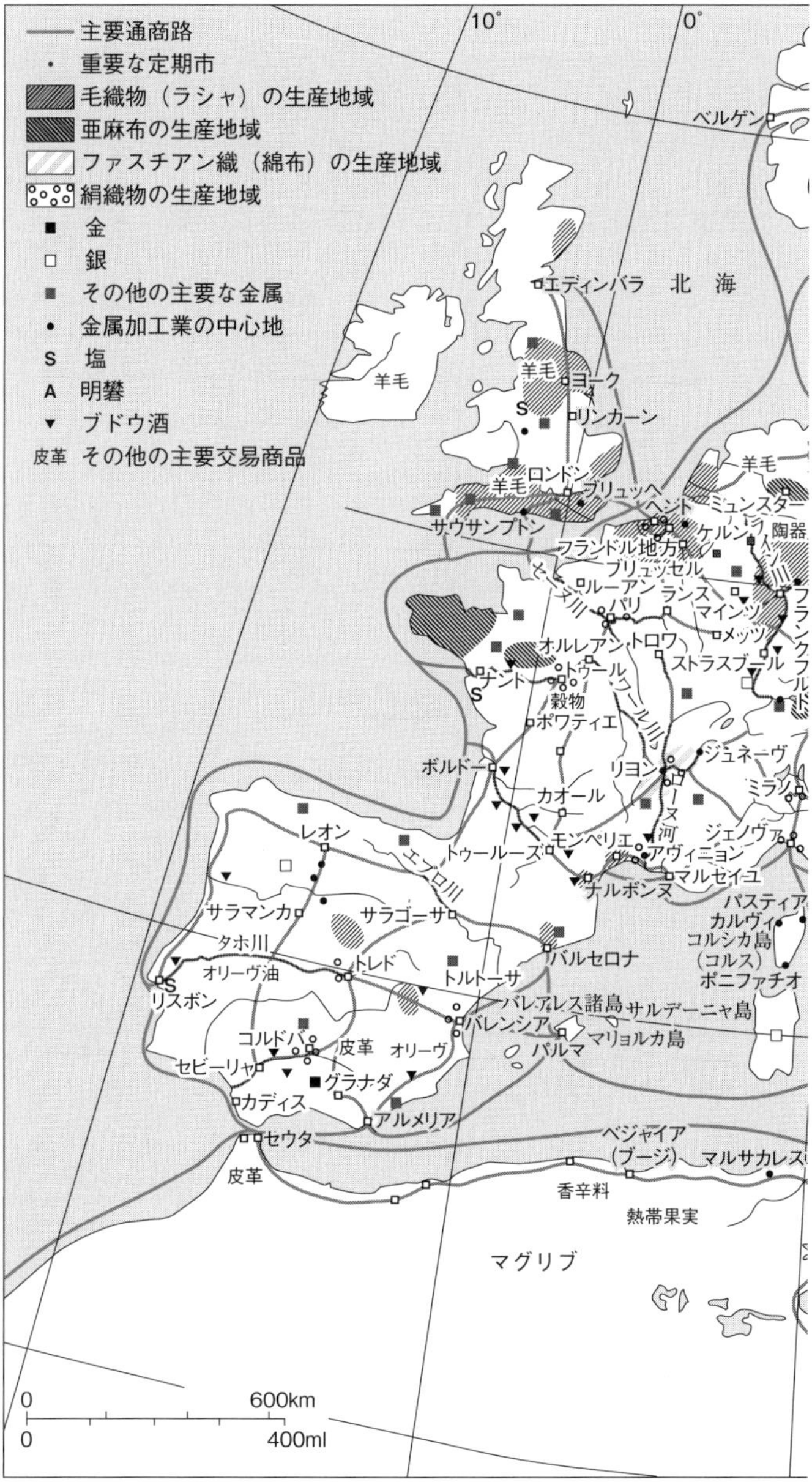

# 序章　歴史のなかのイタリア都市社会

## 1　イタリア都市社会の歴史的性格

### §都市のイタリア

イタリアと聞くと、みなさんの頭のなかにはどのような光景が広がるだろうか。なかには、緑あふれるのどかな農村風景が浮かんでくる人もいるかもしれない。たとえば、トスカーナ地方のなだらかな丘陵地帯やロンバルディアの平原に広がるブドウ畑や小麦畑といった恵み豊かな農村の景色は、たしかにイタリアについて語るうえで欠かせない景観のひとつだろう。イタリアはなによりも美食の国であり、今日ではファストフードに対抗するスローフードの主張も注目を集めている。また、都会の喧騒から離れて、自然に囲まれたイタリアの農村をめぐる旅も高い人気を誇っているという。

けれども、読者のみなさんの多くが思い描くイタリアの風景とは、歴史と文化の薫り高い都市の景色——教科書やガイドブックや映画やテレビ番組でおなじみの、今なお威容を誇る古代ローマの遺跡や、ルネサンス、バロックといったさまざまな様式の壮麗な建築、絵画や彫刻の珠玉の作品を収めた美術館や博物館、オペラを育んだ劇場、あるいは最新のモードで飾られたブランドショップが建ち並ぶ瀟洒な通りや、庶民の憩いの場となっている広場など——ではないだろうか。たとえば、コロッセオやフォロ・ロマーノをはじめとする古代の遺跡が街のあちこちに残り、カトリックの総本山ヴァティカンのサン・ピエトロ大聖堂やシスティーナ礼拝堂の豪華絢爛たる姿が訪れる人びとを圧倒する永遠の都ローマ。あるいは、ブルネッレスキの円蓋で有名なサンタ・マリア・デル・フィオーレ大聖堂や、市政の中心であったパラッツォ・ヴェッキオ、ボッティチェリの《春》や《ヴィーナスの誕生》などを収めたウフィツィ美術館を擁するルネサンスの都フィレンツェ。ゴンドラの浮かぶ水の都ヴェネツィアの幻想的でロマンティックな風景は、キャサリン・ヘプバーン主演の『旅情』をはじめ、いくつもの名画の舞台となったし、イタリア経済の中心地として近代的な街並みと歴史的な景観が同居するミラノには、レオナルド・ダ・ヴィンチの傑作《最後の晩餐》もある。さらに、サッカーのセリエAに所属するチームに移籍した日本人選手の活躍もあって、ペルージャのような中小都市の名前も身近なものとなってきたし、塔の町サン・ジミニャーノや扇形のカンポ広場が美しいシエナ、ロマネスク様式を代表する大聖堂《ドゥオーモ》とガリレオの実験で有名な斜塔をもつピサといった都市もまた、それぞれ個性的な魅力に溢れている。

　これらの都市がきら星のように並ぶイタリアは、中世ヨーロッパ世界において、ブリュッヘやヘントなどの都市が繁栄したフランドル地方とともに、もっとも都市化の進んだ地域であった。たとえば、人口を激減させたペスト（黒死病）の流行直前、すなわち一四世紀初頭のヨーロッパ世界では、およそ一〇万人を超える人口を誇った大都市は、パリを除いてすべてイタリアにあった。ヴェネツィア、フィレンツェ、ミラノ、ジェノヴァ、ナポリである。そしてこれらの大都市を筆頭に、イタリアではすでに名前を挙げたピサやシエナやペルージャのような中小の都市が群生し、繁栄と権勢を競い合っていた。イタリアは、なによりもまず「都市の国」だったのである。

## §イタリア都市の展開

イタリアの諸都市は、中世になって新たに建設されたヴェネツィアなどの例外はあるものの、ほとんどが古代にさかのぼる長い歴史を誇っている。四世紀末にローマ帝国が東西に分裂し、さらに遊牧騎馬民族のフン族に押されたゲルマン諸部族が帝国内に流入して大規模な移動を展開するようになると、五世紀にはイタリア半島にもその波が本格的に及んできた。その結果、四七六年に西ローマ帝国が滅亡し、テオドリック王に導かれた東ゴート族がイタリアに侵入して、ラヴェンナを首都とする東ゴート王国を建国したのである。

六世紀半ばになると、ローマ帝国の再建を目指すビザンツ皇帝ユスティニアヌスが東ゴート王国を征服したが、その後アルボイン王に率いられたランゴバルド族がイタリアに侵入してビザンツ勢力を追い出し、ミラノに近いパヴィアを首都として、半島の北・中部を中心に、南部のベネヴェント公領をも含む広範な地域を支配するようになった。このような古代末期から中世初期にかけての混乱の時代に、多くの都市は略奪や戦争の被害を受けて荒廃した。しかし、古代末期にキリスト教がローマ帝国の国教とされてから、都市に司教座を設置して布教活動を展開していた教会が、治安の維持や、道路や橋の管理などにも関与したため、イタリア諸都市はその規模を縮小させながらも、地域の行政や経済、信仰や文化の拠点として機能し続けたのである。

一方、ランゴバルド王国の圧迫に苦しむローマ教皇は、七五一年にラヴェンナが占領されたのを機に、フランク王国の実力者ピピンに援助を求めた。ピピンはイタリア遠征によってランゴバルド族を討ち、旧ビザンツ領であったラヴェンナ総督領を教皇に贈与した。このいわゆる「ピピンの寄進」は、中部イタリアに一定の領域を占めるローマ教皇領のもととなったといわれている。さらに、教皇から戴冠されて皇帝となったカール大帝（シャルルマーニュ）は、南部を除くイタリアをその領域に組み込んだが、カールの没後、帝国の分割や相続が繰り返され、現在のフランスとドイツにつながる国家とイタリア北部の地域的な枠組みが成立した。

九世紀末から一〇世紀半ばにかけては、東西のフランク王国とともにカロリング帝国を構成するイタリア王国が半島の北部や中部を支配したが、ドイツ（東フランク）国王オットー一世が九六二年に皇帝に戴冠され、イタリア王位を兼ねると、北・中部のイタリア諸都市は、ビザンツ帝国に帰属するヴェネツィアなど一部の領域を除いて、ドイツに権力基盤を持つ神聖ローマ帝国の支配圏に組み込まれることとなった。とはいえ、皇帝となったドイツ国王が、その名のごとく「ローマ」を含むイタリア王国を実効支配することは難しく、そのため北・中部イタリアでは、都市が広範な自治権を獲得する下地が形成されることとなったのである。

一一世紀になると、ヴェネツィアやジェノヴァ、ピサといった海港都市が、より活発な商業活動を展開し、さらには十字軍運動と結びついて地中海への進出を加速するようになる。ベルギーの歴史家ピレンヌが「商業の復活」と呼んだ、この地中海商業の隆盛は、海港都市のみならず、やがてミラノやヴェローナ、さらにはフィレンツェのような主要な交通路に面した内陸都市をも発展させ、その人口が急速に増大した。こうして類まれな繁栄を享受するようになったイタリアの都市では、活発な経済活動の担い手である大商人層を中心に市民共同体、すなわち都市コムーネが形成され、次第に都市の実権を握るようになっていくのである。しかも、もともと農村部に居住していた封建領主層が、都市に移住してコムーネに参加するとともに、市民のなかにも農村の土地を入手して小作に出すものも現れた。こうして、都市とその周囲に広がる農村地域は緊密な利害関係で結ばれることとなる。そもそもイタリア史では、都市周辺の農村地域を、カロリング期の伯管区（コミタートゥス）に由来するコンタードという用語で呼ぶが、これは周りの農村を包含したローマ末期の都市行政管区（キヴィタス）を継承する概念であることから、農村部もまた都市に固有の支配領域として組み込まれることとなった。一般に封建的な農村社会の「海」に浮かんだ「島」に例えられる「点」としての存在であったアルプス以北の都市に比して、北・中部イタリアでは一定の「面」を支配する領域的な都市国家が形成されていくのである。

さらに、高度な自治権を有し、領域支配を打ち立てたこれらの都市は、支配圏の拡大をめぐって、互いに対立や抗争を繰り返し、経済力や軍事力に勝る大都市が近隣の中小都市を次第に服属させていった。しかしながら、このような大都市は、イタリア王国領の実質的な支配をもくろむ神聖ローマ皇帝のイタリア政策には団結して対抗した。こうした動きのなかで形成されたのがロンバルディア都市同盟である。この同盟は、一一七六年のレニャーノの戦いにおいて皇帝フリードリヒ一世の軍隊を打ち破り、一一八三年に結ばれたコンスタンツの和約によって各都市の事実上の主権が認められた。またこれを契機として、同盟に参加しなかった都市もそれを獲得することとなった。こうして北・中部イタリアでは、ほぼ完全な独立を達成した都市国家による割拠状態が現出した。さらに一四世紀になると、フィレンツェやミラノといった有力都市国家による中小都市の支配が進み、少し遅れて海上帝国として名高いヴェネツィアもまた、ヴェネト地方からポー川流域などへと陸上領土を拡張していくのである。

## §「二つのイタリア」

ところで、これまで簡単にその歴史的な経過をたどってきたイタリアの諸都市は、地理的にはほぼローマを境界とする北側、すなわち地中海に突き出た長靴型の半島の北・中部に集中していることにお気づきだろうか。

もちろん、半島南部やシチリア島、すなわちイタリアの「南」にも、背後にヴェスヴィオ火山を望み、面前には海が開けた風光明媚なバロック都市ナポリ、あるいは地中海の中央に位置していくつもの文明が交錯したシチリア島のシラクサやパレルモなど、古代にさかのぼる長い歴史と豊かな文化を誇る都市がないわけではない。しかしながら中世以来、イタリアの「北」と「南」はまったく異なる道のりを歩いてきた。その結果、自治的な都市コムーネの発展が顕著な「北」に対して、基本的にそうした展開があまりみられず、国王や領主権力が強大な

「南」という、性格の異なる「二つのイタリア」が形成されることとなったのである。

そもそも中世前期から盛期にかけて、フランク王国や神聖ローマ帝国の支配下に入った北・中部に対して、ビザンツ帝国やランゴバルド系の諸公国、あるいはイスラーム勢力の支配下にあったイタリア半島南部やシチリア島では、一一世紀にはるばるフランスのノルマンディー地方からやってきた傭兵たちが次第に自立し、世紀末までにほぼ全域が、そのノルマン人諸侯たちの支配に帰した。さらに一一三〇年には、ノルマン人支配領域のほとんどを手中に収めたルッジェーロ二世がパレルモで戴冠式をおこない、ここにシチリア王国が成立することとなる。イタリア半島南部およびシチリア島では、中世前期においては政治的にも、宗教的、文化的にも異なる勢力が分立していたが、このシチリア王国の成立によって、少なくとも政治的に統一され、中央集権的な国家が出現したのである。

ノルマン朝の断絶後、シチリア王国は神聖ローマ皇帝を出していたドイツのホーエンシュタウフェン家の支配下に入ったが、フリードリヒ二世のもとで教皇や北・中部イタリア諸都市との対立が続いていた。一三世紀後半になると、教皇からシチリア王位を提供されたフランス王弟のシャルル・ダンジューがシチリアに入ったが、「シチリアの晩祷」事件を契機に、今度はイベリア半島のアラゴン王家がシチリアを支配することとなる。こうして「南」には、ナポリを中心とするフランス系の王国と、シチリア島の王国とが並び立つこととなった。しかもこれらの王国では、必ずしも王位継承が円滑におこなわれなかったこともあり、たびたび外国勢力の介入を許したのである。

このように、度重なる戦争と外国勢力の支配により、イタリア半島南部やシチリアの国力は疲弊し、莫大な戦費の融資と引き換えに特権を与えられた外国商人によって、この地域の経済が牛耳られるようになった。さらに、戦争への協力の見返りに強大な権力や特権を得た貴族層が、農村部に対する封建的な支配をますます強化していった結果、宮廷が置かれたパレルモやナポリを除けば、シチリア王国では都市の成長や発展があまりみられなかったのである。ここに、都市の顕著な発展をみた「北」とは異なる「南」の地域的な特徴をみることができるだろう。

### §イタリアの「南北問題」

しかも、こうした南北「二つのイタリア」の分断状況は、近世以降もそのまま続いていく。たとえば北・中部イタリアでは、都市の経済力を背景に農業が発展し、肥沃なポー川流域では灌漑施設の整備が進んで、大規模な農業経営が展開される一方、トスカーナ地方からヴェネト地方にかけては、ブドウと穀物の栽培を主体とする分益小作制が普及した。これに対して「南」では、オリーヴ、ブドウ、柑橘類などの栽培と穀物生産がおこなわれたが、とりわけ後者の技術水準と生産性は著しく低く、寄生的な不在地主による大土地所有制の下での粗放な土地利用に終始した。そのため、多くが市民である地主と契約を結び、集約的な農業を展開して収穫を一定の割合で分け合う「北」の農民に比べて、依然として貴族領主への従属性が強固で、その搾取にあえぐ「南」の農民の生活水準や識字率はきわめて低い水準にとどまっており、経済のみならず社会的、文化的な後進性も歴然としていたのである。

こうした地域間の格差は、一九世紀後半に半島を統一したイタリア（統一）王国のもとでも解消されず、工業や金融業、文化産業が集中し、イタリアの経済的首都と評されるミラノを中心に着実な発展をみた富裕な「北」と、近代化の過程から取り残され、経済的に「遅れた」貧しい「南」との厳然たる地域差は、現代においてもなお暗い影を落としている。いわゆるイタリアの「南北問題」である。活発な商工業によってもたらされる「北」の富が「遅れた」「南」の開発のために吸い上げられている現状を批判し、貧しい「南」を切り捨て「北」だけが独立することを主張する政党が右派連立政権の一翼を担うほど、このイタリアの地域格差は、いまなお深刻な問題となっているのである。

こうした歴史的背景を考えると、イタリアの都市社会について考えるときにまず注目すべきは、高度な自治を実現し、商工業や金融業によって比類なき繁栄を享受して、互いに覇を競いあった「北」の都市であるということに異論はないだろう。たしかに、陽光がふりそそぎ、ピッツァをはじめいかにも「イタリア」的な食文化で注目されるナポリや、西ヨーロッパの文化とビザンツやイスラームの文化が共存するパレルモなどの「南」の都市も、それぞれ十分に魅力的で興味深い。また、現在のイタリアの「南北問題」の起源や要因がすべて中世以降の歴史的展開の相違に還元されるわけではなく、「遅れた」地域とされる「南」にも、自治的な都市の展開や一定の成果をあげた近代化の動きがみられる多様な地域が含まれることにも留意する必要がある。そうした多様性については「北」でも同様であり、ひとくちに北・中部の都市といっても、その規模や経済構造、あるいは政治体制などには少なからぬ違いがあることも認めなければならない。さらに、南北「二つのイタリア」ではなく、「三つのイタリア」に区分して、それらの地域的な特質を指摘する考え方もあって、いずれにしても極端な地域の類型化や単純化は慎まなければならないだろう。

とはいえ、中世盛期から近世初頭にかけてのイタリア都市社会について考察しようとする本書の対象は、歴史的な性格に共通性がみられ、豊富な研究の蓄積もあるフィレンツェやヴェネツィアといった北・中部イタリアの都市にひとまず設定しておくことにしよう。

## 2　イタリア都市社会をみる視角

### § 社会史研究の視座

ところで、人間中心の健全で快活なルネサンスの精神と華麗なる芸術作品を生み出したとされる、この中世イタリアの都市社会は、一九世紀以来の伝統的な歴史学において、ヨーロッパの他の地域の自治都市と同様に、近代市民社会の先駆として高く評価されるとともに、スイスの歴史家ブルクハルトが、ルネサンスの精神と文化を体現する「芸術作品としての国家」と表現したように、その歴史的意義がつとに称揚されてきた。それは、フランス革命以降いくつもの反動や革命の波をくぐり抜けながら形成されてきた近代という時代の精神に影響された歴史学研究が、封建支配層と対峙しながら自治を獲得してきた中世都市に近代市民社会の原型を見出そうとした結果であったといえるだろう。したがってこうした中世都市像は、都市社会の現実を離れて、その要素の一部を過度に理想化した評価であり、のちに多くの批判にさらされることとなる。

とはいえ、当然のことながら、そうした理念化されたイタリア諸都市の自由と自治や、繁栄をもたらす商工業や金融業といった都市経済の動向を取り上げることが無意味だというのではない。ただ、それとは異なる観点から都市社会について考えることもまた可能なはずである。たとえば、発展した都市の環境や空間構造、都市の自由や自治を支える政治のしくみ、繁栄の基盤としての商業のあり方や商人の文化、あるいはルネサンスを生み出す活気に満ちた都市民の生活や、それを規定する心性や規範といった、日常生活に密着した、より現実的な視点から、都市社会の多様な側面を描き出すことができるのではないだろうか。いいかえればそれは、社会史的な視座からイタリアの都市世界に迫っていくということである。

第二次大戦後の歴史学において、フランスのアナール派に代表される「新しい歴史」としての社会史研究が隆盛をみたことは、すでに多くの書物で詳細な紹介や解説がなされており、日本でもよく知られている。一九世紀に成立した近代歴史学が、厳密な史料批判の手法を確立する一方で、歴史研究の対象とすべき史料の範囲を狭め、史的事実の確定を通じた事件史的な政治史や外交史に偏っていることを批判した社会史研究は、取り扱うべきテーマや史料の領域を著しく拡大した結果、狭義の経済や社会、文化のみならず日常生活のあり方や人びとの心性、さらには気候や環境にいたるまで、過去の世界のあらゆる現象が歴史研究の俎上に載せられるようになった。すなわち、支配者や権力者、あるいは一部の富裕な大商人や天才的な芸術家たち、いいかえれば教科書に載っているようなほんのひと握りのエリートたちの功績や作品のみを扱うような歴史ではなく、過去の世界において、そしてもちろん現代世界においても、圧倒的多数を占めるはずの名もなき人びとによって繰り広げられる日常生活のさまざまな要素のうちに、その時代の政治や経済、社会や文化を規定する重要な性格を見出し、個人と集団の多様な営みを全体として理解することを主張したのである。社会史研究がとらえようとする歴史とは、このように現代社会にも共通する身近な視点からの歴史、いうなれば「わたしたちの歴史」であった。

イタリアの都市について考える場合も同様である。たしかにフィレンツェやヴェネツィアといった都市国家は、商工業や金融業を通じて多くの富を獲得し、また一方では自治的な市民共同体として、ほぼ完全な政治的独立を達成した。だからこそ、都市の政治制度の変遷や貿易額の増減について、これまでにも精緻な研究が重ねられ、大きな成果が生み出されてきたのである。しかし、都市に暮らす生身の市民たちがどのように自治や商業活動にかかわってきたのかを問い、工房から聞こえてくるリズミカルな音、街路に漂う匂いや都市の祝祭を飾る鮮やかな色彩に五感を研ぎ澄ましながら、日々の暮らしのなかの活気や喧騒をも描き出すことで、都市社会の多様な側面を照射して、有機体としての都市社会の総体を再構成することもまた意義のあることではないだろうか。考えてみれば当たり前のことだが、現代に生きるわたしたちと同じように、イタリアの都市でも多くの人びとが生活し、政治や経済の動向から地域や家族に関する身近な出来事までをも含む幅広い問題をめぐって、悲喜こもごものドラマが繰り広げられていたはずである。そうした日常のくらしの具体的な様子を探っていくことも、歴史学の重要なテーマのひとつであるとした点に、社会史研究の大きな意義があったのである。

## §「異文化」としてのイタリア都市社会

とはいえ、たとえ身近な視点から歴史を考えるとはいっても、本書の舞台となる中世から近世初頭にかけてのイタリア都市社会が、わたしたちが生きている現代の日本とは、政治や経済のしくみも、また文化や社会のあり方もまったく異なる世界であったことはいうまでもない。ある歴史家の言葉を借りれば、ヨーロッパの歴史世界とは、時間と空間という二つの次元における「二重の異文化」なのである。だから、いくら社会史研究の視点と方法が「わたしたちの歴史」を描き出すものであるといっても、過去のイタリアの都市社会がそのまま「わたしたちの歴史」の一部をなすわけではないことは当然である。

しかしながら、ともすればこの点は見落とされがちである。というのは、取り上げるテーマがわたしたちにとって身近であればあるほど、歴史研究を通じて浮かび上がってくる過去の世界のさまざまな事象が異文化世界に属していることを忘れ、歴史的な背景を理解しないまま、そこで展開されている事件や出来事に共感したり、あるいは逆に違和感を覚えて反発したり、批判したりすることが少なくないからである。そこに、身近な視点から歴史世界にアプローチする社会史研究の落とし穴がある。

現代世界にも通じるテーマについて考えるとき、わたしたちのなかには、すでにその問題に対するわたしたちなりの考え方、いいかえれば現代社会における常識や規範、価値観というものが存在している。わたしたちは、それに基づいて個々の問題について取り組み、考え、判断し、理解しているのである。ここで重要なことは、そうしたものの見方や考え方もまた、長い時間をかけて少しずつ創り上げられてきた歴史の産物であるということである。ところが、わたしたちはついそのことを忘れてしまう。そして、歴史世界の多様な現象、とりわけ現代に生きるわたしたちの目からみれば、不合理で理解しがたい状況に直面したとき、わたしたちの持っている規範や思考様式をそのまま当てはめて、率直な驚きや怒りとともに、過去を単なる「遅れた」「異質な」社会として断罪してしまうことも少なくない。けれども、これはまったく時代錯誤な批判であり、歴史を学ぶうえでもっとも避けなければならない誤りのひとつなのである。

とはいえ、身近な視点から歴史世界の日常性を明らかにしようとする社会史の視点はいまなお有効であり、またそこで描き出される人びとの生き生きとした姿や世界が、きわめて魅力的で、わたしたちの興味をひきつけることもまた事実である。わたしたちは、「二重の異文化」としての中世イタリア都市社会で繰り広げられた政治や経済や社会や文化の諸相に接し、それに対して新鮮な驚きを示すだけではなく、そこからさらに一歩踏み込んで、一方では都市の成り立ちや空間のあり方、都市を支える政治や経済の大きな流れを、そして他方ではそこで繰り広げられる日々の暮らしや商工業、あるいは信仰や祝祭や芸術活動の具体的なあり方を正確に把握し、これら二つの歴史像を有機的に結びつけていくことで、中世イタリア都市社会の歴史的な特質や意義を明らかにしていくことがなによりも重要であろう。そしてそのうえで初めて、現代社会との相違や、それを生み出す歴史的な要因について考えることが可能となるのではないだろうか。「イタリア都市社会史」を謳う本書の最大の目的は、まさにその点に存在しているのである。

## § 本書の構成

最後に、本書の構成について簡単に紹介しておこう。

第Ⅰ部「都市のかたちとしくみ」では、本書の舞台となるイタリア諸都市の物理的な構造や政治・経済のしくみを解明していく。その前史として、まず第1章「都市の成立環境」では、イタリアの都市の成立と発展の過程について、四世紀から一三世紀までを見通しながら、とりわけ都市の周囲に広がる農村とのかかわりを中心に考察する。つづいて第2章「都市の景観と環境」では、多くの人びとが暮らす器として都市を捉え、その空間的な構造や都市を特徴づける景観、さらには日々の生活が営まれていた都市の環境や衛生状態について考えてみたい。

一方、中世イタリア都市の特質として名高い高度な自治のしくみとその変遷を跡づけ、都市の政治構造、すなわち市民による政治参加とその支配形態を解き明かし、都市国家の性格の変容について考えるのが第3章「支配のかたち」である。そして第4章「商業の発展と商業技術」では、市民による自治とならんでイタリア諸都市の名声を高めた商業活動の実態を検討するとともに、その主役たる商人たちが身につけた技術や文化について考察していく。

ところで、そうした商人たちの活躍の舞台は、なにもイタリア本土に限定されていたわけではない。第5章「海のかなたのイタリア――イタリア都市の海外領土」では、イタリア半島の外にも目を向け、地中海商業の覇権をめぐって熾烈な抗争を繰り広げたジェノヴァとヴェネツィアの海外領土を具体例として、イタリア商人による海外進出と植民活動について論じられる。

こうして第Ⅰ部では、イタリア都市社会の政治や経済の構造と外部世界とのかかわりを中心に考察される。それに対して、都市社会の内部に視線をぐっと近づけて、そこで繰り広げられている生活の具体的な側面と、それを規定するさまざまな要素、あるいは都市が生み出す文化や芸術について取り上げるのが、第Ⅱ部「都市のくらしと文化」である。

まず第6章「大学の誕生と都市」では、都市で生まれた新たな学問と教育の場である大学について、法学研究で名高いボローニャ大学を例に、その組織や機能、都市との関係などについて検討する。

つづいて第7章「夫婦と親子」では、イタリア都市社会における「家」をめぐる問題、すなわち世帯構造や結婚のあり方、家族間の関係や子どもの位置づけなどを通して、家族のかたちを明らかにしていく。そして、第8章「生活文化」が扱うのは、イタリア都市民がどのような家に住み、なにを食べ、いかなるファッションを身に着けていたのか、という素朴で根本的なテーマである。ここでは、まさに日常生活そのものの姿が再現されることとなるだろう。

もちろん、日々の暮らしは衣食住だけで成り立っているわけではない。現在でも多くの人びとがカトリック信者であるイタリアでは、教会の果たす役割は非常に大きく、信仰もまた日常生活の重要な要素をなしていた。つづく二つの章では、この信仰のかたちを探っていこう。まず第9章「教会と聖人崇敬」では、都市社会における教会の位置づけや役割、聖人への熱烈な崇敬をはじめとする信仰のあり方が具体的に示されることになるだろう。また第10章「説教と民衆」では、日常生活を律する規範の形成に大きな影響を与えた説教師たちの活動や説教の内容を再現することによって、教会による民衆の指導や教化の様子が描き出されていく。さらに、日常のリズムの節目に刻まれたキリストや聖人たちにまつわる祭りの具体相を切り口に、都市社会に張りめぐらされた人間関係のネットワークに着目するのが、第11章「人びとのきずなと祭り」である。

そしてイタリアの歴史といえば、ルネサンスを抜きにして語ることはできない。この問題については、第12章「都市の文化と芸術」が、単なる芸術家とその作品の紹介にとどまらず、誰がどのように作品を注文したのかというパトロネイジの観点から、イタリアの都市社会がいかにしてルネサンスの華麗な芸術作品を生み出したのかという問題について取り組んでいる。

ところで、事実上の独立を達成し、市民による共和政体を実現した中世イタリアの都市国家の多くが、中世後期から次第に君主国化していくことはあまり知られていないように思われる。この点は第3章でも触れられるが、君主をいただくようになったイタリア諸都市の宮廷について具体的に検討するのが、第13章「イタリアの宮廷社会」である。本書を締めくくる章として、ここでは宮廷の構造や機能が解明されるとともに、中世イタリア都市社会が、その特徴を残しつつも徐々に変容していく様子が明らかにされるだろう。

イタリアの都市社会に着目し、その具体像を描き出すための視点は、当然のことながら、ここで採用したテーマ以外にも考えられるかもしれない。とはいえ本書では、都市の空間や環境から政治や経済のしくみ、そして生活や信仰のかたちから、さらには都市が育んだ文化や芸術まで、多種多彩な題材を通じて、当時のイタリア都市社会の特徴と、そこに暮らす人びとの姿が、できるだけ具体的なイメージをともなって浮かび上がってくるように配慮したつもりである。また、これらの各章は必ずしも年代順に並んでいるわけではない。したがって、本書を手にとられた読者のみなさんは、自分の関心にしたがって、どの章からでも自由にページを開き、そこから関連のある章へと読み進めていただいて一向にかまわない。本書が、イタリアの歴史や社会に関心を持つみなさんの理解を深め、さらなる探求の道へと歩みを進めていただくきっかけとなれば、執筆者一同の望外の喜びである。

それでは、これからみなさんと一緒に、比類なき繁栄と高度な自治を実現し、華麗なルネサンスの文化を育んだ中世イタリア都市の世界へと旅立っていくことにしよう。

（藤内哲也）

# 第I部◎都市のかたちとしくみ

# 第1章　都市の成立環境

## 1　都市から領域国家への成長

### §都市のヒエラルキーと領域国家の形成力

イタリアの歴史はイタリア諸都市の歴史である、と断言しても大きな反対はないかもしれない。農村の歴史も、教会、修道院と教皇庁の歴史も、長きにわたり半島北部とは異なる統治勢力下にあった南部イタリアの歴史も、イタリア史の重要な構成要素であるのは確かである。だが、国民国家が成立するには一九世紀後半を待たなくてはならないイタリアの歴史を貫いて、それぞれの時代の発展と成長の原動力を生み出してきたのは、つねに都市という場であった。少なくとも北・中部イタリアでは、ことさらにそうであったと言えよう。

本書では、主として、この北・中部イタリアの諸都市が取り上げられる。華麗なルネサンス都市のなかでもヴェネツィアとフィレンツェがとくに注目されるが、この二つの都市は、かつて共和制による都市国家を築きあげた、イタリアでも特権的な大都市である。どれほど多くの都市民が日々の生活のなかでこうした都市の魅力と威信と経済力を支えてきたかを明らかにすること、いわば日常的営為という多彩な織り糸を操って、綴織りの全体像を描き出してお見せするのが、本書の目的である。

ただ、人びとが日々の生活をおくっていた集落は大都市だけではなく、その支配下に入った中小都市や、あるいはコンタードcontadoと呼ばれる農村領域の集落など、多様である。本書に登場するイタリア半島を遠く離れた海外領土も、その一つの形である。こうした多様な集落のなかで、なぜ、ある都市だけが周辺地域を統治下におさめ、後に領域国家stato territorialeや地域国家stato regionaleと呼ばれることになる政治的枠組みを形成しえたのか（後出第3章）。都市がイタリア史の原動力ならば、こうした領域国家、地域国家の成立の核となる都市とは、どのような力を秘めたものだったのか。都市と不可分の農村は、都市の発展をどのように支えたのだろうか。

この第1章では、中世後期から近世初期の都市社会を準備する前段階として、四世紀から一三世紀の間の三つの局面を選んで、長い時間軸でのイタリアの都市と農村の定住地の変遷を簡単に整理しておこう。その際、本書での対象である北・中部イタリアを主として取り上げる。ここ三〇年間のヨーロッパ学界での研究動向を踏まえ、ルネサンス都市社会を多面的に活写する本書の叙述の、いわば幕前の口上とさせていただきたい。

## 2　ローマ都市から中世都市へ——連続か断絶か

### §中世考古学の発展と都市論

エトルリア起源の都市を除けば、北・中部イタリア中世都市の歴史は、古代ローマ時代にその起源を持つか否かという問題から始まる。古代ローマと中世初期の連続か断絶かという二元論については、一九七〇年代からの中世考古学の興隆によって新しい視点が提唱され始め、八〇年代は初期中世都市史研究の転換期となった。多くの発掘の成果に基づくその分析視角に注目してみよう。

考古史料の特質を踏まえた考察では、記述史料が重視してきた政治的・経済的・宗教的機能といった視点は後退し、第一に景観や、建築資材といった物質が重視される。つまり、ローマ都市としての景観を想起させる囲壁や建築物、道路、上下水道などの導水施設、都市プラン（レイアウト＝建物の配置の重視）、建築用材としての石や煉瓦がどの程度維持、再利用されているかによって、連続の度合いを測ることになる。

ローマ末期の都市が定住地点として引き継がれた場合でも、かつての都市機能がすべて継承されるわけではなく、またその程度には地域差も大きい。四～六世紀には停滞し、連続というより七、八世紀の再定住により再生した集落も確認される。いずれにせよ、イタリア学界では、ローマからの「直線的」連続という見方には、慎重であるように思われる。

## §「連続」ではなく「再定住」

注意したいのは、発掘によって年代ごとの変移が精査されるようになると、「ローマ都市」と「初期中世都市」という単純化されたモデルはそもそも構築できない、という指摘である。ローマ都市といっても共和政初期のものと帝政期では都市景観が異なっており、初期中世といっても五、六世紀と九、一〇世紀ではこれもまたかなり異なっていることが明らかになったからである。また、「連続」は自動的に生じるわけではなく、中世初期に社会的経済的機能を新しく獲得し直した地点のみが「再定住」され、結果として連続するようにみえる。このような点が強調され、単純な二元論的立論はその根本的なところで見直しをはかられるまでに議論が深められたと言えよう。

ともあれ、ローマ都市の連続については、イタリア半島の南北で地域差が大きい。北部イタリアではロンバルディアやエミーリャ・ロマーニャなどで、ローマ期の自治都市ムニキピウム municipium が中世初期にも定住地として存在し、加えて北東部では新たな都市的集落の創設もあった。ただし、ピエモンテ南部や中部アッペンニーノ山脈地帯では多くの都市が放棄された後、再定住がなかったらしい。ヴェネト地方は、ランゴバルド族の進出が一方で既存の集落の放棄をもたらし、他方で新しい集落の簇生をも促進したと言われる。中部イタリアでは、政治的行政的理由だけから創設された都市は帝政末期からすでに多くが危機に陥り、放棄されないまでも、単なる農村所領 curtis としてしか、再定住されなかった。南部イタリアは、ローマ期の都市がいっそう継承されにくかった地域と見なされている。六世紀までに旧来の都市の半数近くが放棄され、後にヴィクス vicus やヴィラ villa と呼ばれる農村集落がその代わりに誕生したとされる。

こうした考古学の研究成果のなかで興味深いのは、都市ではなくむしろ農村的集落として、再定住がなされた集落である。実のところ、定住地の連続はあるものの、ローマ都市が「農村化」して衰退している（したがって「都市」の連続とはいえない）という問題提起は八〇年代後半からあった。初期中世の地層の発掘から囲壁内部にかなり大きな空白部分があり、そこでは羊などの家畜が放牧、飼養されていたのではないかという都市の「農村化」が想定されたのである。もちろん考古学的立場では都市の一部の「農村化」と農村的集落は、まったく異なるものであり、囲壁内部で羊が飼われていようが、集落のステイタスとしての都市の特権的地位は不変であるとされる。だが、それとは別に、都市、もしくは都市の一部が、農村的集落となったとしても、それは単なる衰退ではなく、当時の在地経済に相応しい機能を持って再定住された意味を再評価して、その活力を評価すべきだと考えたい。

イタリアの都市国家として名高いヴェネツィアが、ローマ都市を直接の起源として持っていないのも、興味深い。イタリアはたしかに都市の国であり、古代ローマ帝国以来の多くの遺構や伝統を擁してはいるが、それらは自動的に無自覚に継承されるのではなく、後代に選び直されてこそ連続が可能なのだ。当然、別の時代には、成長へのエネルギーが古代ローマ的遺制の枠外でも花開くのである。

## 3　インカステッラメントによる定住地創設と農村再編

### § 領主主導の定住地再編

ローマ末期から中世初期にかけて、ローマ都市網が淘汰・再編成された後、次の大きな定住地変動の波は、早い地域では一〇世紀に始まるインカステッラメント incastellamento（カストルム castrum、カステッロ castello などの城砦を核とする定住地創設）の動きであろう。一九七〇年代から注目され始めたこの動きは、当初、ローマの後背地であるラツィオ地方が研究対象として取り上げられたが、その後、一〇世紀から一三世紀にかけて地中海世界に通底する現象として、イタリア、フランス、イベリア半島で、発掘を含む地域研究が展開した。

丘陵地頂に建設された城砦周辺への農民の集住と農地再編によって、農村の定住地構造が劇的に改編される動きは、じつはラツィオ以外の地域ではそれほど完全にはおこなわれない。しかし、初期中世の経済成長を基盤に紀元一〇〇〇年以降、いっそうの発展が始まった地中海世界の各地で、城砦周辺に新定住地が形成されるという見方には魅力があった。

ひとつにはそれはたしかに、フランス学界で一般化していたシャテルニー（城主裁判権領域）理論との接合性を持ち得たからである。すなわち、一二世紀頃から封建領主は、防備施設を備えた住居として城砦を建設し、その城砦を中心とする封建的支配圏を確立した。それは領主が設置した水車やパン焼き竈などの使用強制による徴収を課すバン ban 権、また領主裁判権の及ぶ支配圏である。この在地の封建領主の勢力基盤の確立のために、インカステッラメントの動向の少なくとも一部が、適合的であったように思われるのである。

## § インカステッラメントの三つの目的

長いタイムスパンで検討された後、領主主導の定住地再編運動であるインカステッラメントは、複合的なおおまかに三つからなる目的を内包すると考えられるようになった。一つは、防備定住地の形成による軍事拠点の確保、二つめには、領民を集住させることによって領主裁判権の下での領民支配と徴税を容易にするという支配権の確立、三つめは、領民の集住による農地再開発と後の市場開設による経済的中心地の育成、という目的である。

イタリア半島でも、時期や地域によって異なるが、城砦の建設にはこの三つの目的のいずれかが反映されていた。ノルマン人の到来以来、一二世紀に、主として軍事拠点として建設された南部イタリアの城砦は、ヨーロッパ北部の城砦と同様、単純な軍事施設であった。北部イタリアでも、城砦や防備集落の目的は、どちらかといえば軍事的なものにとどまり、とくに一〇世紀末から一一世紀初頭には、既存の集落に防備が増設されても、その多くが一時的なもので、その後放棄されたものも多いとされる。中部イタリア、とくにトスカーナ地方でも、一一世紀までの防備集落は、一時的避難場所や穀物などを保管する倉庫として利用され、定住地にはなっていないという。

一二世紀の城砦は、第二の目的が大きくなる。城砦は政治的威信の要であり、実際的な軍事拠点だった。そこには農村を支配する封建領主たる城主と家臣が居住し、塔や高い城壁が付設された。これらを拠点に、ことにアッペンニーノ山脈周縁部やポー川流域においては一二世紀から一三世紀に、在地の農村領主が領主権を誇示して、裁判上の、また政治上の支配権を主張したのである。

こうした政治的な城砦は、当然のことながら、農村領域近隣の都市と競合した。トスカーナ地方においては、一二世紀初頭から都市が周辺の農村領域に影響力を持っていたルッカやピサ近郊では、この種の城砦は存在することはなかった。

一二世紀の農村は、一二世紀の都市と同様に、住民共同体であるコムーネの萌芽期であり活力に溢れている。一二世紀の中部イタリア農村領域における在地の紛争と裁判権の問題については、近年、研究がさかんになっている。そこでの成果を確認すると、一二世紀のイタリア農村においては、道路建設や境界画定、森や土地財産をめぐって、教会領主や封建貴族層と農村の紛争が多数生じていたことが明らかになっている。その紛争からは農村の活力が印象づけられるとともに、インカステッラメントの第三の目的である農地再編や農村の開発、再開発という事業は、この時期には、領主主導の活動だけでは実行が難しいことをうかがわせる。

結局のところ、一二世紀の北・中部イタリアのインカステッラメントは、軍事拠点として在地に一定の存在感を与えたものの、農民の集住と農地再編という在地領主主導の経済活動という形では奏功しなかった。そして、封建領主がこの時期の農村を掌握できなかったことが、後に農村領主の影響力が相対的に小さかったことを説明する。領主に代わり農村への影響力を増加させるのは、都市コムーネなのであった。

## 4　農村領域の確定と農村コムーネの成立

### §新村建設と都市勢力

この時期に農村部の定住構造を一番大きく変化させたのは、イタリアの他地域でも広汎に見られたヴィラノヴァ villanuova、ボルゴヌオヴォ borgo nuovo、カステルフランコ castelfranco と史料に記述された新集落だった。在地の領主貴族層のみならず、都市や司教によって促進されたこの新村建設は、領主にとって、農村の経済的再編に加え、政治的配慮から戦略的な拠点に新集落を建設して移住を奨励する政策のために、重要だった。

ロンバルディア地方やピエモンテ地方で一二世紀後半から始まっていたこうした定住地建設でよく知られてい

るのは、一〇九二年に、ノヴァラ司教の裁判権の下にガッリアーテ・ヌオヴォ Galliate Nuovo を創設して他地域からの移住を奨励した都市ミラノの例であろう。ピエモンテ地方とリグリア地方では、中世では最も重要な、ローマに向かうフランチージェナ街道 Via Francigena 沿いに、道路の維持と治安のために多くの新定住地が作られた。

中部イタリアのトスカーナ地方では、一世紀遅く一三世紀後半から新集落形成が広まっていったといわれ、アルノ川流域で、ピサやフィレンツェの影響力を減じようとルッカが創設したいくつかの集落が知られている。このルッカの例にならい、シエナもフィレンツェも、都市当局が政治的に重要な拠点に多くの新定住地を建築した。

一二世紀から一三世紀に農村領域に多くの新定住地が都市の主導で建設されたことは、この時期都市コムーネが、農村への支配をいっそう拡張させたことをうかがわせる。都市コムーネは、コンソリ consoli の時代（早くは一一世紀末一〇八〇年から一二世紀末まで）、ポデスタ podestà の時代（一一九〇年から一二五〇年）、ポポロ popolo の時代（一二五〇年から一三三〇年）と大まかに区分するのが一般的である。農村コムーネの生成と変遷にはこれほど明瞭な図式はないが、その誕生は都市コムーネ同様早くて一一世紀末、これ以降も都市コムーネの活動に影響をうけると考えられている。農村コムーネは在地領民が司教や在地領主と協約を結ぶことに始まるが、当初は非公式の集団と考えられ、むしろ農村教区の方が重要だった。最初のコムーネ領域は農村教区と重ねられ、コムーネ構成員は教区の有力者と同一視された。在地教会を中心として農民は、とくに葬儀によって強く結びつけられていた。経済的には、燃料を集め家畜を放牧する森や川縁の共同地の利用を核に、コムーネの連帯が守られてきた。相互に農具や種籾を貸与し、共同で収穫作業をおこない、在地市場に食糧や木材を搬入したりする。また民事と刑事に関する軽微な係争にかぎり、裁判権も有していた。

## §都市コムーネによる農村支配の伸長

こうしたコムーネを持つ農村に対し、都市コムーネが徐々に影響力を及ぼす梃子となったのは、徴税とバン権と、最初に挙げた新集落建設であった。ロンバルディア地方ではまず、神聖ローマ皇帝の臣下としての税負担の対応から、都市は農村への徴税割り当てについて発言権を持ち始めた。一三世紀には都市が農村に対して人頭税などの直接税の徴収を要求するようになる。シエナでは一三世紀末には、多様な商品売買に課税される間接税がガベッラ gabella の名で一括され毎年徴収されて、都市財政の一〇から一五パーセントを占めるまでになるといわれる。

一二世紀にはまだ多様な農村エリートが農村コムーネに存在していたが、一三世紀からは、農村の富裕層が近隣都市に移住し始める。こうした有力者の都市への流出が、農村コムーネの連帯を弱めたのは想像にかたくない。一三世紀末には、都市コムーネは食糧確保のため、近隣農村に穀物・家畜・木材を外部の都市国家に売却することを禁じるバン権による法律を出した。またコムーネの経済的紐帯の要である共同地が、都市の圧力に抗しきれず穀物栽培地に転用され、共同地に経済的基盤を置いていた下層農民が貧農化して農村コムーネの連帯が緩む原因となった。

この時期の新定住地は、橋や道路といった交通網の維持管理と通行の安全保障を確保する地点に、都市コムーネ主導で建設される。同時期、農村では開墾と排水路や灌漑施設の整備が進められたが、その開発の主体も在地領主層ではなく都市コムーネだった。

こうして農村は、一二世紀からコムーネを形成しながらも、一三世紀末にはその連帯も弛緩して、周辺の都市コムーネの支配下に入っていく。周辺農村をコンタードとして支配し領域国家を構築する前段階として、この時期から都市コムーネは農村への影響力拡大と支配を試みていく。対立勢力たりうる封建的在地貴族層は、多くが一三世紀末から都市内部に移住することで、むしろ都市コムーネと利害を一にしていた。都市コムーネ自体も、二〇〇年以上にわたる政治闘争を経験してその活力は一定ではないにしろ、つねに農村領域掌握への強い意欲を持ち続けた。一三〇〇年頃、都市コムーネの時代が終わりを告げたとき、その成果を引き継いで、支配的大都市を核とした領域国家、地域国家の時代が幕を上げることになる。

## 5　領域国家、地域国家の基盤は農村

### § 都市は農村と不可分

以上のように、三局面における都市および農村定住地の関係を見直してみると、一四、一五世紀に花開く、都市を中心として形成された領域国家、地域国家が、長い準備期間を持っていたことがわかる。またその本質的な基盤が、周辺農村領域の支配にあることにも首肯できる。なるほど、手工業と商業、金融業の中心たる都市はその経済的基盤を農業にはもっていないが、それでも成功した都市民の多くが土地に投資するため、地主として農村を支配しうる。さらに、都市コムーネは、農村コムーネに行政官を派遣して、農村を都市に服属する行政管区と位置づけていく。こうした力関係から、農村の穀物を自分の都市市場だけで売買させ（他都市への売買禁止）、その穀物価格を都市民のために低く抑える価格統制もおこないうる。都市民の保護のため、農民は有利な市場取引を制限され、ひいては家族単位の小作経営が、市場向けの商業的農業経営へ発展することを阻止されることになる。こうした都市＝農村関係は農村社会を停滞させる。一九世紀末から二〇世紀初頭には、疲弊したイタリア農村の過剰人口が工業化の進まない都市部に吸収されないまま、大西洋を越えて、アメリカ合衆国への大量移民となったことは、後によく知られることである。

ただ、これは時代を先取りしすぎであろう。本書で語られるのは、領域国家、地域国家内部で、都市＝農村関係が一定のバランスを保って繁栄を享受していた時期である。ただ、それに先行した時間を振り返ることで、都市の成立と発展が農村の安定と成長に基盤を持つことを確認し、たしかにイタリア史は諸都市の歴史であるが、そこには都市＝農村関係が必ず内包されていると読者のみなさんに気づいていただければ、この章の役目は無事果たせたことになる。

（城戸照子）

# 第2章　都市の景観と環境

## 1　市壁のなかの空間

### §都市という空間

一一世紀、経済活動の中心として復興した北・中部イタリアの諸都市は、その経済力を武器にして都市領主から（あるいはその上部権力たる皇帝の名によって）自治権を獲得した。このように自治を得た都市は、コムーネと呼ばれる（後に都市の支配下にあって、自治を認められた農村共同体も、農村コムーネと称される）。コムーネの自治権は自明のものではなく、住民が勝ち取った特権であった。

都市がコムーネとして特権を有すると、都市空間自体も特別なものとなる。市内に居住していることは、自治参与の特権を享受するための必要条件であり、そのかぎりで、都市は周囲の地域から区別される空間であった。都市住民のなかでもこの自治に与る権利を持つ者は、都市内に家屋と一定以上の資産を所有し、税を負担する「市民」に限られたが、「市民」以外の住民も都市にある程度の帰属意識を有していたし、また「市民」の立場も、経済力や職業によって異なった。これら多様な住民を包含しながらも、コムーネとしての一体性を可視化しているのが、都市の空間だったのである。

## §市壁の意味

都市は、その周囲に広がる丘と平野のなかにあって、まことに美しい市壁という冠に囲まれている。しかし、その力を畏怖せしめ警戒させるような威圧感はなく、同時に、［この程度で市壁と称するのは（筆者）］厚かましいとか軽率だとか判断されるほど、いい加減な造作であるわけでもない。

これは、人文主義者レオナルド・ブルーニの『都市フィレンツェ礼賛 *Laudatio florentine urbis*』の一節である。ここでは都市を周囲から際立たせる「冠」として、市壁が賛美されている。都市を囲む壁は単なる防御設備ではなく、特権的空間としての都市を周囲の世界から区別する役割も果たした。「壁」といっても、一三世紀までは、その大半が土塁や柵という場合もある。しかし、戦闘の主力が弩《いしゆみ》を持った歩兵に移行し、攻城兵器も大型化すると、これに対応するために、堅固で巨大な市壁が石や煉瓦で建設された。ブルーニの賛美したフィレンツェの市壁は一三三三年に完成したもので、六三〇ヘクタールの市域を囲んでいた。その大部分は近代に壊され、跡地が周回道路になっているが、アルノ川左岸には現在でも一部が残っている。

かくして都市は市壁という「冠」を戴いた。都市が軍事的にも心理的にも外敵から護られた安全地帯であり、独自の条令によって秩序づけられた世界の中心（条令の効力は都市ばかりでなく、その支配下にある周辺のコンタードにも及んだ）であることを市壁は象徴した。たしかに、農村コムーネは堅固な防壁を持たない場合もあるし、後述のように、市域は市壁外にも広がっていく。しかし、市壁の存在はコムーネとしての特権的空間を明示し、その住民の帰属意識に地理的範囲を与えた。都市住民は、田園地帯を野卑な農民の住む場所とみなす傾向にあり、その意味では都市こそが「文明の場」だったのである。一四世紀のフィレンツェ人フランコ・サッケッティの小話集『三百話 *Trecentonovelle*』では、農民はしばしばいかにも「田舎者」に扱われる。サッケッティと同時代のフィレンツェ人パオロ・ダ・チェルタルドも『良き慣習の書 *Libro di Buoni Costumi*』で、「『田舎は良い家畜と悪い人間を育てる』と言うくらいだから、田舎に頻繁に行くのは控えよ。都市にいて、商工業にいそしむがいい。それが幸いというものだろう」と忠告している。資力のある都市住民はしばしば農村の地主でもあったが、小作人たちへの共感はない。また、一五世紀以降、田園への憧憬が語られることがあっても、それは、都市に住む者の想い描く田園生活の理想という性格を強く持っていた。市壁は、価値観の異なる二つの世界を隔てていた。そして、市壁のところどころに設けられた市門が、二つの世界の交流を可能にしていたのである。

ただし、市門は開かれた出入口であると同時に、通行税や関税の徴収、ときには通行の管理もおこなわれる関所でもあった。『三百話』には、ある吝嗇な男が、市外から関税を払わずに卵を持ち込もうと考え、ブラケ（股引状のズボン）のなかに隠して市門を通ろうとしたところ、担当役人に知られていいようにあしらわれる、という小話（一四七話）がある。また、一二八八年のボローニャ都市条令は、「市壁の門と堀はつねに然るべき状態になければならず、もしそうでなければ、どれほどの工事になろうとも修復・維持されねばならない。すなわち、この門を通らずに市内に出入りすることは、なんぴともできぬようにするためである」と明言する。商工業中心地たる都市は、経済的には外部に開かれていなければならないが、社会的には閉鎖性を持ち、限られた人間・階層のみが政治的権利を得ていた。その開放性と閉鎖性の両面を、市門は象徴していたのである。同じくボローニャでは、短期滞在者や移住者を管理する役所が一四〜一五世紀に設けられており、該当者は市門で身元を確認されたうえ、役所への出頭と名前や宿泊場所等の登録が義務づけられた。もっとも、これほどの監視体制が整えられる事例は珍しい。ボローニャは交通・戦略上の要衝であったうえ、当時はミラノと教皇領という二つの勢力の間で揺れ動いていた。その状況下での対外的警戒心が、通常以上の通行者・宿泊者の監視をコムーネに意識させた

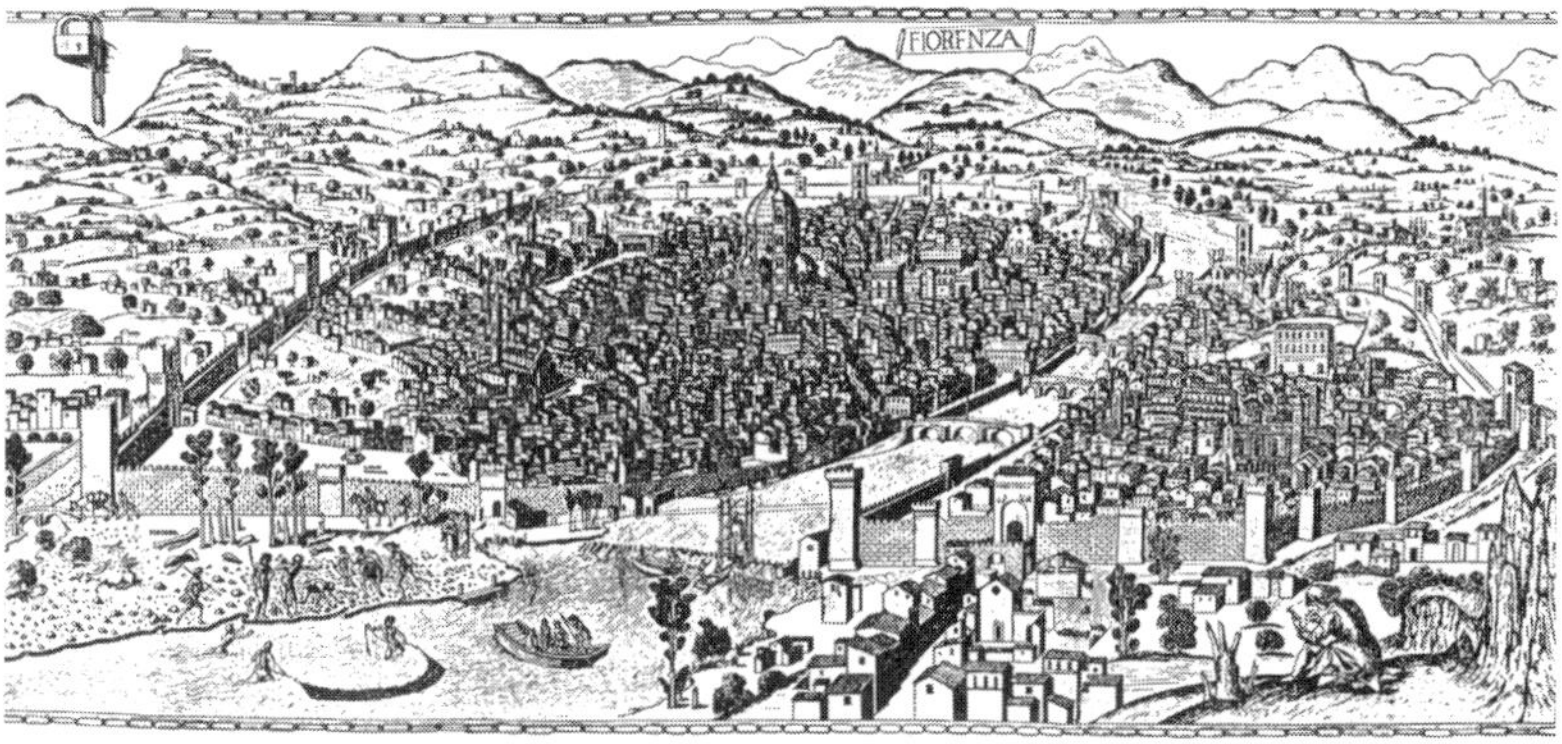


図2-1　《鎖のフィレンツェ図》

15 世紀後半のフィレンツェの都市景観を活写した作品として知られる。

と思われる。

　では市門を閉めれば、都市は完結した空間となったのか。実際には、市壁の外側にも市域は広がっていた。とくに市門外部の周辺には商人が店を出し、旅人相手の宿屋や居酒屋、娼館が設けられている。市壁に囲まれた都市が、海に浮かぶ小島のように周囲から隔絶されている、というイメージは妥当ではない。各都市の条令を見ると、都市の周囲数マイル以内は都市の領域と認識されていることが判る。市壁外には、都市の経済発展に伴って集まってきた人びとが、住みついていた。市内の人口が稠密となると、こうした新開地を新たな市壁で囲い込みながら、市域も拡大される。人口が増加傾向にあった一三〇〇年前後には、多くの都市で市壁の新設が計画された。フィレンツェの場合、一四世紀前半の都市人口は一〇万人前後に達していたと考えられ、前述の一三三三年竣工の市壁は将来の人口増大を見越して、人口密集地の周囲の広大な空地を囲んでいた。だが、一三四七年から数年間続いたペスト（黒死病）の流行が、ヨーロッパの人口を奪い、その後も一〇年から二〇年の周期で散発的にペストが各地を襲うようになった。フィレンツェでも多くの都市人口が失われ、都市の景観にその影響が及んだ。一四七〇〜八〇年代に作成された都市景観図《鎖のフィレンツェ図》を見ると、市壁内部でも人家が密集しているのは中心部だけで、周縁部には空地や菜園が点在している（図2-1）。この空間の大半が人家で埋まるまでには、数世紀が必要だったのである。

## § 塔の建設と規制

さて、この市壁に囲まれた都市の景観のなかで、ひときわ目を引くのは塔の存在である。司教座聖堂をはじめとして各聖堂（修道院付属の聖堂も含め）には鐘楼があり、市庁舎等の公的建物にも塔が備えられていた。都市の有力市民の住居にも塔が存在した。一三世紀半ばまでの都市内抗争の時代、一族の防衛拠点として塔が建てられたのである。一三六〇年代になってもローマの都市条令は、市内抗争において塔から投石することを禁止している。同時に、塔は一族の誇りでもあり、有力家門は他家よりも高い塔の建設を競った。

しかし、商業発展によって商人層が経済力を得ると、彼らを中心にポポロと称する勢力が各都市で結束し、旧来の都市貴族層や都市に移住した封建領主層に対抗した。一三世紀後半の闘争の結果、ポポロが政権を奪取した都市は少なくない。彼らが主導権を握った都市ではしばしば、塔の高さが制限されたり、法的措置によって塔が壊されたりした。市内の治安を重視する商工業者層にとって、家の名誉をめぐる抗争とそれを象徴するように高さを競う塔の存在は、忌まわしいものだったのであろう。たとえば、一三〇八年のルッカの都市条令は、塔の高さの制限と違反建築物の取り壊しを定めている。また、一二六六年、グェルフィ（教皇派）主導下のパルマでは、「コムーネとグェルフィの敵」が建てた塔の取り壊しが、ポデスタ（第3章参照）の命令でおこなわれた。この措置は単に市内抗争の沈静化を図るものではなく、コムーネの主導権を握ったグェルフィ勢力の優位を見せつけ、敵対するギベッリーニ（皇帝派）勢力の抵抗力を減じようとするものである。

フィレンツェにおいては、ポポロの政権が一二五〇年に実権を握ったとき、塔の高さを五〇ブラッチョ（約三〇メートル）までに限定し、これを超える高さの塔の破壊を決定した。この場合も、塔の破壊の主たる目的は、ポポロに敵対する勢力の抵抗力を減じることにあったと推察される。だが、規制はポポロ側の市民の所有する塔にも適用されたため、市中のいたる所で塔の上部が削ぎ落とされ、あるいは塔全体が撤去されたのである。一三二五年の都市条令でもこの規制が踏襲され、違反者には高額の罰金が科されたうえ、塔が取り壊されることが定められている。上部を削がれた塔は、住居や工房に転用され、あるいは他の居住部分に接合された。現在のフィレンツェ市内を歩くと、そうした塔の名残を目にすることができる。

ただし、一四世紀のジョヴァンニ・ヴィッラーニの年代記によれば、一二五五年着工のカピターノ・デル・ポポロ官邸（この時点でのカピターノ・デル・ポポロは上級行政官職の一つで、同官邸は現バルジェッロ博物館）の塔は、当初の計画どおりに一〇〇ブラッチョの高さを維持した。一二九九年に完成した市庁舎（パラッツォ・デイ・プリオーリすなわち現在のパラッツォ・ヴェッキオ）にも、高い塔が設けられている。市庁舎の塔（その第一の機能は周囲の監視であったろう）は、司教座聖堂の鐘楼とともに都市のランドマークとなった。そして、塔に据えられた鐘の音は住民の日常生活にリズムを与え、また都市の祭日あるいは緊急時には住民の団結を促したのである。一三〇三年、ピストイアと戦争中のフィレンツェが、ピストイア近郊のモンターレという城砦型集落（カステッロ）を攻略・破壊した際、その「コムーネの鐘」をフィレンツェに持ち帰り、ポデスタ官邸（カピターノ・デル・ポポロ官邸は一二六一年からポデスタ官邸とされた）の塔に据えたという逸話（前出ヴィッラーニによる）は、こうした鐘がコムーネの一体性の象徴となりえたことをうかがわせる。イタリアにおける偏狭な郷土愛を示す「カンパニリズモ campanilismo」という語は聖堂の鐘楼《カンパニーレ》 campanile に由来し、鐘楼の象徴する故郷の景観への愛着と結びつけて語られるが、中世都市の市民の政治的意識を思えば、市庁舎の塔は、聖堂の鐘楼以上に彼らの帰属意識に訴えたであろう。その一方、聖堂の鐘楼の整備にも、コムーネ当局や同職組合が関与している。フランスの中世史家ル＝ゴフがかつて対置してみせたほどには、聖堂の塔と市庁舎の塔とは対照的な価値観を象徴してはいなかったのである。

## §木造家屋の存在

ところで、中世都市の中心部に密集する建物のうちには、木造の建造物・構造物も少なくなかった。ボローニャでは、一二八八年に藁葺きの家屋を市内に所有することが禁じられており、少なくともその時点まで、市内に藁葺き屋根も存在していたと推測される。

こうした環境では、いったん火災が発生すると類焼の危険性が高い。火災の原因としては、まず炉が考えられる。一五世紀になるまで、壁に据付けの暖炉は一般的ではなかった。上層市民の住居では炉が防火用の壁で囲われたが、一般に使用されていたのは日本の囲炉裏に近い形態のもので、剝き出しで床に設けられていた。また、織物業の作業場には糸や布などの可燃物が溢れており、火災の危険が大きかった。これらに灯火が燃え移るのを避けるために、夜間の作業が禁止されていたほどである。実際に火災の発生件数は多い。フィレンツェでは年代記などの記録から判明するだけでも、一三〇四～一三四四年に四〇回の火災が起こっている。一三四四年に設置された消防局（ウッフィチョ・デル・フオーコ）の記録によると、一年に一〇回以上の火災発生ということも珍しくない。

都市当局は延焼の可能性を懸念し、木造の建物を煉瓦造や石造へと変えてゆくように努めた。しかし、一四世紀になっても下層住民の住居を中心に木造家屋が残っており、石や煉瓦で造られた建物でも、室内の梁やバルコニーには多くの木造部分があった。一四世紀後半～一五世紀のマザッチョやギルランダイオの作品に背景として描かれた都市景観でも、木造家屋が少なくないことが確認できる。また、一三世紀までは高層の一般家屋は少なく、平屋も珍しくはなかったという指摘もある。その後、一四世紀前半へ向かう著しい人口増大の時代に、三階・

四階建ての建物が増加し、都市景観は徐々に垂直化していくのである。

## § 木材と燃料の供給

こうした建築のための資材、工業用・生活用の燃料や工芸資材の安定供給は、商工業の拠点としての都市の発展に必須であった。道路舗装の基礎にも、モミ材のような木材が必要である。しかし、都市近郊には必ずしも十分な森林資源がない。フィレンツェの場合、そうした木材はアルノ川を利用して上流域から運ばれてきた。トスカーナ北東部のアッペンニーノ山脈が一三世紀からフィレンツェの領域に組み込まれ、フィレンツェへの木材供給地となっていたのである。伐り出された材木は筏に組まれ、シエーヴェ川とそれが合流するアルノ川を利用して下流のフィレンツェまで流された。こうして市内に搬入される材木については、通行税を含めたいっさいの税が免除される一方、「木材、および家・建物を建てるのに最適なもの」をフィレンツェの支配領域から外に持ち出すことは禁じられている。

またフィレンツェ市内および周辺三マイル以内では、転売を目的として薪を購入することが禁じられ、フィレンツェに薪を売りに来た者には完売が強制された。当局が転売目的での薪の購入を禁じたのは、不当な買占めによる薪の不足を懸念してのことであろうし、完売の強制は市外への薪の搬出を阻止するためである。さらに、材木の筏をフィレンツェまで流してくる場合には、その筏に一定量以上の薪を積んできて、適正価格で売らなければならなかった。都市は、木材と燃料の確保に腐心していたのである。

## 2　公権力としての都市コムーネと景観整備の意識

### §都市空間の整備

フィレンツェはその市内に多くの美しい邸宅や家屋を擁し、当時も新たな建築が続いていた。それらの建物を堂々たる立派なものにする改修工事もおこなわれ、外観は素晴らしく美しいものになっていった。大聖堂《ドゥオーモ》や各派修道会の教会、修道院は壮大で立派だった。

一三三八年頃のフィレンツェの経済的繁栄と景観を、ヴィッラーニはこう称えた。一三四一年、大商社倒産が引き金になって不況が起こり、一三四八年夏にはペストの第一波がフィレンツェを襲うが、それら以前の都市の繁栄がここに描かれている。ヴィッラーニはおもに個人の邸宅に目を向けているが、この一四世紀前半にはフィレンツェを含め、トスカーナ各地の都市で市内の空間の整備が進められており、ロンバルディアやヴェネト地方でもそうした都市空間の整備が進行していった。コムーネは道路の直線化と道幅の均一化を進め、都市空間の核となる広場やそこへ通じる道路を整備したのである。

こうした道路の整備や新設が、第一に運輸・交通の便に益することは言うまでもない。一二世紀以来、公道や広場に木材等の障害物を置くことの禁止、円滑な通行を維持する義務、道路の普請などに関する規定が、諸都市の法規にしばしば見られる。しかし、都市コムーネにとって道路の整備は、運輸・交通の円滑化に寄与するのみならず、「誰でも自由に往来できる」公的空間の設定・管理による都市空間の掌握にも通じた。コムーネが関与できないさまざまな私的空間が、市内には存在していた。たとえば、ヴィーコロやキアッソと呼ばれる小路は、公権力が直轄するものではない。市内各所に有力家門の勢力基盤があり、そこの小路は各家門の私道か、小路に面した住民が共有する私道であった。ジェノヴァでは一四世紀まで、広場でさえも各地区の有力家門に私物化されていたとも言われる。コムーネ当局が規制できるのは、あくまでも「公道《ヴィア・プーブリカ》」や「公共の場所《ロクス・プーブリクス》」のみであった。したがって、都市当局の主導で道路や広場が整備され、あるいは新たな道路が建設されれば、政府の権限の及ぶ公的空間が拡大する結果となったのである。

## § 公共物としての空間・公権力としてのコムーネ

中世のイタリアにおいて、道路や広場を公共物と捉え、これを公権力が管理するという認識は一二世紀以降に明確になる。かつて古代ローマ人は、道路や橋に公的性格を見出していた。ローマ法の概念においては、「公共物」とは国家が所有し、万民の自由な使用に供されるものであり、道路や広場、橋にもその概念が適用されている。しかし、五世紀の西ローマ帝国滅亡後、ゲルマン的な法慣習が優勢となる西欧では、そうした意識は失われた。もちろん当時においても道路や橋は実用的なもので、近隣住民にとっての一種の公共性と共同管理の必要が認識されていたであろうが、公権力の管理するものだという認識が欠けていた。一二世紀にイタリアでローマ法研究が復権し、ローマ法の概念が世俗法の基盤となったとき、改めて公共物としての空間に目が向けられたのである。一一五八年のロンカリア帝国会議においては、レガリア（国王大権 regalia）に関連して道路と橋に言及がなされている。会議を主催した皇帝フリードリヒ一世が、ボローニャのローマ法学者たちの助言を得ていたことを考慮すると、ここで道路や橋の管理が公権力の行使するレガリアと結びつけられたのは、ローマ法的な認識によるものであろう。そして、その二五年後にフリードリヒがロンバルディアの諸都市と結んだコンスタンツの和約では、道路や橋の維持がコムーネの権限として認められた。

もちろん、このように道路や広場が公共物として捉えられる前提として、「公」という概念が確立していなければならない。復権したローマ法に基づきながら、法学者たちは現実の国家の支配権をめぐって、この「公」を論じていた。彼らは、ローマおよびこれを受け継ぐ国家のみが「公」の概念を適用されるべきであると考え、それ以外の王国や都市を「公」に対する「私」と位置づけた。この理論に従えば、「公」たる権威は、理念上の普遍的存在であるキリスト教ローマ帝国、すなわち神聖ローマ帝国のみとなる。

しかし、実際の帝国は俗権の普遍的秩序といえる状態にはなく、理念的には下位にあるはずの王国や都市が、独自の規範や組織をもつに至っていた。その状況で、「王は自らの王国内では皇帝である」とする認識が、一三世紀後半のフランスから広まる。現実と普遍帝国の「公」理念とを適合させるべく、フランスの法曹たちは、皇帝の下位にある王国や都市がそれぞれの支配領域のなかで、皇帝に匹敵する権力を行使することを認めたのである。かくしてコムーネもまた一種の公権力と位置づけられ、その下で不特定多数の人間が利用する「公道」や橋や広場は、コムーネの全体利益に関わる「公共物」となった。たとえば、フィレンツェでは一三世紀半ばまで、アルノ川に架かる橋はそれぞれ地域の有力家門や修道院の管理下にあったが、その後はコムーネが、ポンテ・ヴェッキオをはじめとする橋を直接管理するようになっていく。

道路や橋をめぐる公権力としての都市コムーネの権限は、市壁の内部と周辺のみならず、コンタードの従属コムーネにも及んだ。たとえば、フィレンツェの条令はこう規定する。

カンピのコムーネおよび教区の人間は、ビゼンツィオ川上流すなわち船着き場よりも上流の彼らの領域にある、すべての木橋を自分たちの費用負担で維持し、修復し、管理し、補修しなければならない。そして、これについて、彼らは適宜フィレンツェのポデスタからの要請に従わなければならない。カンピはフィレンツェ北西方にある農村コムーネであるが、その領域の橋の管理・修繕に関しては、支配都市であるフィレンツェのポデスタの管轄の下でおこなわなければならない。領域の運輸・交通に対してフィレンツェが関心を向け、また実際の管理における上位権限を有してもいたことがうかがえる。

## 美観への目

都市政府の関心は実用性のみならず、都市の美観にも向けられた。前述した塔の高さ規制も、すべての都市でおこなわれたわけではなく、むしろ塔が保護されることもあった。一三四二年のペルージャの都市条令は、「都市は塔の存在からしばしば美観や利便を享受している」として、都市内や周辺地域の塔を許可なく壊すことを禁止している。塔が実戦上の意味を失ったためもあろうが、このように塔を景観の一要素と見る姿勢は興味深い。

フィレンツェにおいては、先にも触れたように、一三世紀末から都市の整備が進んだ。都市の精神的中心たる司教座聖堂（サンタ・レパラータ聖堂）の全面的な改築が計画され、著名な建築・彫刻家アルノルフォ・ディ・カンビオをはじめとする建築家たちの設計により、一二九〇年代から工事がおこなわれたのである。サンタ・マリア・デル・フィオーレと呼ばれる新たな大聖堂が完成したのは一五世紀であるが、完成に至るまで、この新しい司教座聖堂の建設は、都市と都市政治に深く関わる同職組合の重要なプロジェクトであった。また前述の市庁舎も、政権を掌握したグェルフィ勢力が、敵対するギベッリーニの拠点を潰した跡地の一角に建てた（アルノルフォはこれにも関与している）ものであり、グェルフィの決定的勝利を象徴している。市庁舎完成後には、市庁舎前広場と司教座聖堂前広場が整備され、両広場を結ぶカルツァイウォーリ（靴屋）通りの美化も図られた。

## 3 市庁舎前広場の整備

このように、都市空間の整備・美化の主要な対象のひとつが、広場である。都市の住環境は、概して恵まれたものではなかった。上層市民の邸宅であっても、一四世紀までは部屋割が比較的細かく、しばしば複数の家族が同居していた。また、高価なガラス窓は一五世紀まで一般的ではなく、油を染み込ませて防水加工した布などが窓を覆っていたため、採光も十分ではなかった。この暗く狭い家を出て、人びとは広場に集まったのである。

広場は伝統的に公共の場として機能していた。なかでも重要だったのが、市庁舎前の広場である。住民の自治を基本とする中世都市においては、公論形成が建前として必要である。コムーネ初期には、その形成の場として住民集会（アレンゴ arengo あるいはパルラメント parlamento）が重要な意味を持った。一四世紀までに評議会等の政治組織が整備され、市庁舎が建設されて、住民の合意の結果を反映した恒常的な政治の場となると、住民集会自体は形式的な意味しか持たなくなる。それでも都市住民全体の意思を確認する場が必要となることがあり、そうした場はしばしば市庁舎前広場に設けられた。また、都市の自治や自由を象徴する行事や儀式も、同じ広場でおこなわれた。市庁舎のみならずその前の広場も優れて政治的機能を持ち、都市住民の政治的結束の表象となっていたのである。たとえば、トスカーナ南部の都市シエナの市庁舎とその前のカンポ広場は、市街のほぼ中心に位置するが、これは偶然ではない。都市を区分する行政区の接点であることが意識されて、この場所が選択されたのである。カンポ広場は都市の地理的中心であるのみならず、都市自治の基盤たる地区共同体の接点と位置づけられた。また、フィレンツェでは一四世紀前半、二ヵ月任期で市民から選出されるプリオーレ（執政委員）と正義の旗手（国家主席）の就任誓約式が、市庁舎前広場で開かれる住民集会においておこなわれるようになっている。

したがって、市庁舎前広場は都市の威信を示す場であり、その威信を損なうような行為、あるいは広場の美観を損なうような行為は禁止されていた。人びとの集う広場はしばしば市場にもなるが、市庁舎前の広場ではそうした経済活動が規制されることもある。フィレンツェでは条令により、「公共の広場や道路で」油、果物、野菜、卵、魚等を売ることが禁止され、ポデスタ官邸の周囲二〇〇ブラッチョ（約一二〇メートル）での屋台の出店も禁じられている。その代わり、市庁舎前広場と司教座聖堂前広場の中間に位置するローマ時代の広場（フォルム forum）の跡地に、旧市場（メルカート・ヴェッキオ Mercato Vecchio）と呼ばれる市場があった。付言すれば、ローマ植民市に起源を持つ都市でも、古代のフォルムは必ずしもそのまま中世の政治的中心とはならない。

もっとも、市庁舎やその広場がすべからく、経済活動から分離されたわけでもなかった。都市によっては、「コムーネの広場」すなわち市庁舎前広場で野菜類の販売が認められている事例もある。また、ヴェローナの市庁舎の中庭には一四世紀以来、穀物市場があった。ただし、ヴェローナ市庁舎の市場はたぶんに、貧困層に穀物を安い公定価格で供給するという、都市の食糧政策に結びついており、そのかぎりでは純粋な経済活動の場ではない。

## §司教座聖堂と聖堂前広場

市庁舎とその広場が都市の政治的中核であるならば、司教座聖堂は都市住民の精神的一体性の核であった。イタリアでは主要な都市のほとんどが司教座都市であり、市中に司教座聖堂があった。都市とその周辺の住民の洗礼はすべて司教座聖堂でおこなわれ、そのことが住民の一体感を強化したのである。とくに一四世紀頃までは、洗礼は年に二回、通常は聖土曜日（復活祭の前日の土曜日）と聖霊降臨祭（復活祭から五〇日目の日曜日）の前日に集団でおこなわれた。同日同所で洗礼を受けるということは、市民の連帯を強化する上でおおいに効果があった。フィレンツェやピサの司教座聖堂には独立した洗礼堂が隣接し、そこには大きな洗水盤が設けられている。

また、司教座聖堂に面した広場は都市を代表する宗教的機能を担っており、クリスマスや復活祭のような都市を挙げての宗教行事は、ここを中心におこなわれた。その意味では、この広場は純粋に宗教的な機能を果たしていたのではなく、政治的な意味も有していた。住民集会が司教座聖堂でおこなわれていた形跡もあり、フィレンツェでは一四世紀においても、サンタ・レパラータ聖堂で形式的な住民集会（集会の内容は、ポデスタとカピターノ・デル・ポポロの就任誓約式である）が開かれている。先にも触れたように、聖堂やその鐘楼の建設・改築工事にも、コムーネの政府や同職組合が関わった。司教座聖堂はまさしく都市全体のものであった。それゆえ、市庁舎やその前の広場と同じように、壮麗な聖堂とこれを引き立たせる広場の造営は、都市の威信にもつながった。フィレンツェ政府は一三八八年から、未完の聖堂周辺の建物の外観統一を図っている。

## ヴェネツィアのサン・マルコ広場

コムーネによる広場の整備という点では、ヴェネツィアのサン・マルコ広場が際立っている。広場はサン・マルコ聖堂の正面にあり、元首《ドージェ》の官邸（パラッツォ・ドゥカーレ）が、聖堂に隣接する。さらに官邸の入口正面にはサン・マルコ小広場（ピアッツェッタ Piazzetta）があって、二つの広場は連続して一体化しているのである。古代ローマ都市に起源を持たないヴェネツィアでは、九世紀にリアルト島の一角に政治的中心が形成された。そこに元首《ドージェ》が建立した私有教会が、サン・マルコ礼拝堂（後に聖堂）である。聖マルコはヴェネツィアの守護聖人として崇敬され、この聖堂（アレクサンドリアから持ち帰られた聖マルコの遺骸を祀るために建てられた、と伝えられる）は司教座聖堂でないにもかかわらず、都市の宗教的中心となった。隣接するパラッツォ・ドゥカーレは、元首《ドージェ》を頂点とするコムーネ政治のおこなわれる場であり、広場とその周辺は、共和国の政治と宗教の機能が集中した空間となっていた。

二つの広場が連結された形状は、一二～一三世紀にほぼ決定されている。その後、数世紀の間に広場を囲む建築物が改変・整備され、現在のような空間となった。広場に面した建物と広場とは、統一的にデザインされていく。西側には、一六世紀まで私有の店舗等が残っていたものの、二つの広場を囲む建物は基本的に公共建築であった。また、小広場は海への正面玄関としてしつらえられ、一一七二年には海に向かって、二本の円柱が門柱のように建てられた。海から小広場へと迎えられ、さらに広場本体に入ると、そこは都市の公的機能が集められた、ヴェネツィアの表舞台となっていたのである。

## §街並景観の管理

コムーネが統一的な管理を図ったのは、公的機能を持つ広場に関してのみではない。一三〜一四世紀の間に、当局の目は都市空間の各所に配られるようになった。無計画な建築が都市の美観や通行の便を損なうことにコムーネは気づき、個人の建築の管理を始めたのである。都市景観を勝手に変えることは法で規制された。個人の所有する建物であっても無許可で取り壊してはならず、廃屋を勝手に破壊して、その木材や石材を建築資材に再利用することも禁じられた。

個人所有の家屋の再建は、「都市の名誉となるように」配慮されなければならなかった。フィレンツェでは、「家を建て替えようと思う者は、まず近所の者とフィレンツェのコムーネの地方《じかた》役と測量士［土地・道路管理の地方役として石工一人と大工一人、加えて土地測量士二人、公証人二人が半年任期で任命されていた］に壊す前の家屋を見せ、近所の者、少なくとも両隣の住人の面前で建て替え工事を進めるということにしなければ、建物も壁も柱も取り壊してはならない。また、その家屋の前に囲いや囲い地を設けたり、新たな建物を建てたりするなら、道路や広場にはみ出さないようにすべき」であると、条令が定めていた。加えて「道路に接した家屋や土地を所有する者は、その家屋や土地が隣接する建物や土地よりも道路にはみ出していた場合、新たに建物を建てるためにその家屋を解体したならば、隣接する家屋よりも道路にはみ出して新たに家屋を建てることはできず、また建ててはならない」。条令原文の但し書きによれば、この規制は一二五八年に設けられたものである。

また、市壁内部に家屋を所有する者は、「フィレンツェの都市の美観のために pro maiori pulcritudine civitatis Florentie」、道路に面した家屋を四ブラッチョ（約二メートル半）の高さまで「壁で囲う」ことを義務づけられた。この「壁で囲う remurare vel claudere」とは石や煉瓦で壁を造ることであり、道路正面の外見を統一することによって「美観」を整えようという意図を、看取できよう。こうした傾向はフィレンツェに固有ではなく、多くの都市に共通する。一三三六年のプラートでは家屋を建てる場合、道路に面した部分の幅は、建築費用つまり建物の価値に比例する形で当局が決めた。階数も同じく費用に応じて規定された。ファサードの特徴や張出し部分の最低限の高さも当局が決定し、施行主には工事規模に応じた施工期間が課されている。まったく同じデザインでの統一が図られたわけではないが、街並景観は意識的に管理されたのである。

## 3　生活環境の管理

### 清潔の意識と実態

先に触れたブルーニの『都市フィレンツェ礼賛』は、「都市全体の信じがたいほどの驚くべき清潔さ」についても言及している。その賛美の言葉はレトリックとして割り引いて考えなければならないが、都市を称える要素として、「清潔で掃除が行き届いている」ことが特記され、「清潔さ」と「美観」とが直結されているのは興味深い。

恐ろしく不潔な都市もある。そうしたところでは夜のうちに出た汚物を、朝になるとそのままそっくり他人の目の前に投げ捨て、それを道路に放置したまま、足で踏まれるに任すのである。汚らしいことこの上ない……（中略）……不潔な都市には、たとえ他の美点がすべて備わっていたとしても、美などというものは断じてありえない……（中略）……一方、フィレンツェはと言えば、もっと掃除をした方がよいと思うような場所はどこにもないほど、清潔で掃除が行き届いている。それをわれわれは目の当りにしている。まことにここは唯一無二の都市。世界中でここにおいてのみ、目に汚らわしいものにも、鼻が曲がるような不快なものにも、足を汚すものにも出くわさない。

実際には彼が非難している他の都市の様子こそが、（フィレンツェも含めた）当時の一般的な都市の環境であったろう。「夜のうちに出た汚物を、朝になるとそのままそっくり他人の目の前に投げ捨て、それを道路に放置したまま、足で踏まれるに任せる」のは、珍しいことではなかった。前出のボローニャの都市条令では、動物の死体・死んだ魚を広場等に放置することや、「腐ったもの・汚物・その他の不潔なもの」を公道に捨てることを禁じる規定があるが、裏返せば、そうしたことが日常的におこなわれていたのである。

建物上階の窓から水や汚物を捨てることも、珍しくはなかった。トスカーナ東部のアレッツォでは、昼間に公道へ水を捨てることは禁止されているが、夜間には許されている。ただし、「『御注意』と三回言ってからでなければ」、五ソルドの罰金となり、「汚水や臭いもの」を捨てた場合は、昼夜を問わず四〇ソルドの罰金が科された。いずれにしても、道路の端を歩く際には、足下にも頭上にも気を配る必要があったのである。

## § ごみ・汚物への対応と衛生意識

現在の都市と同様に中世の都市においても、日常生活のなかで排出されるごみの処理は、当局が管理しなければならない問題の一つであった。フィレンツェにおいては、公道への水の投棄の規制とごみ投棄の禁止、道路や広場や公共の場所に堆肥を積んでおくことの禁止、毛織物製造の工程で出る廃水や羊の皮・廃棄物を公道やアルノ川に投棄することの禁止を条令に見出すことができる。違反については、各小教区の教区長が目を光らせた。また、一三世紀のシエナでは、カンポ広場に蓄積する汚物の除去のために、コムーネが清掃員を任命している。

ごみの放置や投棄を禁じる規制があるものの、ごみの収集については必ずしも公的制度を確認できない。収集を個人が請け負うこともあり、地区住民に道路清掃が任されることもあった。フィレンツェ領域の農村コムーネの一つフィリーネ・ヴァルダルノでは、集落内の広場に面した家屋の住人に広場へのごみ投棄が許される代わりに、土曜日ごとの広場の清掃が義務づけられた。一四世紀前半のルッカでは、道路・公共物管理局の下で地区組織の役員が道路の清掃を監督している。一方、一三世紀のボローニャ、一四世紀のピアチェンツァやミラノ、あるいは一五世紀のマントヴァでは、ある程度の公的な清掃サービスやごみの収集がおこなわれていたらしい。

こうした清掃や排水の管理の背景に、ある種の衛生意識をみることは可能である。たとえば、ルッカでは街路の「清潔さ」が衛生と結びつけて認識されている。密集した家屋の間を縫う小路の排水を当局が管理することは、「ルッカの都市住民の福利と健康のため pro bono et sanitate hominum et personarum Lucane civitatis」であった。動物の血や汚水を戸外の公共の場所で流すことや、家庭廃水やごみ・瓦礫・漆喰屑などを公道や「公共の場所」に捨てることも禁じられ、悪臭や水の汚染を防ぐために動物の屠殺が規制されている。病原菌の存在はまだ認識されていなかったが、「空気の腐敗」が病気の原因と考えられていたこともあって、劣悪な生活環境が健康を害するという意識は存在したのであろう。

## ❦都市は汚泥にまみれていたのか

路面の状態も都市コムーネの関心事であった。ブルーニは、フィレンツェと同程度の人口を擁する他の都市において、「汚泥にお目にかからないとしたら、また、雨水が地面に落ちるや否や然るべき側溝に集められることで、どれほど土砂降りの雨でも足を濡らさずに通りを歩き回るのにまったく支障がないとしたら、その事実以上の驚異があろうか」と言う。実際には、フィレンツェに限らない多くの都市で、往来を確保しなければならない主要道路や公的な性格を持つ広場が優先的に舗装されていった。一三世紀までは砂利舗装が一般的であり、煉瓦や敷石での舗装が増えてくるのは一四世紀以降である。フィレンツェでは、道路は「大ぶりの石を敷くか、あるいは石とモルタルを固めたブロックを作って」舗装することとされている。

道路の舗装に関しては、沿道の家屋の所有者が各戸の正面部分について責任と費用を負ったが、その負担部分の舗装の種類は、彼らの選択に任されていた。当然ながら、一つの道路の舗装が不統一な状態になることも少なくはなかったと考えられる。たとえば、アルノ右岸の地域のサンタ・トリニタ橋付近は一二八二年に砂利と石材で舗装されたが、一二八九年にサン・ジョヴァンニ広場が舗装されたときには煉瓦が使われた。美観と利便性は意識されたが、都市景観の統一性の意識はまだ稀薄であった。

## ❦ 水をめぐって

人口の集中する都市にとって、清潔な飲料水の確保は重要であった。市内への水の供給のために、壮大な地下水道工事をおこなったシエナの例は有名である。潟上のヴェネツィアでは掘り井戸が不可能なため、各所のカンポと呼ばれる広場に天水井戸が設置された。これは土中に石と砂で濾過装置を作り、そこへ流れ込んだ雨水が濾過されて溜まるように、工夫されたものである。こうした公共利用の井戸や泉は、都市当局の下で管理された。井戸や泉に汚物を捨てること、家畜に井戸から直接水をやることなどを禁じた規定は、各地で見られるし、定期的な井戸替えも近隣住民の費用で義務づけられていた。ルッカでは前述の管理局が井戸と泉を管理し、一三世紀のヴィテルボでは「泉と道路の管理役」が、飲料水の管理を管轄している。

一方、都市当局は川や運河の水利にも目を向けた。川は重要な輸送路であり、ミラノやボローニャでは運河も開削された。フィレンツェのコムーネは一三世紀から、アルノ川の水運管理を図っている。フィレンツェから下流は水運に活用されており、ピサとの間をさまざまな物資が往来した。さらに川岸には製粉用と毛織物縮絨《しゅくじゅう》用の私有水車が設けられた。ヴィッラーニは一三三三年の洪水の一因として、川岸の多数の水車が流れを妨げたことを指摘している。

同時に、川は皮革加工や染色に利用される工業用水を供給し、また汚水やごみの投棄場所ともなった。川や水路へのごみの投棄は禁じられることもあったが、逆に一三五五年のフィレンツェのように当局が許可している事例もある。一五世紀のローマでは、投棄されたごみによって、テヴェレ川が次第に浅くなった程である。

以上のように、都市環境の管理・改善に対する当局の関心は低くはなかったが、対応は概して散発的であった。たとえば、フィレンツェでは一六世紀の大公国時代に初めて、アルノ川の浄化等の積極的な政策・規制がおこなわれるようになるのである。しかしながら、生活環境や景観に関わる個々の規定を検討していくことによって、中世都市の日常を掘り起こしていくことが多少とも可能になろう。われわれは、当時の日常生活の限られた側面しか知らないが、環境という観点からの史料研究によって、そうした日常の新たな一面が明らかになることを期待したい。

（徳橋　曜）

# 第3章　支配のかたち

## 1　支配の主体としてのイタリア都市

### §都市と周辺農村領域

一二世紀、ドイツの皇帝フリードリヒ一世のイタリア遠征に随行した司教オットーは、イタリアについて「この地域は全土が都市によって区分されている」、「都市の命令に従わないような貴族は一人もいない」と述べている。諸侯権力や、よりローカルな封建領主の支配圏が地域の秩序をかたちづくっていたアルプス以北のヨーロッパに対し、中世のイタリアではまさに都市が政治と支配の主人公であった。彼らは実質的にはいかなる上級権力も認めず、人口においてもアルプス以北の都市をはるかに凌いでいる。さらに領域支配の中心として、都市の城壁内部だけではなく近隣の従属支配領域（ディストリクトゥス districtus）や、伯管区・司教区に相当するより広い周辺農村領域（コンタード contado）にも、裁判権や徴税権を拡大していった。本章では、このような支配の主体としての都市の変遷、つまり、その統治形態と支配層の変化を、一二〜一五世紀を中心にみていくことにする。

ところで、イタリアでは司教座とコンタードを備えたもののみが都市（キヴィタス civitas）の名に値した。古代ローマ時代に起源を持ち、カロリング時代に司教や伯の所在地がおかれた——このような伝統を持つ場所だけが一二～一五世紀、一般に都市として認められたのであって、中世のあいだに新たに建設された都市はわずかしかない。アルプス以北の基準に照らせば人口や社会構成の面で都市と呼ぶにふさわしくても、司教座とそれに付随するコンタードがなければ、それは防備集落（カステッロ castello）や農村集住地（ボルゴ borgo）という名称にとどまった。では、中世において都市とコンタードの関係はどのようなものとして立ち現れてくるのか。そのときどきの都市の支配層は農村世界とどのような関係にあるのか。じつはこれに関しては、史学史的に見て大きく二つの立場があり、さまざまな概説に影響を与えている。したがって本論に入る前に、まずは研究史を概観しておこう。

## §ヨーロッパ中世都市研究とイタリア

一九世紀の歴史学は都市と農村に自由対不自由のレッテルを与え、中世都市を封建社会のなかに浮かんだ「自由と自治の牙城」「近代国家の母体」とみなしていた。また一部の有名な年代記や都市法、王や司教が都市の特権を認めるために与えた証書など、限られた史料に基づく研究が大半であった。このような状況のなか、二〇世紀前半ピレンヌが中世都市の経済的性格を前面に押し出し、「自由な遠隔地商人」が都市建設の主たる担い手であるという古典的見解を打ち出す。これに対して同時期のイタリアでは、オットカールがピレンヌを高く評価するものの、イタリアでは都市と農村は峻別されないと主張し、イタリア都市を半封建的世界として類型化した。これは重要な指摘にもかかわらず、当時の学界に対する影響は小さく、実証研究を触発しなかった。イタリアでもアルプス以北と同様、都市を「封建世界」に対置させる見方が根強かったのである。一二世紀～一三世紀に進展する「コンタードの征服」は「封建世界」に対する都市の勝利であり、第二次大戦後ふたたびイタリアで中世都市研究が活発になったときも、多くの研究者はいまだ都市内部に研究を集中していた。

このようなイタリア史における「都市中心主義」が批判され始めるのは、一九七〇年代後半からである。都市の自治発展において農村に基盤を持つ封建領主層が果たした役割を重視する研究や、都市支配層の勢力基盤としてコンタードを重視する研究などが発表された。これらの研究は、従来中世イタリア都市の雛型とみなされがちであった都市中心・商工業者中心のフィレンツェ・モデルからの離脱や発想の転換に貢献したが、行き過ぎとの声も高まり、さまざまな地域・都市における実証研究を促した。わが国では森田鉄郎・清水廣一郎・佐藤眞典各氏により、一九六〇年代~七〇年代前半すでにオットカールの立場が紹介されている。彼らの問題関心、すなわち領域支配への着目は、ある意味、のちの実証研究をさきどりしていたともいえよう。

さて、同じころアルプス以北でもピレンヌ以来の古典的見解に対する修正の動きが始まった。このなかで、オットカールがイタリア都市の特徴として述べた「半封建的世界である」、「周囲の農村と区別されない」という見解は、アルプス以北の都市にもある程度当てはまるものになる。こうして、都市における支配に封建的要素が含まれていること、都市と農村との密接な関係が、かならずしもアルプス以北に対するイタリアの後進性を意味しなくなったことも、農村を視野に入れた実証研究を後押しすることになったであろう。また農村との社会的・経済的つながりが指摘されるなかであらためて「都市とは何か」ということが問題となり、文化や政治、都市の生活形態の面で新しい研究が触発された。この点に関しては人類学からの影響も大きい。都市と農村の関係については、いまだ未開拓の部分も少なくない。しかしプロソポグラフィー、社会史、政治文化、法人類学などあらたなアプローチの方法を得て、中世イタリア都市史は中小都市や農村地域も含めて、この三〇年ほどのうちに大きく発展した。以下では、こうして明らかになってきた都市支配層の社会的・文化的側面や他都市・農村とのつながりを考慮しながら、彼らが織りなす支配のかたちを追っていきたい。

## 2　都市コムーネの制度的変遷と支配層の変化

### §コムーネの成立

コムーネ comune とは、現在のイタリア語では地方自治体（市・町・村）を意味し、中世においても住民団体やその集会を表した。農村においても住民組織はみられコムーネは存在したが、とりわけ都市において住民の政治組織やその支配領域が整備されるにつれて、コムーネは「自治都市」や「自治都市政府」そのものを指すことが一般的になった。

イタリアでは、カロリング朝断絶後の政治的混乱のあと、一〇世紀半ばからローマで皇帝に戴冠されるドイツ王が、イタリア王位を兼ねるようになる。ちょうどこのころ、都市では徐々に法律、商業、金融に専門的に携わる人びとが生まれていた。現存する国王証書は、司教と並んで彼らに都市の防衛を委ねたり、交易の自由や土地・家屋の所有を保証したりしている。一〇世紀末には都市の住民団体が国王証書の受け取り手として現れ、事実上の自治的な活動があったことがわかる。しかし、コムーネやその運営に携わる執政職コンソリ consoli という言葉が都市の史料に現れ始めるのは、一一世紀初頭から一二世紀初めにかけてであり、コムーネが政治的に自立した自治都市として確立するのはさらにその数十年後であった。

コムーネ体制への移行については、二つのパターンに分けてみるのがわかりやすい。ひとつは、ロンバルディアのように司教の指導力が強い地域の場合である。ここでは、早くから司教の法廷に都市の商人層や司教と家臣関係を結んだ農村領主層が集まり、彼らが定期的に集会をもつことで一体感を増していった。たとえばミラノでは一〇六七年の教皇の勅書に、ミラノ大司教から封を得た封臣層（カピタネイ capitanei）・封臣と家臣関係にある陪臣層（ヴァルヴァッソーリ valvassori）・有力商人や公証人、法律家からなる「商人その他の人々 negotiatores et reliquo」があらわれている。教会改革運動が都市に及ぼした対立・抗争の後、一〇九七年に登場するコンソリは、おそらくこの三層から選ばれたのだろう。ただし、彼らがいつから大司教に変わってミラノを代表して自治をおこなうようになったのか、はっきり特定することはできない。初期の年代記が「都市のコンソリ」「大司教のコンソリ」ということばを交互に用いているように、コンソリは徐々に司教から権力を奪っていった。また最近の研究は、封臣層が早期に農村から都市へ移り住み、都市世界と密接な関わりを持っていたことを指摘している。

二つめは、トスカーナ辺境伯領・ヴェローナ辺境伯領など、カロリング時代の政治的枠組みが比較的維持されていた場合である。まず、ここでは成立期コムーネに封臣層が参加することはない。トスカーナ地方では封臣そのものがほとんど存在しなかった。ヴェローナ辺境伯領の封臣は、辺境伯の家臣としてコンタードに城砦などをあたえられており、アルプス以北の城主層にも似た存在である。彼らはコムーネ体制が整ったあと、都市政治に関わりを持った。さらに、司教の法廷もロンバルディアほど重要な役割を果たさず、司教の他にも皇帝代官や伯・辺境伯代官を担った家系、司教とは独立した裁判官層 iudices などが都市の中心的存在であった。教会改革運動や辺境伯家系の断絶など上位権力の失墜のなかで、彼らを中心とする都市の住民組織が徐々に自治と自立を確立していくのである。

昔からコムーネ成立のモデルとしてよく言及されるジェノヴァの例を見てみよう。ジェノヴァでは住民が、司教や代官などの制度的中心を欠いたまま、一〇分の一税などの司教の封や土地による収入、海上商業活動を通して力を蓄えていく。一一〇〇年に十字軍への参加を契機に結成された団体、コンパーニャ compagna がコムーネの開始ととらえられることも多いが、これは全市を覆うものの商業契約に似た期限付きの誓約で、何度か更新された。じっさいにはコンパーニャの結成だけでなく、教会改革運動期にみられた住民間の対立と和解など、平和と統合への模索を通じて徐々に自治組織が整ったようである。一一二〇～三〇年頃にはコンソリ職も常設されるようになり、都市の裁判権が及ぶ従属支配領域への言及もみられ、ようやく制度的・領域的組織としてジェノヴァ・コムーネを語ることができるようになる。一一二七年の対外関係史料では「コンソリ、住民」に先だち、都市の威信の鍵を握る人物として、今まで影が薄かったジェノヴァ司教も言及された。

こうして、司教の指導力や主要構成員の出自・経済的性格に差はあるものの、都市住民の成長を背景に、内部の平和と統一、周辺領域の統制を求める動きのなかでコムーネ制度が整っていったと思われる。その動きは緩慢であり、都市ごとに違いもあるが、結局一二世紀末にはイタリア全土でおよそ二〇〇から三〇〇のコムーネが出現していた。

## コンソリ貴族と騎士

では一二世紀のコムーネの支配層はどのような人びとで、どのようにして統治していたのだろう。当時の支配層の総称として「コンソリ貴族 aristocrazia consolare」と「騎士（ミレス miles）」という名称がある。前者はコムーネの役職に注目した呼び名で「コンソリを輩出するような家柄に属す人びと」という意味、後者は彼らの生活スタイルや史料用語により即した呼び名である。なおコンソリ貴族には参政権の世襲的維持という含みもあるので、広義の支配層が騎士層であり、その上層部がコンソリ貴族であるという解釈も可能である。いずれにせよ、史料も少なく流動的な社会にあって、コンソリ貴族・騎士層とそれ以外の境界にはつねにグレー・ゾーンが存在した。

さて、一二世紀のコムーネでは住民集会の存在はうかがえるものの、じっさいの市政運営はコンソリや裁判官・書記・公証人などがおこなっていた。コンソリは二人～二〇人ほどで、単独の執政職ではなく、市街区や教区に応じて選出される場合もあれば、「商人のコンソリ」「海のコンソリ」「裁判集会のコンソリ」など役職の性格に応じた分業もあった。彼らは商人・法律の専門家・農村領主など出自はさまざまであるが、共通の親族構造と政治文化を持っていた。まず、ドムス domus、カサート casato、コンソルテリア consorteria などと呼ばれる男系を中心とした親族でまとまり、それを頼りとして都市での覇権を求めて互いに争った。このような親族集団は都市支配のための重要な拠点となる塔を共有し、家系のメンバーが危害を受けた場合は復讐（ヴェンデッタ vendetta）をおこなった。さらに、騎士的生活スタイル、つまり武勇と富の衒示も共有していた。一二世紀から都市は、都市世界に包含されていない封建領主層と争ったり、都市同士で戦ったり、海港都市なら海外遠征に参加したりしていたが、都市の支配層はこのような戦闘に際して率先して戦う軍事エリートでもあったのである。彼らは、贅沢な衣服や馬と武器の所持で平時にも人目を引いた。馬上槍試合や狩猟をおこなうこともあった。当時の支配層が同時代史料で騎士と呼ばれたゆえんであろう。

なお、中世のヨーロッパにおいて「ミレス」の語は多義的であったが、一二世紀頃からアルプス以北で理念としての「騎士」、すなわち武勇・忠誠・宮廷風礼節など、戦士が理想とする徳目を身につけた人物としての「騎士」が成立し、ヨーロッパ各地に浸透していく。理念としての騎士は下層の騎馬戦士から王侯までも含み、イタリア都市にも影響を与えた。しかし一一～一二世紀のイタリア都市では、コムーネの軍隊において歩兵に対する騎兵をミレスと呼ぶのが一般的である。おそらくこのことが、騎兵として戦うことを通じた支配層の拡大と融合につながったのだろう。アッシジのフランチェスコが回心する前、家業である商売を見習っていたことは有名な話である。しかし彼はまた、騎士になることを夢見て装備を調えたこともあった。

こうして、一二世紀半ばから一三世紀初にかけて、より古い軍事的伝統を持つ家（コンタードに領主権をもち司教と家臣関係にある家、家臣制度とは独立して都市の戦闘機能に携わっていた家など）に属する人びとに、商業や手工業に由来する富によって新たに騎士になった人びとがつけ加わる。後者には十分な財力を持つ富裕層から、コムーネの援助がなければ騎馬装備を準備することができない、よりつましい階層まで、さまざまな人びとが含まれていた。また自ら騎馬戦士としてコムーネ軍に加わりたいと思った人、財力ゆえに強制的に騎士として奉仕することを要求された人がいた。しかしまさにこの騎馬戦士の大幅な拡大の時期、とりわけ一二〇〇年前後に、騎士層は徐々に新参者に対する閉鎖性を強めていくのである。

## §ポデスタ制への移行

一二世紀末から一三世紀初めにかけて、農村部の富裕層や中層が都市へ移住するようになる。また、都市民もコンタードに土地を所有するようになる。こうした動きを背景に、コムーネは財政面でも軍事面でも領域支配の面でも、さまざまな問題に対処しなければならなくなった。そのなかで社会の再組織化と新たな支配体制が要求されるが、それが新興住民層の台頭とそれにともなう騎士層との対置、コンソリ制からポデスタ制への移行であった。

一三世紀からイタリア各都市に普及・定着するのがポデスタ制である。ポデスタとは都市の最高行政官として他都市から招聘された人物で、ラテン語で権力を示すポテスタス potestas を語源とする。ポデスタ制の導入に関してはしばしば、「コンソリ政府のもとで激化した内部抗争の調停者として、他都市から中立の立場を維持しうる行政官を招聘した」、という側面が強調されがちである。たしかに一一九〇年のジェノヴァの年代記には「都市内の争いに終止符を打つためにポデスタをおくことに同意した」という記述が見られるし、後述するポポロとの関係でも、暴力に訴えるコンソリ貴族の勢力をそぎ、彼らの覇権争いを超越した「部外者」を頂点に据えることは重要であった。しかし別の側面を強調する研究者もいる。ジェノヴァでポデスタ制が定着するのは一二一七年以降であった。また、他都市でもコンソリのなかで第一位を占めるものを指名してみたり、コンソリに替わって唯一人の執政官を任命してみたりと、一二世紀後半からコンソリの集団指導体制に替わる政体が模索されている。さらに、ポデスタ導入に際して何ら特別の事件を記していない都市年代記も多い。都市生活が成熟するにつれ日常業務は増大し、コンタードや他の政治勢力との争いのなかから都市の緊急事態も生じてくる。これらに対応するため、一種の専門職としての統治官と、合議や委任に基づく政治が要請されたという面もあろう。じっさいポデスタは有給の行政官であり、裁判官や騎兵などの家人をつれて、六ヵ月〜一年という短期間、当時かたちを整えつつあった都市の議会の承認を得て就任した。

では、どのような人がポデスタになったのだろうか。一三世紀前半までは出身都市でも高い政治的地位についている軍事的・政治的に傑出した家の出身者が多い。「統治」の術を心得た人物が望まれたのである。地域ではミラノを中心とするロンバルディア出身者が多数を占めた。ただ彼らはアッペンニーノ山脈を越えて赴任することはあまりなかった。一三世紀後半にはポデスタ自体が法律的訓練を積んだ有能な行政官・軍事指揮官といった専門職的性格が強くなることもあって、法学をおさめた人物が多くみられる。出身地もボローニャを中心とするエミリア街道沿いの地域が多く、彼らがイタリア各地に赴いた。一三世紀末にはフィレンツェなどトスカーナ出身のポデスタも増えてくる。なおヴェネツィアとローマにはポデスタ制がみられないが、ヴェネツィアとローマもその出身者が他都市のポデスタとして赴くことはあり、ポデスタ文化圏に加わっている。こうしてポデスタ制は、行政や司法の専門知識を身につけた人物と彼を支える集団が各地に赴くことで、コムーネに共通の政治文化をはぐくむのに役立った。ポデスタのなかには各地のポデスタ職を歴任するものも出現し、ますます都市間の交流に役だった。

## §ポポロと貴族

ポデスタ登場と期を一にして社会の表舞台に現れてくるのがポポロ popolo である。この言葉は、研究者のあいだで広い意味と狭い意味の両方で使われている。広義ではコンソリ貴族以外の、広い都市住民層を指し、民衆（ポポラーニ popolani, populares）と呼ばれることもある。狭義ではこのような人びとからなる党派的政治組織を指す。さらに彼らが作った政治団体・立法や議決をおこなう国制上の機関もポポロであった。後二者においては商人や公証人、親方など、いわゆる広義のポポロの上層が中心勢力となった。ここでは混乱を避けるため、それぞれにポポロ、ポポロ組織、「ポポロ」という訳語を当てる。

ポポロとは具体的にはどのような人びとであろうか。おそらくコンタードから都市に流入した中小土地所有者や都市の職人・小商人であったと考えられる。史料では、ポポロの語源でもある populus という言葉（「人びと」を意味するラテン語で時代・文脈によってさまざまな範疇の人びとを表しうる）のほか、歩兵 pedes、平民・教区民 plebs、民衆・庶民 populares などの言葉で言及された。さて一二世紀から騎士として戦うだけの財力のない人びとも、歩兵として従軍したり平時には市門の守りについたりしていた。このような兵士の徴募単位はおもに地区であり、これに教区教会を中心とする日常生活の絆が加わって、中下層の近隣住民のあいだに一種の連帯感が育まれていったと考えられる。また職業も絆の一つであった。靴屋や両替商などの同職者は、自分たちが選出した役人を中心とする集団に集まり、加入者の活動を保護し、経済状態によって加入を規制した。ここにポポロの活動の基礎が作られたのであろう。彼らは政治勢力に発展する以前でも、コンソリ政府の暴力に圧力をかけることができた。たとえばルッカでは一一九一年「民衆側の人びと popularis factio」が、自分たちが選出したポデスタを都市の代表に据えるよう、コンソリ政府に強要している。

彼らの上層は従来、騎馬奉仕などを通じてコムーネの支配層に組み込まれていたのだろう。しかし一二世紀末における中小商工業者の経済的台頭、コンタードからの移住民の増大は、彼らのすべてが騎士層に同化していくことを不可能にした。また都市の経済活動の多様化や人口の増大は、さまざまな団体の結成をうながした。このなかで騎士層は自らの利益と特権を守るため騎士団体 societas militum を結成する。ポポロも明確な団体の形を取り始め、たとえばピアチェンツァでは一二一八年にポポロ団体 societas populi が登場した。ルッカでは一二〇三年「全歩兵団」が結成され、一二一一年には同職組合に登録しているすべての職人に加入を強制している。こうして各地の史料で騎士とポポロが対置されるようになった。こうして分離し始める社会の上層を、研究史では一般に貴族 nobiltà と呼んでいる。

さて、貴族とポポロが異なる社会勢力になると、その対立が顕在化する。旧来の特権と私戦の伝統を支持する貴族に対して、より広い住民層の政治参加と公平・公正な裁判による合理的な行政を望むのがポポロであった。ポデスタ制とポポロ組織の登場が重なっているのは偶然とはいえない。また、どちらの勢力に属するかは、社会的出自にも関係するであろうが、一つの政治志向を選択した結果とみなした方がわかりやすい。一二一〇年のクレモナ司教の仲裁をみてみよう。貴族とポポロの争いを和解させるために介入した司教は、今まで貴族層が独占していたコムーネの役職を両者で分配することにした。そのさい、ポポロ組織を「大家・閥族 magni cognationes 以外の人びと。大家・閥族には、ポポロ出身であるにもかかわらず、貴族に数えいれられるべき家も含まれる」と定義したのである。社会的出自としてはポポロの家も、旧来の支配層の親族構造と生活スタイルを身につけていれば、もはやポポロ組織には含まれないことがわかる。ピアチェンツァでは、社会的出自と政治志向のずれはもっと明白だった。一二二二年のポデスタの布告は、役職の半分を「ピアチェンツァの貴族と彼らに従うポポロ」に、ほかの半分を「ピアチェンツァのポポロと彼らに従う貴族」に割り当てている。やがてはミラノのようにポポロ組織を率いる貴族も出てこよう。こうしてポポロ組織はポデスタ制のもと、役職に参加可能な層と議会人数の拡大を推し進めていく。一二一六年のパドヴァでは、コムーネの議会は五〇〇人以上にふくらみ、じつにその一八パーセントが手工業者であった。

## §「ポポロ」と反豪族立法・シニョリーア制・アルベルゴ

一三世紀後半、ポポロ組織はさまざまな団体を統合・吸収し全市を覆う政治団体として成長していく。一二五〇年代に各地で、ポポロ組織の長であるカピターノ・デル・ポポロ capitano del popolo がみられ、コムーネとは別個に独自の議会を開催したり評議員を選出したりするようになった。一方、貴族はポデスタ制の登場の頃から、さまざまな要因が絡まって党派を形成するようになる。やがて教皇と皇帝の争いに巻き込まれて、同世紀半ばにはグェルフィ（教皇派）とギベッリーニ（皇帝派）の二大党派に分かれて覇権争いをくりかえした。ポポロがこの争いに巻き込まれることも少なくなかった。最近の研究は、ポポロ組織の価値観が「正義・平等・都市の平和」であること、一二七〇年代これに基づいて「公共善」の概念が洗練されたことに注目している。が、まさにこの同じ時期、党派争いが激しくなり、追放や都市を超えた党派同盟が頻繁におこなわれるようになったことも見逃せない。私戦と親族の絆に基づく貴族的価値観は、ポポロ組織の価値観と対比されることでより強められたし、新しく富を蓄えた家が貴族の価値観になじみ、その生活スタイルを模倣する動きはつねに存在した。党派争い、貴族とポポロ組織の争い、コンタードに対する都市の覇権を巡る争い、これらの混乱のなかから都市ごとに異なる政治体制が生まれる。

まず、ポポロ組織の主要メンバーによる寡頭的共和制へと至る場合をみよう。ここではポポロ組織はコムーネに匹敵する機関にまで成長し、自らの政治理念に反対するものを豪族（マニャーティ magnati）というカテゴリーに分類して、政府の要職から閉め出した。これはトスカーナ都市やボローニャ、ペルージャなどでみられるケースで、かつての歴史叙述ではコムーネ発展のモデルとして扱われた。フィレンツェでは一三世紀半ばから、貴族はグェルフィとギベッリーニに分かれて争い、両者のあいだでめまぐるしく政権が交代する。そのなかで一二五〇年、ポポロ組織が初めて権力を掌握し（第一「ポポロ」体制）、毛織物業者や銀行業、公証人などの新しい家が政治の表舞台に登場した。彼らの一部は経済ブームに乗って富を蓄え、「ポポロ」の他のメンバーと区別されるようになる。その後、ギベッリーニ貴族による政権奪回、グェルフィ貴族と「ポポロ」の中核であった大商人層の追放、「ポポロ」による再度の政権掌握をへて、さらなる支配層の交替が起こる。一二八二年には第一「ポポロ」体制で登場したときにはまだ力がなかった銀行家・商人・職人などが、主要な位置を占めるようになった。同じころ反豪族立法が成立しはじめ、一二九三年の「正義の規定」で豪族の政治活動は大幅に抑制される。豪族として指名された家は騎士的生活スタイルを身につけた家で、かつてのコンソリ貴族や、ポポロ出身の大商人・大銀行家などであった。

二つめは、「コムーネの自由の危機」の象徴として否定的にみられがちであったシニョリーア制である。都市コムーネの全権を一人の人物が掌握するに至った場合、この者をシニョーレと呼び、この支配体制をシニョリーア制と定義する。多くの北イタリアのコムーネでは、一三世紀後半からシニョリーア制が定着しはじめ、一三世紀末、ヴェネト、ロンバルディア、エミリア・ロマーニャ、トスカーナ、マルケの都市コムーネの約八割でシニョリーア制が現れた。シニョーレへの道は多様であるが、たいてい傑出した政治能力を持った人物が、ポデスタやカピターノ・デル・ポポロなど既存の役職を長期にわたって引き受けたり、議会から複数の権限や広範囲の権限を移譲されたりすることではじまる。さらに、自身の権威を拡大するさまざまな措置を講じて、支配の基礎を固めた。ミラノのヴィスコンティ家（ギベッリーニ）は、ポポロ組織の先頭に立つ貴族デッラ・トッレ家（グェルフィ）との抗争に勝利し、カピターノ・デル・ポポロを世襲化してシニョーレになった。シニョーレについては農村における権力基盤を強調する研究者と、それを重要視しない研究動向が存在する。たしかにフェッラーラのエステ家やミラノのヴィスコンティ家のように、農村領主・封建領主の家系を引くものがシニョーレになる場合もあった。しかし彼らとて長らく都市政治に関わってきたことに変わりない。またヴェローナのデッラ・スカーラ家は、都市裁判官職をもとに台頭した家柄で、同市における農村領主層対都市市民層の党派争いにさいしては、つねに後者に属していた。シニョーレの権力基盤は農村ではなく都市にあり、台頭してきたポポロ組織など都市の広範囲の住民の要求を満たすため、シニョリーア制が選択されたとみるのが適当であろう。

三つめは今のところジェノヴァとアスティにのみにみられる特殊なケースである。ここでは貴族はポポロ組織の台頭に際してアルベルゴ albergo、オスピティウム hospitium と呼ばれる団体に結集した。アルベルゴもオスピティウムも一三世紀末から史料に現れ始める組織で、一つの姓、一つの紋章の下に集合した擬似親族集団である。彼らのなかには農村に城砦や領地を持つものが少なくなかったが、商業活動や都市街区の支配も重要な絆であった。両組織はポポロ組織が政権についたあとも、社会的・政治的に長期にわたって維持された。

## §一三世紀後半～一四世紀初めの変化

こうして一三世紀後半、各都市ではポポロ組織の台頭という共通の現象に対し、支配の形態としては異なる道を歩み始めた。しかし、このことはそれぞれの都市が違う道をたどったことを意味しない。かつての歴史叙述では共和制とシニョリーア制の対比を強調する傾向が強かったが、これは同時代人のプロパガンダに依拠した多分に偏った理解である。表面的な体制の違いを超えて、一三世紀後半の社会変化の趨勢は一三世紀前半のそれを基本的に引き継ぐものであった。ここでは二点指摘しておこう。

一つは文書行政の発展である。都市条令の編纂が各地でおこなわれたが、シニョリーア制のもとでも都市条令は相変わらず重要であった。一三世紀には住民集会にかわって数百人規模の議会、実質的に行政を担当する数十人程度の議会や各種専門委員会、多くの役職が、各都市に登場し、その記録が残されるようになった。財産評価のシステムも整った。もう一点は、都市による支配領域の拡大である。トスカーナやヴェネトでは、一三世紀末から一四世紀初めにかけてほとんどの都市がコンタード支配を完成した。ただし「支配」といっても、領主権力を破壊し都市の裁判権を一円的に課したわけではない。ときには交渉し、ときには農村領主の権利を認めながらも都市世界に組み入れるなど、都市の覇権拡大政策は柔軟であった。また一三世紀シエナの銀行家サリンベーニ家のように、あらたにコンタードに城砦や領主権を獲得する市民もいたから、事態はより複雑である。ロンバルディアやピエモンテでは、強固な領主権力が存在し続けたり、コンタードの周縁部に半独立の防備集落や農村集住地などの半都市的集落が多数存在したが、それでも、それぞれの都市はできるかぎりコンタードを、自らの統制下におさめた。

各コムーネのコンタード支配がほぼ飽和状態に達したところで、北中部イタリア諸都市はあらたな支配形態に編成され始める。すなわち領域国家 stato territoriale である。（ただし、この時期の領域支配が現在のイタリアの州 regione にほぼ相当する程度の広さに及ぶことから、地域国家 stato regionale と呼ぶ研究者もいる。いずれにせよ、コムーネの分立状態からあらたな広域支配システムに移ったという点が重要である。）

## 3　領域国家の成立

### § 領域の再編成

一四世紀になると複数の都市を支配下におさめるシニョーレや、都市同士の同盟関係や従属関係が頻繁にみられるようになる。ヴェローナのデッラ・スカーラ家とパドヴァのカラーラ家はヴェネトの覇権を争い、その遺産は一五世紀初めヴェネツィアに引き継がれた。ヴィスコンティ家もロンバルディアやヴェネトの多くの都市を支配下に治め、フィレンツェもトスカーナに勢力を拡大する。都市同士の戦争では傭兵が活躍するようになり、著名な傭兵隊長が封をあたえられて領主となる場合もあった。一五世紀になるとイタリアの勢力図は著しく簡単になる。広大な領域がミラノ、ヴェネツィア、フィレンツェの支配下に入った。その周囲には、教皇使節の派遣などがみられるものの小領主の独立状態が続く教皇領や、都市の伝統が弱くさまざまな在地共同体の調停によって成り立つサヴォイア公国が位置し、その合い間をぬうようにフェッラーラ、マントヴァ、シエナなどの中小国家が独立を維持することになる。

さて、こうして成立した領域国家は、かつてルネサンスの「近代性」を信じた人びとがイメージしたような「中央集権的」で「近代的」な国家からはほど遠い。かといって、中世後期以降のイタリアを「自由の喪失・社会的混乱・経済的沈滞・貴族化」とする退行史観も当てはまらない。この時期の領域国家とは、内部に従属都市、半都市的集落や農村集落、封建領主など雑多な勢力を含み、それらが中央（君主もしくは支配都市città dominante）に従属しながらも、中央に対してある程度自立性を保つシステムである。近年イタリアで展開されている領域支配システムの研究は、中世後期以降のイタリアにおいて、他のヨーロッパ諸国と比較可能な領域秩序を考えることを可能にし、さらに多くの研究を触発した。

ではこの国家の支配の基礎はどこにあるのだろう。支配下に入る諸勢力は服属の際、支配者側にさまざまな要求や請願を提出して返答を待ち、その結果双方合意のもとに「服属条約」を結んで支配が実現した。たとえば一五世紀半ば、フィリッポ＝マリア・ヴィスコンティの跡を継いだフランチェスコ・スフォルツァは、フィリッポの死後いったん解体したミラノ公国の領域を回復すべくつとめるが、そのさい多くの都市や半都市的集落、農村集落がミラノ公に要求を提出している。従属都市はたいてい自らのコンタードに対する支配権を要求し、コンタードの側は都市の支配からの解放――穀物輸送の自由や都市の徴税管区からの分離、都市の裁判権からの独立――を願い出た。スフォルツァの回答は原則として「現状維持」であり、たいていは都市側に有利に働いた。しかし一世紀近いヴィスコンティ家の支配後もなお各都市が自らの特権を要求できたこと、フィリッポ＝マリア死後の混乱に乗じたとはいえ、かなり小規模の集落までもが独自に請願を提出したことは驚くべきである。ヴェネツィアの支配領域の場合、パドヴァ、トレヴィーゾをのぞいて従属都市はほとんどコンタードに対する支配権をそのまま維持することができた。フィレンツェも条約を通して領域支配を拡大する。フィレンツェは従属都市のコンタードを直接フィレンツェの支配下に組み入れるなど一四世紀末～一五世紀初めにかけて強力な支配政策をとるが、その分、従属都市の抵抗もヴェネト地方に比べて激しかった。また従属都市のエリート層とフィレンツェのエリート層は、非制度的な友好関係・合意・政治的引き立てや保護関係で結びつき、実質的には従属都市の議会や議会による役職の選出が骨抜きにされる場合もあった。

## §社会の再編成

一四世紀～一五世紀、安定したシニョリーア制を築いた都市では、シニョーレが皇帝代官や教皇代官、ついで公や侯の称号を獲得し君主国（プリンチパート）となる。一方、ヴェネツィアやフィレンツェでも自身の政府を「コムーネ」ではなく「シニョリーア Signoria」（執政府）と呼ぶことが一般化していった。一三世紀に登場する数百人規模の議会の役割は一四～一五世紀には徐々に小さくなり、多くの都市で寡頭政化が進展していく。また君主国では君主の側近や宮廷がコムーネの諸機関と並び立つようになった。しかしポデスタ制のもとで北・中部イタリア一帯に広まり、一三世紀を通じて培われてきた都市政治の伝統は、消えることはなかったと思われる。議会が解散させられることは、まれであった。

一四世紀からイタリアでは「貴族とは何か」という議論がさかんになる。ポポロ出身の支配層が一四世紀のあいだに家系意識や騎士的生活スタイルを身につけたこと、それにともない都市によっては「ポポロの騎士」や「ポポロの貴族」を称する階層が登場し始めたことなどが背景にあろう。また文書行政の発展は、武勇や富に対して法や文書を用いた統治能力を重視する方向を生み出した。一五世紀には家柄とともに、学識や都市政治への参加が貴族性、すなわち「高貴さ」の重要な指標となり、いわゆる「都市貴族 patriziato」が誕生する。法的身分としては、「参政権を持つ都市住民」という意味での、狭義の「市民 cives」とほとんど同義と考えてよかろう。このような市民意識はシニョリーア制のもとでも、それほど衰えてはいない。カラーラ家はシニョーレのあいだもつねに「パドヴァ市民」であった。早期にシニョリーア制に移行したフェッラーラでも、一五世紀にはセナートと呼ばれる、かなり幅広い市民層を選出母体とする委員会が、都市の日常生活のさまざまな面について議論をかさねることができた。

結局、中心となる支配都市もしくは君主が、地方の雑多な諸勢力の調停者・利害の保護者として国家を維持していくこのシステムは、北・中部イタリアの支配の基本的形態として認知されつづけていく。都市がすべてを代表するイタリアでは身分制議会は発達せず、支配の中心としてのコムーネの伝統が領域国家全体にわたるアイデンティティの形成を妨げてもいた。しかし、中世後期、都市を越えた人びとの移動や交流が、ますますさかんになっていったことも見落としてはならない。支配層の地域間交流が進まないヴェネツィア共和国やフィレンツェ共和国でも、実務レヴェルでは従属都市出身者が中央で活躍する余地があった。パルマの職人から都市貴族、ミラノ公国の役人を経て、同公国の「枢密院 Consiglio Segreto」に取り立てられたアルチンボルディ家の例が物語るように、君主の宮廷は地方の人びとの社会的上昇の場ともなっていったのである。時代はたしかに移り変わっていた。

本章は、できるだけ一貫した見取り図のもとに支配形態の変遷を描こうとした。そのため、各都市ごとの多様性や現象の持つ複雑なニュアンスが捨象された点は否めない。またここで十分触れられなかった問題や地域も多い。時代や都市を限定した個別研究に当たり、理解を深められたい。

（髙田京比子）

# 第4章　商業の発展と商業技術

## 1　商業の発展

地理的に、イタリアは、ヨーロッパからいえば、イベリア半島をのぞく西ヨーロッパの南部中央から地中海に深く突き出ている。地中海からいえば、この海を東西に分断するとともに、シチリアを経由して北アフリカに迫る一方で、東南部はギリシアに近接している。このような地理が、イタリアの商業の展開を大きく左右した。

### §　十字軍と海上商業

イタリアは、環地中海帝国であったローマ帝国の時代、地中海各地との間に人、物、情報をやりとりしていた。同帝国の崩壊後、地中海はキリスト教圏とイスラーム圏とに分裂し、キリスト教圏はさらに東西に分裂した。地中海がこの三つの世界に分裂した時代、イタリアは三つの世界の辺境が出会う場となった。イタリア半島の北・中部はフランク王国や神聖ローマ帝国に、南部はビザンツ帝国に、シチリア全体とサルデーニャ沿岸はイスラーム圏に所属した。詳細は不明だが、シチリアやサルデーニャはイスラーム商業圏の、南部はビザンツ商業圏の、北・中部は西ヨーロッパ商業圏の、それぞれ一部をなしたと思われる。

一一世紀、イタリア全体が西ヨーロッパの政治圏に入った。神聖ローマ帝国の海港都市ジェノヴァとピサが、連合してサルデーニャ沿岸からムスリムを駆逐し、ティレニア海の覇権を獲得した。かつてビザンツ帝国に所属した海港都市ヴェネツィアは、バルカン半島とアナトリア半島の防衛で手一杯の同帝国から独立し、アドリア海の覇権を獲得した。フランスのノルマンディー出身の騎士たちが、ともに内部分裂した南部とシチリアの征服に成功し、一一三〇年には、その第一人者が教皇から（南部とシチリアからなる）シチリア王国の王号を授与された。イタリアから、ビザンツ勢力やイスラーム勢力が駆逐されたのである。

一一世紀末以降の二世紀にわたり、西ヨーロッパは、イスラーム圏とビザンツ帝国を対象に、十字軍と称する武力進出運動を展開した。ジェノヴァ、ピサ、ヴェネツィアは、この運動を海上支援した見返りに、レヴァントや旧ビザンツ領の十字軍国家で商業特権を授与され、その海運と海上商業を大きく発展させた。第一・二回十字軍の主要経路は陸路だったが、第三回十字軍は兵力の約半数が海路で輸送され、第四回十字軍はヴェネツィアだけでその海上輸送を請け負った。この第四回十字軍は、ヴェネツィアと協同してキリスト教国家のビザンツ帝国を崩壊させ、旧帝国内におけるイタリア商人の活動範囲を拡大し、その黒海への進出を促進した。

十字軍運動の結果、それを支援したイタリア海港都市は、次第に地中海の覇権を獲得していった。他方、地中海周辺のみならず、アルプス以北の人びとの間にも、インド洋からのコショウや中央アジアからの絹織物など、東方商品への嗜好が拡大した。のみならず、イスラーム圏やビザンツ帝国という、東地中海の先進地域の工業製品の需要も拡大した。上記の海港都市は、その輸入港として、またドイツの銀やフランドルの毛織物のような、その対価の輸出港として機能した。イタリアが大陸間的、および国際的な商品移動の中継地になったことは、海港都市の商業や工業はもちろん、その周辺の都市の商業や工業、とりわけ輸出工業の発展にとっても刺激となった。

## §北・中部の経済発展

この刺激により、イタリアの内陸、とりわけ北・中部の内陸の経済活動が、いっそう急速に発展した。中世のイタリアでは、農業の復興および発展は、とりわけポー平原を中心とする北・中部で顕著だった。それがこの地域における人口の増大、および都市の発展に反映した。農業、人口、都市、商工業の重点が、南部・シチリアから北・中部に徐々に移動していた。しかし、後者が大規模な商品移動の中継地になることにより、その商工業、都市、都市人口、農業の発展はさらにいっそう加速したのである。

ノルマン朝シチリア王国は、ビザンツ帝国と敵対し、イスラーム勢力とも対立したので、同王国の商人は、両地域で冷遇されるようになった。のみならず、同王国は、自国商人の保護よりも財政収入の確保を優先したので、自国商人の財政負担が増大した。同王国では、現地商人は成長できなかったのである。他方、ヴェネツィア、ジェノヴァ、ピサは、事実上の都市国家となり、いずれの都市でも実権は市民、とりわけ海上商業に利害を持つ商人が把握したので、都市は自国商人の保護を優先した。南の王国とは対照的に、北・中部の都市国家の商人の利害は、国家権力によって保証され、防衛されたのである。

一二八二年、「シチリアの晩祷」と呼ばれる事件を契機に、従来のシチリア王国が、（シチリアだけを支配する、いわゆる）「シチリア王国」と、（理念では従来のシチリア王国を継承するが、現実にはシチリアを喪失した、いわゆる）「ナポリ王国」とに分裂した。両国は、以後八〇年にわたり、国力を消耗させる「晩祷戦争」の泥沼から脱出できなかった。この間、両国では紆余曲折を経ながら、王権が衰弱すると同時に、諸侯の権力が拡大したが、この諸侯も領内の都市を支配し、商人などに重税を賦課した。その結果、北・中部イタリア都市の商人が、南の両国の国王や諸侯に融資し、その見返りに授与された特権を利用して、両王国へ北・中部の製品を輸出し、代価として食料や原料を輸入するという、いわゆる「毛織物と小麦の交換」体制が強化された。この体制により、商工業の発展した「北」が、「南」を経済的に支配し、経済的な植民地にしたのである。

## 2 商圏の拡大

一三世紀、東地中海方面の政治状況が激変し、その影響でイタリア商人の活躍舞台も急変した。レヴァントでは、一一八七年のハッティーンでの大敗後十字軍は、ムスリムに対して守勢にまわり、一二九一年にはそこから駆逐された。これにともない、イタリア商人がこの地域の十字軍国家で持っていた商業拠点も消滅した。ビザンツ地域では、（第四回）十字軍は、一二〇四年にヴェネツィアと協同して、ビザンツ帝国を崩壊させ、ラテン帝国を樹立した。ヴェネツィアは、ビザンツ帝国の分割を契機として、東地中海にクレタを含む一連の領土からなる植民地帝国を形成し、商業拠点のみならず、商品生産地としても開発した。一二六一年、アナトリアのビザンツ系君主が、ヴェネツィアの競争相手ジェノヴァの支援をえて、ラテン帝国を打倒し、ビザンツ帝国を復興した。その結果、ジェノヴァはもちろん、すでに各地に拠点を確立していたヴェネツィアも、弱体化したビザンツ帝国や、西ヨーロッパ人にも開放されて東西商業の舞台となった黒海で、活発に商業をおこなった。

### § モンゴルの平和と黒海

この間、西アジアおよび黒海周辺では、モンゴルの支配が成立し、「モンゴルの平和」が実現したのである。一二四三年には南ロシアにキプチャク・ハン国が、一二五八年にはイラクにイル・ハン国が成立した。マムルーク朝は、一二六〇年、モンゴル軍をアイン・ジャールートに破り、以後両者はレヴァントで対峙したが、やがてマムルーク朝が上記のように十字軍を駆逐した。教皇は、キリスト教徒に対し、ムスリム（マムルーク朝）との取引を禁止した。とはいえ、西ヨーロッパ商人は、同地のキリスト教国家、すなわちアナトリア南東の小アルメニア王国、およびフランス系の国王を持つキプロス王国を介して、イスラーム圏との取引を続けていた。しかし、インド洋や中央アジアからくる商品の多くは、レヴァントを回避し、モンゴルの平和地域を経由して、黒海に出口を求めたようである。一四世紀前半、ヴェネツィアのガレー商船隊は、レヴァント方面よりも、コンスタンティノープルや黒海方面に多く出航した。イタリア商人は、クリミアのカッファ、ドン河口のターナ、黒海東南のトレビゾンダなどを商業拠点とした。ムスリムの大旅行家イブン・バットゥータも、一三三一年、カッファの繁栄を旅行記に記した。

フィレンツェ商人ヴィッラーニは、一三四三年のターナの暴動について、彼の『年代記』に書いた。

> 土地の人々は、激昂し……多数のヴェネツィア人、ジェノヴァ人、フィレンツェ人、かなりの数のそのほかのキリスト教徒を、見つけ次第に略奪し、殺戮した。……生き延びた六〇人以上の西欧商人は、捕虜にした。……ムスリムが略奪した各種商品の金額については、ジェノヴァ人は三五万フィオリーノ、ヴェネツィア人は三〇万フィオリーノと評価された……これにより、すぐにわが国（フィレンツェ）では、香辛料、絹、各種の……東方商品の価格が五〇パーセント、ものによっては二倍に跳ね上がった。

イタリア商人にとり、黒海市場の重要性が減少しはじめるのは、モンゴルの平和が崩壊して、両海峡（ボスポラス海峡とダーダネルス海峡）にオスマン帝国が進出し、主要商路が再度レヴァントに出口を求め、上記の教皇禁令が撤廃される一四世紀中葉である。

## § レコンキスタとジブラルタル解放

一三世紀は、西地中海方面でも政治状況が変化し、イタリア商人の活躍舞台が拡大した。キリスト教徒は、一二一二年、ラス・ナバス・デ・トローサでイスラームのムワッヒド朝を打倒し、以後レコンキスタが急速に進展した。新たに誕生したムスリムのグラナダ王国（ナスル朝）は、カスティーリャ王に臣従する地方政権にすぎず、アラゴン（連合）王国は、バレアレス諸島を獲得し、地中海進出の拠点をえた。レコンキスタにより、ジブラルタル海峡がキリスト教徒の手に入ると、一二七四年、そこを経由したジェノヴァの船舶が北海に出現した。以後、ジェノヴァ、ヴェネツィアなど地中海の船舶が北海まで航海し、二つの海が海路で結ばれた。イタリア商人は、拡大したイベリアのキリスト教圏のみならず、やがてマグリブとも直接間接に取引するようになる。陸尽き海始まるところ、すなわち最果ての僻地だったポルトガルは、北海航路の地中海船舶の寄港地となったことを契機に、ブドウ酒やオリーヴ油などの輸出地となるのみならず、やがては固有の海運を発展させ、海上勢力として成長していく。

## § 教皇の徴税人

一三世紀は、北西ヨーロッパでも、イタリア商人の活動が活発となった。教皇権の絶頂期を体現するインノケンティウス三世は、一二一五年、第四回ラテラーノ公会議で、十字軍遠征のために多額の教会税の徴収を決定した。イタリア商人は、人口と経済の成長が急速なこの地域で、テンプル騎士団に代わり、教皇の徴税人としての地歩を確立した。徴税人となったのは、ローマからトスカーナを経由してシャンパーニュ方面に向かうフランチージェナ街道沿いの内陸都市の商人であった。この商人は、徴税人としての地位を利用して、ユダヤ人金融業者を駆逐しつつ、アルプス以北の国王や聖俗領主に融資し、見返りに得た商業特権により、そこでの商業の規模と範囲を拡大した。一二九三年、パリの納税者（貴族と聖職者は免税）の番付では、上位六人のうち、一位を含む五人がイタリア商人だった。ルッカ商人は、グリーンランドでアザラシの皮革などで支払われる教会税を徴収し、フィレンツェ商人は、イングランドで国王の金融業者になった。

上記のヴィッラーニは、一三四六年、フィレンツェ商社に対するイングランド王の債務について書いた。

バルディ商社は、元金、謝礼、国王から約束された贈物を合計すると、九〇万フィオリーノの債権をもつ。……ペルッツィ商社も、六〇万フィオリーノの債権をもつ。……これは一国（の財政収入）に相当する。

この数字をイングランドの史料に基づいて検討したイタリアの著名な歴史家は、そこには幾分かの不正確さはあるかも知れないが、決して荒唐無稽な数字ではないという。また、同時代の別のフィレンツェ商人が作成した「商業実務」（一種の商業百科事典）には、羊毛を生産するイングランドの修道院の一覧表があり、各修道院の羊毛の品質ごとの年間収穫量が記されている。

イタリア商人は、イタリアを取り巻く新しい国際状況の出現、とりわけ十字軍やレコンキスタに象徴される西ヨーロッパ社会の外界への進出、この運動と連動して強化された教皇権力による西ヨーロッパ社会の財貨の吸収、などの波に乗ることにより、飛躍的に発展することができた。換言すれば、その発展は、イタリア内部における自生的な経済成長の結果という理由だけでは、説明することができない。

一三世紀におけるイタリア商業の飛躍的発展は、輸送手段や商業技術の発展の原因となったが、またその結果でもあった。イタリア商人は、ビザンツ圏やイスラーム圏という、西ヨーロッパよりも商業の発展していた地域と接触したので、そこからさまざまな手段や技術を習得し、それをさらに発展させたのみならず、やがては北西ヨーロッパに伝達することになる。

## 3　商品輸送と取引品目

### §海運の発展と船舶の多様化

一三世紀末から一四世紀初めにかけて、地中海では航海技術が革新されたが、その中心は羅針盤の使用である。従来の航法では、陸標（ランドマーク）の視認によって自船の位置を推測しながら航海するので、航路が沿岸に限定される一方、降水の集中する冬の地中海は、視野のきかない曇天の日が多く、いきおい閉ざされた海となった。しかし、イスラーム圏から導入された羅針盤は、自船の進行方向を指示するので、曇天航海、沖合航海、換言すれば冬季航海、直線航海が可能になった。これと並行して、陸標、港湾、航路、土地相互間の距離や方位、などについて文章で記述した航路誌や、それを経験的な方法で図面にした航路図が作成された。これにより、各海域についての知識が普及し、各地への航海が促進された。航海の範囲が、時間的にも空間的にも拡大したのである。

同じころ、新しい種類の船が出現した。従来の船はガレー船、帆船ともに小型であり、積載量と耐波性に限界があった。軍船として使用されたガレー船は、帆走もしたが、多数の櫂の漕手を乗せたので、操縦性と防衛力に優れる反面、多額の人件費を必要とし、航海経費が高くついた。帆船は、いくつかの種類があったが、いずれもずんぐりした船型によって積載量は大きく、風だけを推力とするので、乗組員は少なくてすみ、航海経費は安くついた。地中海では風向きの変化の激しい沿岸風に対応するため、回転が自由で操縦性に優れた三角帆、とりわけイスラーム圏から導入した（帆柱の上部から斜めに取り付けた帆桁に張る）ラテン帆が発展した。

ジブラルタル海峡の開放により、北海との海上交通が頻繁になると、北海からコグ船が地中海に導入された。コグ船は、（背骨にあたる）竜骨に肋骨を取り付けた丈夫な船体構造をもち、頑丈な船尾材に大舵を取り付けることができるので、大型でもかなりの操縦性を持つことができるのみならず、縮帆索で帆の面積を調節できるので、少人数で操帆作業をすることもできた。従来の帆船よりはるかに大型のものが建造されるのみならず、同一の積載量では約半数の乗組員で操船することができた。一五世紀には最大級で一〇〇人以上の乗組員を持つ一〇〇〇トンもの船が出現したが、人数の多いこのような船はある程度の防衛力をもった。コグ船とほぼ並行して、ガレー商船も出現した。従来のガレー船にくらべると、船幅と舷側の高さとが増大し、積載量が飛躍的に増大したが、櫂と船尾の舵とにより、優れた操縦性は失わずにすんだ。二つないし三つの三角帆が推力の中心となり、櫂の推力はむしろ副次的となった。二〇〇トンに対し約二〇〇人の乗組員を必要としたので、航海経費は高く、高価軽量の商品を効率よく積載しないと採算がとれなかった。舷側が高くなったので、耐波性が増大し、大西洋の航海が可能になった。地中海では、船の種類が豊富になり、積荷の量や価格の大小、輸送の距離や時間の長短などに応じて、船の種類が選択できるようになった。

一四二三年、ヴェネツィアの元首《ドージェ》は、自国の船と乗組員について述べた。

一〇～二〇〇アンフォラの小船が三〇〇〇隻、その乗組員は一万七〇〇〇人。（二〇〇アンフォラ以上の）帆船が三〇〇隻、その乗組員は八〇〇〇人。ガレー商船と軽ガレーが合わせて毎年四五隻、その乗組員は一万一〇〇〇人。

アンフォラとは、一定容量をもつアンフォラ樽のことで、それをいくつ積めるかにより、ヴェネツィアでは船の積載量を表示した。一アンフォラは約〇・六トンだから、二〇〇アンフォラは約一二〇トンとなる。一二〇トン以下の小船が多いのは、潟湖のなかの水上都市ヴェネツィアの地理的条件によるものだろう。多少とも遠距離の航海をするそれ以上のトン数の帆船は、隻数と総積載量においてガレー船をはるかに上回っていた。このことから、高価軽量商品と低価重量商品の取引総量をくらべると、後者のほうが圧倒的に多かったと推測できるが、それぞれの価格総額の多寡については不明である。ヴェネツィアでは、政治が安定していたので、国家による厳格な統制のもとでおこなうガレー商船の船団航海が成功し、船舶全体におけるガレー商船の割合は他より高かった。

## ❦輸送料金の低下と商品の多様化

大型船の出現につづいて、船による輸送料金が低下した。商品価格とその輸送料金との関係は、一三世紀末までは、底荷（船を安定させるために船底に積む重量貨物）を別とすれば、高価軽量商品であるか低価重量商品であるかには関係なく、同一重量あたりの輸送料金には大差がなかった。したがって、低価重量商品は、商品価格に対する輸送料金の割合が高くなり、必需品（塩）や非常時の必要品（飢饉時の小麦）を除けば、輸送が抑制されていた。しかし、一四世紀には、輸送料金が絶対的に低下したのみならず、低価重量商品の輸送料金が高価軽量商品の輸送料金にくらべて相対的に低下した。

これにより、低価重量の原料や食料などの取引が増大し、地中海では取引品目が多様化した。香辛料や絹などと並んで、小麦、ブドウ酒、オリーヴ油、羊毛、皮革、明礬（媒染剤）なども、日常かつ大量に取り引きされるようになった。小麦、ブドウ酒、羊毛などは、地中海周辺のどこでも生産が可能であり、消費地の近辺でも生産されるが、採算が合えば海外からの大量輸入が実現した。これにより、直接的後背地の食料供給能力をはるかに上回る都市人口が出現するのみならず、その農地には小麦よりも収益性の高い作物が導入された。良質のブドウ酒が、地中海の各地のみならず北海まで輸出され、良質の羊毛が、地中海の各地から地中海周辺の毛織物工業都市に輸出された。他方、産地が特定される鉱物の明礬や、産地が限定される綿も、広範に出回った。フォケーア（アナトリア西端）の明礬は、ジェノヴァ船で地中海はもちろん、フランドルの毛織物工業地帯まで輸出され、良質なシリア綿は、ヴェネツィアを経由して、北イタリアや南ドイツの綿工業地帯まで輸出された。

## § 広範な商業圏

シリアは、十字軍時代には西ヨーロッパに綿製品を輸出したが、その後次第に原料綿を輸出するようになった。ヴェネツィア植民地のクレタなどでは、収益性の高い棉花、サトウキビ、ブドウなどの栽培が発展し、この作物とその加工品（ブドウ酒）は、ヴェネツィア船によって母市をはじめとする各地に輸出された。イタリアの南・島部のみならず、地中海のいくつかの地域も、イタリア北・中部の食料や原料の供給地、およびその製品の消費地として再編された。地中海では、インド洋、中央アジア、北西ヨーロッパなどからもたらされる、大陸間商品とでもいうべき香辛料、生糸や絹、高級毛織物などが輸送されたのみならず、地中海各地で生産され、その多くは地中海周辺で、また一部が北西ヨーロッパでも消費される、小麦、ブドウ酒、羊毛、明礬のような多様な国際商品が大量に輸送されたのである。中世後期の地中海は、この国際商品により、経済的な相互依存関係にある一つの世界をなした。

フィレンツェを見てみよう。海岸から八〇キロメートル離れた内陸にあるフィレンツェは、その大規模な商業網により、輸入先には時代による変化があるが、羊毛をマグリブ、イングランド、アラゴン、カスティーリャ、ナポリ王国、南フランス、イタリア中部、シチリア、サルデーニャなどから輸入し、フィレンツェとその周辺農村で各種の工程にかけて、毛織物を生産した。それをナポリ王国、シチリア、イベリア・マグリブ、シリア・エジプト、オスマン帝国などに輸出した。フィレンツェは、その輸送にはピサ、ジェノヴァ、ヴェネツィア、アンコーナなど、北・中部の海港都市の海運を利用した。フィレンツェ商人はイングランドの良質羊毛を母市まで輸送し、織元はこの羊毛から製造されたフランドルの高級毛織物の模造品を製造することを契機に自国製品の高級化をなしとげ、ついで独自の高級毛織物を生産するようになり、フィレンツェの毛織物はついには地中海の高級毛織物市場を独占するまでになった。このフィレンツェでは、一四世紀前半には平年でさえ、フィレンツェと支配領域で消費される小麦の約二割を、ナポリ王国、シチリア、サルデーニャなど領域外の小麦産地から輸入した。

## 4　商業技術

十字軍時代の閉幕に前後して、北西ヨーロッパにおける地中海との商業の中心は、遍歴商業を象徴するシャンパーニュの大市が衰退し、かわって地中海船舶の積荷の目的地となったブリュッヘが台頭した。この中心の移動に並行して、遍歴商業にかわって定着商業が前面にでてきた。遍歴商業では、商人は、商人仲間と一緒に隊商を組み、あるいは船に乗り込んで、自分の商品や他人から委託された商品とともに目的の市場まで旅行（遍歴）して、そこで商品を販売し、帰路には代金で購入した商品とともに、往路と同様の旅行をする。定着商業では、商人は旅行せず、母市などの商業拠点にとどまり（定着）、各地にもうけた代理人（ないし支店）に通信文書で指示することにより、自分（自社）の勘定において現地で取引をしてもらう。遍歴商人は、同時に海陸の輸送業者でもあったが、定着商人は、この間に出現した輸送業者に商品輸送を委託し、店舗で通信文書を作成し、取引結果を帳簿に記録した。定着商業が成立したのは、商業交通が発展し、日常化する一方で、商圏の拡大にともない、個々の商人の取引が多角化し、同時に複数の市場と取り引きするのが常態になったことが原因だろう。また、一四世紀のイタリアで誕生した海上保険は、海上商業につきまとう危険を経済的な面で緩和した。

## §商業通信

定着商業では、商人は、商業通信により、各地市場の状況を把握して、現地代理人に取引を指示し、取引の結果生じた代理人との間の貸借関係を確認した。通信は、定着商業の触覚であり、神経であった。とはいえ、通信に時間がかかることから、代理人には商機を逃がさないように多少とも広範な権限を委託するので、親類や同胞を任命することが普通だった。

一三世紀の商業通信制度は、都市国家の商人組合のような公的団体に専属する制度であり、成員以外の利用は困難だった。一四世紀前半、フィレンツェのバルディ、ペルッツィの二つの巨大商社は、イタリアの諸都市以外にも、ロンドン、パリ、ブリュッヘ、アヴィニョン、セビーリャ、マリョルカ、チュニジア、キプロス、ロードス、コンスタンティノープルなどに支店をもち、本店支店間、支店相互間の連絡をするために、それぞれが自社に専属する飛脚をもった。一四世紀後半には、商社から独立した自営の通信（郵便）企業が出現し、業務を公開するこの企業が商業通信の主役になった。一五世紀になると、商業通信に馬が組織的に使われるようになり、個々の飛脚による通信の速度と量が増大した。海上の通信業務についての詳細は不明だが、ヴェネツィアのような海港をもつ商業都市から、多少とも遠方の商業都市やその外港に向けて出航する船舶があると、ほとんどの場合、船長や船の書記に寄港地や目的地（および両者を経由していく土地）宛の通信文書が委託されたようである。船が通信文書だけを運搬する場合はごく例外的であり、物資や人員を輸送する船に便乗させるのが基本だった。

商業通信文書としては、商業書簡のほかにも勘定書、為替手形、取引委任状、商品送り状、荷物明細書、商品価格報告書、用船契約書など多様なものがあった。一人の飛脚や一隻の船を借り切って文書を輸送させる特別の場合を除くと、通信にかかる料金は低価だったので、商業通信は頻繁におこなわれた。フィレンツェのボッティ商社のピサ店は、一五三〇年代の約三年間に、二二九の宛先に合計一九一四通の商業書簡を発送した。相手市場の一般状況はもちろん、各商品の価格動向、同胞商人が購入した商品の数量、到着予定のキャラバンの積荷構成、政治状況なども把握できたので、商人は、居ながらにして各地の市況の変化を分析し、合理的な計算をおこない、各市場に対して的確な指示を与えることができた。

## 資本と経営

遍歴商業では、企業組織は、委託という語に由来するコンメンダが一般的だった。委託者が受託者に資本を委託し、後者はそれを活用して利潤を得、一回の商業旅行が完結した時点で、両者は契約に従って利潤を分配し、企業は解散した。定着商業の出現と並行して、会社が登場した。幾人かの会社仲間が資本を持ちよって会社を設立し、役割を分担して経営にあたり、社員を雇用して労働させ、利潤は会社契約に従って分配した。国王に融資するフィレンツェ商社のような場合、資本規模を拡大するために、会社仲間以外の経営に参加しない人びとからそれぞれ個別の契約によって資金を借り入れたが、この借入資金については利子を支払い、元金を償還した。会社の継続期間は、たとえば三年と会社契約で規定されても、終了後も仲間が了解すれば自動的に延長されたので、実際は長期にわたることが多かった。会社の出現により、企業の規模のみならず、存続期間も拡大した。

会社規模は、会社資金の導入により、いくらでも大きくすることができたが、会社が倒産すると、会社仲間はもちろん、この資金を提供した多数の市民も被害にあった。フィレンツェの大商社は、ロンドン支店を通じてイングランド王に巨額を融資したが、一三四〇年代、百年戦争の開始により国王が返済不能になると、本店・支店からなる網の目全体が倒産し、多数の市民も巻き添えを食った。これ以降、連鎖倒産を防ぐために、相互に連帯責任のある本店・支店関係は回避され、出資者は重複しても、法的にはそれぞれが独立する別個の姉妹会社を設立し、相互に代理店契約を結ぶようになった。ヴェネツィアのような海港都市では、会社経営は、商船の一つの往復航海を単位として、家族企業によっておこなわれることが多く、相対的に規模の小さいものが多かった。

## §貨幣体系

ヴェネツィアやフィレンツェのような商業国家は、どの市場でも通用する良質貨幣を発行し、その品質や重量を政策的に維持した。ヴェネツィアのグロッソ銀貨とドゥカート金貨、フィレンツェのフィオリーノ金貨などが有名であり、それらは「中世のドル」の役割を果たした。国際商業の決済手段となるこのような高額貨幣とはちがい、日常生活で使われる小額貨幣は、貨幣の需要に対してその素材の供給が追いつかない場合などには、容易に改悪された。その結果、価値の基準となる高額貨幣と小額貨幣との交換値は、頻繁に変化した。多少とも長期にわたる貸借関係において、債権・債務の当初の価値を保全する必要から、基準貨幣と法的に規定された一定の換算値で結合する観念的な下位貨幣、いわゆる計算貨幣が考案された。たとえば、一フィオリーノ(金貨・実体貨幣)＝三四八デナロ・ア・フィオリーニ(計算貨幣)という換算値をもつ、デナロ・ア・フィオリーニがそうである。この計算貨幣は、フィオリーノ金貨の三四八分の一という抽象的な価値を持ち、実体がなく、観念のなかだけに存在する貨幣である。計算貨幣の創出により、貸借関係における混乱の回避が可能となり、信用制度の基盤の一つが整備された。

中世中期まで、イスラーム圏では金貨が、西ヨーロッパでは銀貨が基準貨幣だった。一三世紀中葉以降、後者で金貨が発行され、基準貨幣としての地位を確立する一方で、金の供給が不足したイスラーム圏では、銀貨が基準貨幣になっていった。西ヨーロッパの従来の貨幣計算は、一リブラ＝二〇ソルド＝二四〇デナロという、二〇進法と一二進法を組み合わせたややこしい方法が用いられたが、金貨の計算には、最初から一〇進法が用いられた。イスラーム圏で用いられた一〇進法が、金貨およびアラビア数字に付随して導入されたのだろう。いずれにせよ、アラビア数字の普及は、計算を容易にし、商業活動に多大な便宜を与えたが、そのほかにも国家の財政運営、同職組合の活動統計など、社会の諸局面において多大な影響を与えたと思われる。

## 読み書き算盤《そろばん》

商業通信や貨幣計算をおこない、さらに帳簿をつけるために、商人には読み書き算盤の知識が必要だった。一四世紀前半、フィレンツェの穀物市場に露店をだした穀物商ですら、穀物価格や穀物市況を記録する日誌をつけた、という実例がある。ヴィッラーニは、第7章で詳しく見るように、子どもたちが読み書き算盤などの学習をしたさまを記述している。多数の子どもが、おおよそ六〜七歳ころから読み書きを学習し始め、その終了後も一部はさらに、おおよそ一一〜一二歳ころから数年間、算術学校やラテン語学校で学習した。ここでいう算術《アルゴリズモ》とは、アラビア数字に基づく数の計算であり、数十年前からイタリア商人の間ではアラビア数字が使用され、それに基づいて加減乗除がおこなわれていた。フィレンツェ人のダンテは、多くの市民が読めるように『神曲』（一三〇七〜二一年）を俗語（フィレンツェ語）で書き、多くの市民は、ダンテなどによって洗練されたこの俗語で商業文書を作成した。

その結果、フィレンツェをはじめとする商業都市では、公証人がラテン語で作成する国家の法令、同業組合の規約、裁判文書、各種の契約証書たる公証人文書などと並んで、商人が俗語で作成する商業実務、（公証人によらない）私的契約書、各種の帳簿、さらには上記の各種商業通信文書など、多種多様な商業文書が作成された。これを史料として、その経済生活の諸局面を詳細に解明することができる。とりわけフィレンツェでは、大量の商業文書が作成された。ジェノヴァ商人は、小さな取引でも公証人文書に記録することが多かったが、フィレンツェ商人は、大きな取引でも自分でそれを帳簿などの会計記録に記録した。ヴェネツィア商人は、一つの商業航海を単位とする比較的単純な帳簿記入をしたが、フィレンツェ商人は、長期にわたる多角的な取引について詳細な帳簿記入をした。フィレンツェでは、商人が各種の取引を詳細に記録したのみならず、上層市民のあいだでは帳簿、書簡、公証人文書、私的契約書、訴訟文書などを調べて、一家の記録を覚書として記録する習慣が普及し、やがてそこには個人的な思念も記述されるようになる。日記をつけ、思索をする商人が出現するのである。

## 5　商業、大都市、思想

中世人口の頂点となる一三〇〇年ころ、八万〜一〇万人以上の人口を持つヨーロッパ都市は、フィレンツェ、ミラノ、ヴェネツィア、ジェノヴァ、それにパリだけだった。五つのうち、じつに四つがイタリア北・中部の商業都市である。イタリア、とりわけ北・中部には都市が多く、また大都市も多かった。ヴィッラーニによれば、一三三八年ころ、フィレンツェの財政収入は、ナポリ王国、シチリア王国、アラゴン（連合）王国のそれよりも多額だった。経済の繁栄する都市国家は、地中海の諸王国よりも財政が豊かだったのである。当時、フィレンツェの軍事力の基盤は傭兵制だったが、フィレンツェは、この収入によって多数の傭兵を雇用することができた。一四五四〜五五年、イタリアの五大国、すなわちミラノ公国、ヴェネツィア共和国、フィレンツェ共和国、教皇領、ナポリ王国は、オスマン帝国の勢力拡大を懸念して平和同盟を締結し、ここにイタリアの大国同士の覇権闘争の時代が終焉した。五大国のうち、前三者は、都市国家から発展した領域国家であり、その勢力の基盤は商業をはじめとする経済活動にあったといってよい。イタリア社会における商業の役割は大きかった。

ヴェネツィアの経済基盤は伝統的に海上商業にあり、旧来の海上商人の中核部分が排他的な都市貴族を形成し、政治権力を独占した。都市貴族は、海外領土の経営や開発もおこなった。この都市貴族が、内陸領土の土地を獲得して、土地貴族に変質するのは、ヴェネツィアの海上商業が危機に陥る一六世紀である。一三世紀後半に飛躍的に発展したフィレンツェの経済基盤は、金融業、商業、輸出向け工業とりわけ毛織物工業からなっていた。ここではこの発展の波に乗ったポポロが、支配領域の領主層を含む旧来の都市貴族を抑圧して、政治権力を獲得した。一五世紀中葉以降、メディチ家の周辺に事実上の都市貴族層が形成されたが、ポポロも参加する共和制か、ヴェネツィア型の貴族共和制か、メディチ家による君主制か、という政体の問題は、マキアヴェッリなども巻き込みながら紛糾し、ようやく一六世紀中葉、君主制の成立という形で決着した。ミラノの経済基盤は、南北商路と東西商路との交点にあることから発展した商業と、その発展の結果であり原因でもある諸工業とからなり、商工業者の勢力が台頭した。しかし、第3章でも示したようにこの勢力は、強大なミラノ大司教の封建家臣層の勢力を抑圧するまでにはいたらず、勢力の均衡する両者の調停役としてシニョーレが出現した。シニョーレとは、共和制的諸権限を一身に委託された官職ないし人物であり、名目的には共和制度の枠内にありながら実質的には君主政治を実現した。いずれにせよ、このような国制のちがいは、各都市の政治的な経緯のみならず、商業をはじめとする経済構造のちがいにも由来したと思われる。

トスカーナ出身の商人の息子ボッカッチョは、一四世紀中葉、俗語作品『デカメロン』を著した。そのなかの「三つの指輪」という小話は、ユダヤ教、キリスト教、イスラームの優劣をいうことは意味がないという主旨の話である。異教徒や東方キリスト教徒から進んだ商業文化を摂取し、彼らとの日常的な取引に慣れたイタリア商人は、人間や社会を教養によって観念的に断定せず、現実に基づいて経験的に判断した。そこには観念的・閉鎖的ではない、現実的・開放的な思考の形成があった。ルネサンス文化の基盤の一つである。

（齊藤寛海）

# 第5章　海のかなたのイタリア——イタリア都市の海外領土

人の移動の歴史を考察することの重要性が指摘されて久しいが、中世のイタリア都市民の活動は、この分野へも寄与するところ大である。移動したイタリア人が帰還後もたらした影響にも少なからぬものがあるが、ここでは、ジェノヴァ人、ヴェネツィア人という海洋都市民の、海のかなたでの活動を述べ、「イタリア」の外に築かれたイタリア都市民の世界を垣間見たい。

## 1　中世ジェノヴァ人の海外進出

中世ジェノヴァ人は、後述するように、「海外領土」ともいえる領域支配も経験する。しかしながら、彼らの海外進出の個性は、そうした「面」的な支配というよりも、「点（拠点）と線（ネットワーク）」という観点から理解したとき、いっそう顕著にあらわれる。この節では、紙幅の関係上、ごく一部に言及できるにすぎないが、中世ジェノヴァ人の海外進出における契機、進出地域、進出システムなどの諸側面について、三つの事件と、コルシカ島についての言及を軸に、簡潔に説明したい。

## §十字軍〜東方進出の開始

第一番目の事件は、第一回十字軍である。ジェノヴァ人は第一回十字軍に参加した恩賞、そして今後の軍事協力などのみかえりに、現地での特権を要求した。最も古いものとしては、一〇九八年、アンティオキア陥落後、アンティオキアの領主になることを意識していたターラントのボエモンから与えられた権利がある。ボエモンはジェノヴァ人に対し、アンティオキアのサン・ジョヴァンニ（洗礼者ヨハネ）教会（ジェノヴァの守護聖人は洗礼者ヨハネと聖ジョルジョである）、商館（フォンダコ）、教会の一角にある三〇の邸宅、アンティオキアでジェノヴァ人が自身の慣習に従って暮らす権利を与えた。その後ボエモンの甥タンクレディに対しジェノヴァ人は一〇九八年の特権の確約と拡充をせまった。タンクレディはこれをうけて、一一〇一年、ジェノヴァの司教座教会であり、成立間もないコムーネ政府よりはるかに信用性の高い権力機構であるサン・ロレンツォ教会に対する付与という形でジェノヴァ人に特権を与える。その内容は、以前と同様サン・ジョヴァンニ教会を与えること、そしてソリノ港、ラオディシア港におけるそれぞれの収入の三分の一を与えること、ジェノヴァ人の支援により征服されたどんな港にも同様の割合での収入を与えるというものである。さらにタンクレディはジェノヴァ人に対し関税（コンメルキウム）を免除するという特権も与えた。

第一回十字軍期に得た特権の集大成ともいえるものが、一一〇四年、エルサレム国王ボードワン一世が与えた特権である。ボードワン一世はサン・ロレンツォ教会に対し、エルサレムとヤッファでの広場、アルスーフとその支配領域の三分の一、カエサレアの三分の一、アッコンの三分の一、その港の収入の三分の一を与えるとした。ボードワン一世の与えた特権はさらに続く。年一三〇〇ビザンツ（貨幣単位）の贈与、加えて五〇人以上のジェノヴァ人が征服に際しボードワンを支援したとき、その征服地の三分の一を譲渡し、ジェノヴァ人の支援でカイロを陥落させたならその三分の一を譲渡するといった希望的観測に基づいた約束もしている。また、ボードワン一世はジェノヴァ人に対し関税（コンメルキウム）の免除や人身保護（死刑、傷害、投獄を禁止）をおこなうことや、加えてボードワンの兵士や同盟者たる商人であるジェノヴァ人に対し、王国内での死亡時における財産保護も保証している。

以上にみられる商業・信仰の拠点や居住地の確保、関税免除、そして身体や慣習の保護など自治に関わる特権の獲得は、西ヨーロッパ人が対外進出を行ったときの居留地形成の原型を成すものであり、その意味で、中世においてジェノヴァ人の果たした役割は大である。中世においてジェノヴァ人は各地に拠点を築くが、このほか城砦などの防備施設、居留地行政や条令、商業組織の整備などが加わり、そのうちのいずれを有するかによって各拠点の個性が定まっていく。

また十字軍期以降、ジェノヴァ人の地中海各地での活発な商取引の痕跡が公証人登記簿などにみられるようになる。東地中海方面では、アレクサンドリアや、「オルトレマーレ oltremare」（「海の向こう」を意味する表現）と呼ばれるシリア沿岸での取引が活発化する。これらの地での取引は、一二世紀中頃の公証人登記簿では、取引件数においてはシチリア方面向けのものと大差ないものの、その貿易総額は巨額であることが判明しており、東方との貿易がいかに利潤をもたらすものであったかを伝えている。

## ❸ニンフェオの条約〜ロマニアの商業支配へ

第二番目の事件は、一二六一年四月に結ばれたニンフェオ（ニンファイオン）の条約である。第四回十字軍がヴェネツィア主導でコンスタンティノープルを攻略し、当時のビザンツ皇帝を追放したのはよく知られた話であるが、その後ビザンツ系の人びとはラテン帝国を駆逐しコンスタンティノープルに復帰することになる。復帰への一連の流れのなかで、ビザンツはヴェネツィアに対抗しうる海上勢力としてジェノヴァを味方とすることを模索する。

その両者による条約がこれである。

ニンフェオの条約は多くの項目を含んでいる。この条約において、皇帝がジェノヴァ側に要求したものは、軍事援助であり、その条項は細部にわたる。東方にいるジェノヴァ人は戦時においてビザンツ艦隊にて軍事奉仕すること、ジェノヴァは皇帝の要請があったさい皇帝の経費で五〇艘までのガレー船を供給することが決められている。この経費に含まれるものに関しては、ジェノヴァ人は役割別の船員数と報酬、彼らのための塩漬け肉、ビスケット、豆類、チーズの必要量などから必要経費を細々と算定しているのである。

こうした協力のみかえりとして、パライオロゴス朝の皇帝ミカエル八世はジェノヴァ人に対し、通常の商業特権、かつてコンスタンティノープルで有していた権利、コムネノス朝のマヌエル一世時代の条約の復活としてジェノヴァの政府と大司教に対して現金や布を与えることを約束している。

ジェノヴァ人が得た権利は、文言としては古い協定の復活のように思えるが、これによりジェノヴァ人は「ロマニア　Romania」（ローマ、すなわちビザンツの支配地であることを語源とする表現）と呼ばれる黒海・エーゲ海沿岸地域への進出を有利にし、以後この地域に数多くの拠点を築く。黒海沿岸部だけでもジェノヴァ人の足跡は数多くたどることができる。防備施設の遺構やいくつかの文書に足跡がみられるだけのものも多いが、領事（コンスル）が設置された拠点も少なくない。ロマニアにおける三大ジェノヴァ人拠点といえるのが、コンスタンティノープル対岸のペラ、クリミア半島のカッファ、そしてエーゲ海にあるキオス島である。

これらロマニアにおける三大拠点は、それぞれの個性を有する。最初に発展の契機を得るペラには、ポデスタが派遣され、自治のための条令も施行された。カッファやキオスの発展などにより、権限の実態には歴史的変化があるが、ロマニアのジェノヴァ人拠点のなかでは長らく行政的に最高位にあったといってよく、他の拠点を束ねる役割を果たしていた。

カッファは、ロマニア商業の発展とともに黒海の奥地の商業拠点として大きな意味を持ったが、同時に、この地はタタールなどの勢力に囲まれており、ジェノヴァ人にとっては、東西商業の最前線ともいえる地域であった。それゆえ、軍事・防衛色も濃厚である。

ペラやカッファがそれぞれビザンツ皇帝、タタールの現地勢力のなかにおける「点」としての色合いが濃いのに対し、キオスは、島全体の統治、そして、単なる商業拠点としてではなく、現地でのマスティック（乳香）栽培にも関与したという点において、「面」の支配の一面をも備えていたともいえる。ジェノヴァ人のこの島への関わりは一四世紀前半のザッカリア家の三代にわたる支配権の獲得で本格化し、そして、一四世紀半ばから一六世紀半ばまでの約二〇〇年にわたるマオーナ（ジェノヴァ人移住者たちによる植民者組織）による支配にいたる。キオスはマオーナが設立される一四世紀半ばには形式的にはビザンツ皇帝の至上権下にあり、またジェノヴァ人の拠点のなかではペラの管轄下に入るとされ、本国からポデスタも派遣される。しかしポデスタは司法権を獲得していたものの、この島を有する利点である対岸で大量に産出する明礬の交易やマスティックからの経済的な利益は、マオーナが掌握することになる。マオーナ支配下においてジェノヴァ（系）人は結成初期よりマスティックの生産・管理に関心を抱いており、ジェノヴァ人支配開始の後に建設されたマスティック生産のための村落もあったのである。

## §ジブラルタル海峡定期便～西地中海世界と大西洋世界

第三番目の事件は、一三世紀後半におけるジブラルタル海峡の定期便の就航による、大西洋世界、すなわち北西欧との船によるネットワーク形成である。早くから西地中海世界にも関心を抱いていた中世ジェノヴァ人の拡大の一つの帰結といえる事件である。

ジェノヴァ人の西地中海方面への関心のいち早い事例としては、一二世紀中葉に実施されたアルメリア、トルトーサへの遠征である。この頃、アルメリアはイベリア半島南海岸におけるムスリムの要塞ともいえる地であった。一一四六年の段階で、一度アルメリアを襲撃し勝利を得ていたジェノヴァ艦隊は、翌年の本格的なアルメリア襲撃にむけて、カスティーリャ王アルフォンソ七世やカタルーニャのラモン・ベレンゲルと事前の合意をおこなう。その内容は、ジェノヴァはアルフォンソに対し、アルメリアの三分の一を交換条件として次の五月に襲撃することを約束し、アルフォンソは、ジェノヴァ人に対し自身の領域内における関税（タリフ）免除と包囲の準備のための資金を与えることを約束するというものであった。アルメリアは一一四七年、ジェノヴァ、そしてカスティーリャ、カタルーニャ、プロヴァンス、ピサの出身者の攻撃を受け陥落した。艦隊はさらにバルセロナを攻略して進軍し、一一四八年にはトルトーサを陥落させ、ジェノヴァ政府はこの町の三分の一を獲得することになる。

これらの拠点は、長らくジェノヴァ政府の領土としてとどまったわけではない。アルメリアについては、一一四七年のうちに、ジェノヴァ政府はこの町についての自身の持ち分を、オットーネ・ボンヴィッラノといった特定個人に、三〇年間所有させる決定を下しているし、トルトーサについての自身の持ち分も一一五三年にバルセロナ伯に一万六〇〇〇マラボティーニ（貨幣単位）で売却している。

しかしながら、この遠征は、二つの点において、ジェノヴァ人の対外進出における重要な意味を有している。一つは、三分の一の支配地、関税の免除といった、すでに述べた第一回十字軍期のものと共通する特権内容がこの遠征にもみられることである。もう一つは、ジェノヴァ政府はこの遠征のために巨額の金を投じるが、その資金調達を債券発行の形でおこなったことである。それゆえ、アルメリア遠征は、ジェノヴァ史の個性ともいえる公債発行の歴史のなかでも重視され、また、後のマオーナに連なるような戦費調達における債権者の発言権の増大といった流れの出発点としてもとらえることができる。ジェノヴァ人による海外拠点形成の基本類型に大きく関わっていたのが、この遠征であった。

むろん、コムーネ政府が巨額の資本を投じ積極的に関与したことに表されるように、この地域を含む西地中海世界自体の重要性もみのがせない。ジェノヴァの西地中海世界への進出は、アルメリアやトルトーサといったイベリア半島への遠征に関するカッファロの年代記の記述のほか、一二世紀半ばより数多く残る公証人登記簿に含まれる文書などからも確認できる。シチリアを中継地とし、ジェノヴァはマグリブ世界との交易を早くから活発におこなっているが、マグリブでの商業拠点は、ベジャイア（ブージ）、セウタと徐々に西進する。中世後期に入ると、中世盛期よりジェノヴァ人の活発な活動がみられていたチュニスがジェノヴァ人のマグリブ拠点のなかで顕著な存在となる。一五世紀半ば以降、あるジェノヴァ人の商人集団は、競争相手であったカタルーニャ人を駆逐して、マグリブ沿岸全域における珊瑚漁の独占権をマグリブの王朝から獲得する。これは高い利潤をもたらす利権であった。チュニスのジェノヴァ人共同体内部では競合が激しくなり、商人の流入も増え、マルサカレスには新たなジェノヴァ人居留地も誕生する。マルサカレスにはおもに西リヴィエラ出身の中下層民が定住し、大商人中心のチュニスと棲み分けをおこなうことになった。また珊瑚漁特権の一方で、マグリブではジェノヴァ人ジョヴァンニ・グレゴリオ・ステッラがマグロの漁獲権を獲得した事例もある。さらにマグリブを拠点としたジェノヴァ人は、内陸アフリカからの金交易にも携わり利益を得ていた。このように、この地域特有の産業や交易品からジェノヴァ人は多大な利益をあげていたのである。

ジブラルタル海峡を通過するジェノヴァとフランドルとの間の定期便交易が始まるのは一三世紀後半、遅くとも一二七〇年代とされる。西地中海世界を航行して大西洋を経由する交易が活発化するなか、イベリア半島やフランドルに滞在するジェノヴァ人の数は増加し、各地に商館も形成され領事の存在も確認される。商館や領事の設置時期は、確認されるものよりも以前からあったと推定されるものも少なくないが、存在が確実視される年代としては、たとえばバルセロナでは一三六〇年にはジェノヴァ人領事の存在が記録に残り、セビーリャでは少なくとも一四世紀後半には二人の領事の存在が確認される。ブリュッヘにおいても、一三五八年のヴェネツィア人の商館建設に引き続き、同じ頃にジェノヴァ人やルッカ人が商館を置いたとされる。イングランドにおいては、一三世紀末の大西洋航路の定期便があらわれたのち、いち早くサウサンプトンやロンドンに拠点をおいたのはヴェネツィア人や、バルディやペルッツィといった大商社を有したフィレンツェ人であり、ジェノヴァ人は、フィレンツェ人に船を提供し、羊毛の輸送に手を貸す役割を果たしていた。ジェノヴァ人自身がロンドンにおいて本格的に活動をはじめるのは一四世紀以降のこととなる。

## §コルシカ

最後に、ジェノヴァ人が最終的に「面」として支配するに至り、ジェノヴァ最大の「海外領土」となるコルシカへの、中世段階での進出について、簡単に述べたい。

一一二〇年代には、コルシカ司教の叙任権をめぐりピサと紛争を起こすなど、ジェノヴァ人のこの地への関心は早くから始まっていたが、とはいえ「面」の本格的支配に至るまでの道のりは遠く、中世段階でのジェノヴァ人の進出地として顕著な痕跡を残すのは、いくつかの拠点とその周辺領域である。ここでは、ボニファチオ、カルヴィ、バスティアの三つの拠点へのジェノヴァ人の進出について述べたい。

コルシカ南端の町ボニファチオは、その名が九世紀のトスカーナのトスカーナ辺境伯ボニファッチョに由来することからわかるように、九世紀から一二世紀末まではピサの影響の強い町であった。一一八七年ジェノヴァ人貴族フォルコ・ディ・カステッロに征服され、その八年後には、ジェノヴァ政府の支配に属することとなる。以後東西リヴィエラからこの地への定住が進み、先住民の痕跡は薄くなった。その後、ジェノヴァ政府に忠誠を誓いつつこの地では小さな自治組織が展開し、造幣局や条令も有していた。一四世紀にはその行政組織はジェノヴァのポデスタや四名からなる長老評議会の主導するところとなる。一五世紀初頭、アラゴンがコルシカやサルデーニャへの攻勢を強めるなか、ボニファチオはリグリアとの結びつきを断ち切らなかったことで知られる。

ジェノヴァにとってボニファチオは、北アフリカへのルートの寄港地として重要であり、一二世紀半ばの公証人登記簿にもその名が現れる。同じく寄港地として重要であったのが、北西部の町カルヴィである。カルヴィについては、一一九五年のボニファチオの建設よりのちに、ボニファチオを模範として空間が構成されたとされる。一二八四年にはカルヴィはいくつかの特権を獲得していたことが確認され、これがジェノヴァへの従属の証となる。ボニファチオを模したとされるカルヴィの条令は現存しない。その後一四五三年にはカルヴィはサン・ジョルジョ銀行（ジェノヴァ独特の公債債権者団体。政府から各種財政統治権などを譲渡され、一五世紀半ばにはコルシカやカッファの居留地行政にも関わった）へと譲渡されたが、翌一四五四年にこの銀行が定めたカルヴィの条令は、既存の条令を模したものとされ、ジェノヴァ政府による役人の任命モデルなどを伝える。

一二〜一三世紀よりジェノヴァ人にとっての要地であったボニファチオやカルヴィとは異なる歴史的経緯をもつのが、北部のカーポコルソ半島の根幹の東海岸にあるバスティアである。カーポコルソ半島には、一一世紀末よりアッヴォカーティ家、一三世紀後半にはデ・マーリ家といったジェノヴァ貴族の入植が進んでいたが、この地域におけるバスティアの優位を決定づけることになるのが、一三七〇年以降、リオネッロ・ロメッリーニがジェノヴァ政府派遣のコルシカの統治者として現れて以来の展開である。リオネッロは一三七二年、コルシカ人の反乱に遭い火をつけられたビグーリアの城砦を放棄し、城砦や城塞を備えた新しい町を別途建設した。これがバスティアである。ロメッリーニ家の人々は、一四世紀末から一五世紀初頭にかけて、マオーナや政府派遣の統治者といった支配形式それぞれに関わりながらカーポコルソ半島への入植をも進める。この時期の発展をうけ、一四五三年には、バスティアの統治者は全コルシカの長としての地位におかれることになるのである。

ここで紹介したのは、中世ジェノヴァ人の対外進出に関わる情報のごく一部にすぎない。時代ごと、進出先ごとに進出形態も、現地での存在のあり方もきわめて多様であり、全体的な傾向や方針をとらえることがきわめて困難であるのがその一因である。しかしそのなかにも、いくつかの鍵となる要素は見いだせる。商業進出という目的の一貫性、現地支配者からの特権、政府による遠征、特定個人による権利獲得、マオーナ、政府やサン・ジョルジョ銀行による居留地経営、居留地に整備される空間やシステムといった項目がそれにあたる。各拠点の内部状況や拠点間のネットワークの様相なども含め、ジェノヴァ人の対外進出をめぐる問題は、それぞれに意義深く、研究の余地も多い分野である。イタリアを理解するために不可欠である「移動する人々」としてのイタリア人像の一例としてもジェノヴァ人の対外進出のありかたは興味深いものがある。この分野を検討するための史料も豊富なので、今後研究がいっそう進展することを期待したい。

（亀長洋子）

## 2　ヴェネツィア共和国の海外領土

ヴェネツィア共和国の海外領土は地理的に限られており、アドリア海・エーゲ海の各地に点在したにすぎない。しかし、ヴェネツィアの商業ネットワークが、商業拠点のみならず、その後背地までを確実に支配する枠組みによって支えられていたことは見過ごされるべきではない。このような「面」的支配が言語、宗教、法慣習を異に

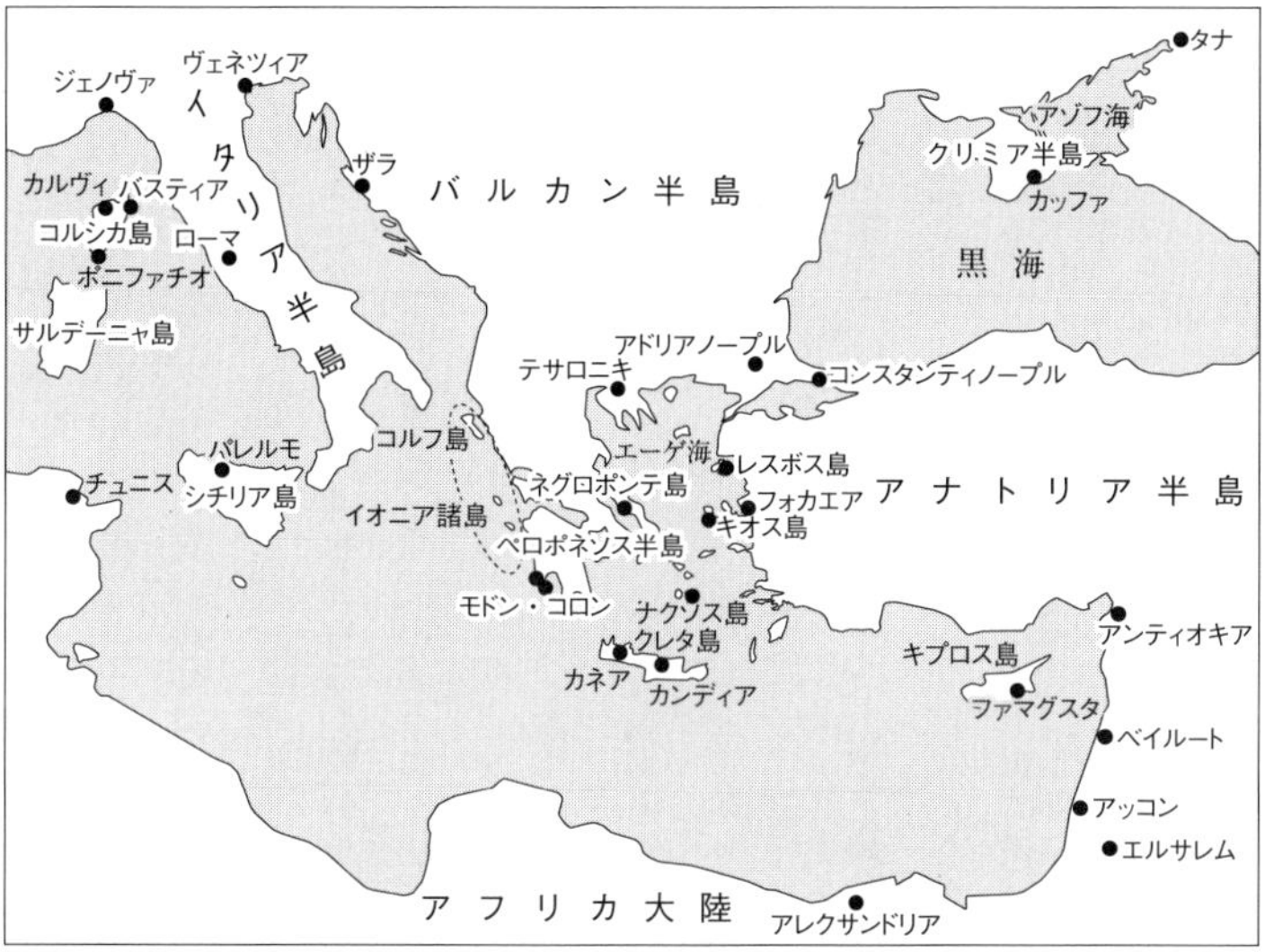


図 5-1　関連地図

出典　AA. VV., *Grande Atlante geografico*,（Milano, UTET, 1999）, pp. 102f, 112f, 116f, 140f に掲載された地図の地形をトレースしたものに、本章で関連する地名をプロットしたもの。

する在地社会との衝突を克服して、約六〇〇年にわたって続いたことは、ヴェネツィアの歴史を彩る神話のひとつである。ここでは、ヴェネツィアの海外領土の政治構造、文化、宗教、経済について説明しながら、約六〇〇年にわたる歴史をたどってみよう。

## § 海外領土建設の過程

東地中海世界の各地に商人として進出していたヴェネツィア人は、すでに一二世紀初頭にはエジプト、シリア、ビザンツ帝国などで商業的特権をあたえられて居留地を形成していた。こうした居留地の自治権を拡大して、海外領土の建設へと踏み出す契機になったのは、元首《ドージェ》エンリコ・ダンドロの時代におこった一二〇四年の第四回十字軍であった。このとき、ヴェネツィアは十字軍に参加した諸侯たちとともに、ビザンツ帝国の首都コンスタンティノープルを占領し、その領土を分割した。その結果、ヴェネツィアはエピロス地方などギリシア西部とペロポネソス半島、ネグロポンテ島（現在のエヴィア島）

の一部、それにアドリアノープルとその周辺領域などにわたる支配権を獲得した（図5-1）。しかし、ヴェネツィアはこれらの領有権を保持することができなかった。たとえば、アドリアノープルの支配権は、一二〇六年にはギリシア人に譲りわたされた。その見返りとして譲渡されたコルフ島（現在のケルキュラ島）も、エピロス地方を地盤に興隆した、ビザンツの残存勢力による亡命政権のひとつエピロス専制公国によって攻撃され、一二一四年、ヴェネツィアは島の所有権を放棄した。また、ペロポネソス半島についてもヴェネツィアが支配したのは、モドン・コロンの二つの港を含むごく狭い地域にすぎず、大部分は十字軍に参加した諸侯によって建国されたアカイア公国に組み込まれた。このように、第四回十字軍に勝利したとはいっても、その結果ヴェネツィアが確保した領土は、ごくわずかなものにすぎなかったのである。

とはいえ、第四回十字軍ののち、ヴェネツィアが領域的支配への意欲を強めたことは間違いない。クレタ島の獲得はその典型であった。十字軍を指導した諸侯のひとり、モンフェッラート侯ボニファッチョからクレタ島を買い取ったヴェネツィアは、すでにクレタへの進出をはじめていたジェノヴァとの争奪戦を一二一〇年頃までに制して、その領有を確かなものにした。また、一二〇九年には、ネグロポンテ島に所領をもった三名のヴェローナ人（三頭領主）に忠誠を誓わせて、宗主権を確立した。ついで、一三五一年にはナポリのアンジュー家からコルフ島を購入することで、イオニア諸島の支配を固めた。さらに、一四八九年、ヴェネツィア貴族の娘であったキプロス女王、カテリーナ・コルネールの遺言にもとづいてその王国の領土を譲り受けたとき、ヴェネツィアの領域は最大に達した。

## ❸入植政策と統治機構

ヴェネツィア本国は、直轄支配する海外領土の各地に数年の任期で統治官を派遣した。これに書記官ら現地に長期にわたって滞在する役人を加えて、行政府が組織された。加えて、海外領土へと移住したヴェネツィア系住民も行政・司法における役割を担った。たとえば、海外領土の要になったクレタ島では、本国の主導によって組織的な入植がおこなわれた。本国の市民に対して、島内での軍役奉仕などの義務とひきかえに、島内の土地を分割譲渡するなどの特権が与えられたのである。最初の入植は一二一一年に実施された。そして、一三世紀前半には計四回にわたって入植団が派遣された。このあいだに家族を含めて一〇〇〇～三〇〇〇人にのぼるヴェネツィア人がクレタに移住したとされる。彼らは行政府の諮問機関である大評議会、元老院、入植者会議に人材を提供するとともに、農村地域と山岳部を統治する城主職を担っていた。

クレタにかぎらず、ほとんどの海外領土において、本国から派遣された統治官を中心とする行政府と、入植したヴェネツィア系住民の双方が政治決定にかかわる、二元的な政治システムが採用された。ただし、地域の実情に対応するために、ヴェネツィアは、地域によって両者のあいだの力のバランスを変えた。たとえばネグロポンテ島では、行政・司法の担い手は三頭領主であり、彼らとヴェネツィア人の統治官とが意見を調整しながら統治した。かたや、モドン・コロンのように、ヴェネツィア人の統治官がイニシアティヴを握った地域もあった。

ヴェネツィア人が支配者となる枠組みを維持するために、ヴェネツィアは彼らと被支配者であるギリシア人とのあいだの同化が進まないよう注意を払った。たとえば、一三世紀にはヴェネツィア人入植者がギリシア人と友好関係を取り結んだり、ギリシア人と結婚することは禁じられていた。こうした民族分離的な統治にギリシア人は根強く抵抗した。クレタ島では、アルコン（ビザンツ領時代に島を支配していたギリシア系貴族）による反乱が相次いだ。ヴェネツィアがクレタにおける実効統治を開始した翌年の一二一二年には早くも反乱の火の手があがり、その後一世紀以上にわたって反乱が繰り返された。

一三世紀後半には、ヴェネツィアは反乱を起したアルコンとの和解をすすめ、彼らの私領を保証するとともに、その主張を認めていった。とくに、クレタの反乱の首領であるアレクシオス・カレルギスとクレタ総督ヴィターレ・ミキエルとの間で一二九九年四月に結ばれた和約は、海外領土におけるヴェネツィアの対ギリシア人政策の方向転換を鮮明に示している。その条文には、アルコンとギリシア正教会の権利が明記された。また、ヴェネツィア人とギリシア人の婚姻も初めて公式に許された。和約によって、クレタのギリシア人の間で強い影響力を持っていたアレクシオスがヴェネツィアよりの立場に転じ、島内の騒擾は鎮まった。

## 教区のローマ・カトリック化とギリシア正教会

ヴェネツィアが海外領土を展開した時代には、ローマ・カトリック教会も東方に対し教区を拡大した。一〇五四年にキリスト教会は東西に分裂し、キリスト教世界はローマ教皇を首位に抱くローマ・カトリック教会とコンスタンティノープルの総主教を首位にいだく正教会に二分された。しかし、一一世紀末になって十字軍によって聖地にエルサレム王国が建国されると、ローマ・カトリック教会は東方に教区を広げはじめた。とくに、第四回十字軍の後には、コンスタンティノープルをはじめ旧ビザンツ帝国領の各地にローマ・カトリック教会の大司教座と司教座が設置された。

ヴェネツィアの海外領土においても新しい教区が設定され、托鉢修道会とヴェネツィア人の聖職者が司牧を担った。ただし、ヴェネツィアは教皇庁とは距離をとって、巧妙な教会政策を展開した。まず、ヴェネツィアは、海外領土においてローマ・カトリック教会のみに、大司教や司教などの選出権を認めた。しかし、一三世紀後半に正教会聖職者や正教会修道院の帰属をローマ・カトリック教会のもとに一元化するよう、教皇庁が再三にわたって要求したときには、ヴェネツィアは教皇庁の干渉を排除して、海外領土の正教会を海外領土の世俗権力の保護下においた。正教会は名目上ローマ・カトリック教会の管轄下におかれ続けたから、独自に府主教・主教を叙任することは認められていなかったものの、実質的にはヴェネツィアの保護のもとに自治権を行使することになった。たとえばクレタ島とネグロポンテ島では、一四世紀後半には地域の司祭たちが自らの代表を選ぶことが認められていた。

一五世紀にはいると、再び教会合同への機運が高まった。一四三八年のフィレンツェ公会議における決議にもとづいて、翌年にはクレタ島における東西教会の合同が宣言された。この結果、ローマ・カトリック教会の聖書解釈にもとづきながらギリシア語で典礼をおこなうギリシア・カトリック教会が設立された。しかし、この運動は島内外の正教会聖職者の根強い反対にあって、ギリシア人の多くを取り込むにはいたらなかった。その結果、ヴェネツィアの海外領土では、ローマ・カトリック教会と正教会がそれぞれに自治権を享受する状況が維持され続けた。約六〇〇年にわたってヴェネツィアが海外領土を維持しえた要因の一つは、領内における東西教会の対立を深刻化させなかったその教会政策にもある。

## § 市民共同体の成長

一四世紀中葉になると、海外領土で生まれたヴェネツィア系住民と本国から派遣されてくる役人との間で、意識のズレが生じた。ヴェネツィアは海外領土における反乱の鎮圧に必要な兵役の負担、ならびに港湾整備など遠距離交易のための基盤整備の費用を、現地の税収入によって捻出しようとした。このような政策に対して、ヴェネツィア系住民は不満を募らせた。クレタでは、一三六三年八月に出された港湾税の布告に反対してヴェネツィア系住民を中心とする蜂起が発生した。この事件は、反乱を起こした住民がクレタの聖人を旗印にしたことから、その名をとって聖テトスの反乱と呼ばれる。反乱者内部の不和によって反乱の求心力が弱まったことを受けて、ヴェネツィアは翌年には統治権を取りもどし、一三六六年には反乱を鎮圧した。

入植者による蜂起に直面したヴェネツィアは、海外領土の統治官に対して領内の住民が不満を募らせないよう、いくつかの制度的改革をおこなった。まず、陳情制をととのえて、海外領土の代表が、本国の元老院において統治官の不正を告発できるようにした。また、元老院も巡察官を派遣して統治官の不正を調査させた。このようにヴェネツィアは、海外領土との間にいくつかの情報の回路を敷設して、正確な情報の収集につとめた。

一五世紀半ば以降、ヴェネツィア系住民を中心とする有力者集団は婚姻によって互いに結びつきながら、地域の自治を担う貴族的な市民共同体を形成していった。それはヴェネツィア本国の共同体ときわめて似かよってい た。たとえば、コルフ島では一五〇人評議会が組織された。この組織は、ヴェネツィア本国の大評議会と同じように議席を保有する有力家門の登記簿である『黄金の書 *Libro d'oro*』（戸籍簿）を備えており、それによって彼らの婚姻、出生、洗礼が管理された。またこうした市民共同体のメンバーのなかには、ギリシア系の者も含まれていたが、彼らは一様にヴェネツィア風の衣食住の生活スタイルを模倣することによって支配階層としてのアイデンティティを保っていた。近世に入って、海外領土の多くが自治権を与えられて政治的には自立化を強めるが、その支配者たちは文化的にもメンタリティにおいても本国の強い影響下におかれ続けていたのである。

このような市民共同体は、ヴェネツィアとギリシア人を結びつける存在でもあった。そのなかには、バイリンガル・エリートともいうべき、ラテン語ないしイタリア語とギリシア語の双方を高度に理解する人びとが存在した。具体的には行政府の役人、公証人たちをあげることができる。役人は、しばしば法廷でギリシア人関連の訴訟を判例として取りまとめることがあった。公証人は、しばしばギリシア人から依頼をうけた訴訟内容・契約事項をラテン語ないしイタリア語の文章にまとめる仕事を請け負っていた。こうしたバイリンガル・エリートのなかには実務を離れてもギリシア文化に傾倒するものもいた。たとえば、一四世紀末のカンディア市で国家検察官として働いていたレオナルド・デッラポルタ（デッラ・ポルタと名乗ることもあった）は、すぐれたギリシア語の詩作を残しており、そのなかで自らが正教会の信徒だと告白している。また国際情勢の変化も、文化の発展をあとおしした。一五世紀になると、メフメト二世がコンスタンティノープルとテサロニキを攻略し、その上ペロポネソス半島への攻勢を強めた。そのために海外領土に逃れてきたギリシア人の避難民のなかには、多くの知識人が含まれていた。彼らの多くは海外領土を経由してヴェネツィアに渡り、さらに他の西欧諸国に移り住んでギリシア語を教えた。このような彼らの活動は、西欧において人文主義が興隆する一助になった。かたやこのように、イタリア語圏、ギリシア語圏の双方の文化の刺激を受けた海外領土、とりわけクレタでは、多くの文学・美術作品が生み出された。クレタ・ルネサンスとも呼ばれる、清新で活発な文化を代表する人物がエル・グレコである。彼はクレタで生まれ、ヴェネツィアで修行したのち、スペインのアラゴン宮廷に渡って独創的な宗教画を多く残した。

入植者たちは、海外領土の農地に強い関心を示した。もともと、クレタやキプロスといったエーゲ海の島嶼ではワイン・ハチミツ・オリーヴ・酪製品などの生産がさかんであった。このような付加価値の高い産品を、ヴェネツィアは自らの交易網において独占的に取引することで多くの富を得た。とくに、クレタ産のワインはロンドン、フランドル地方にまで輸出されており、好んで消費された。このように、海外領土において生産された農業製品の価値が高まるなかで、海外領土内部の農地に対する投機的関心も高じていった。早くも一四世紀には、海外領土に移住したヴェネツィア系住民は、商人というよりはむしろ、ブドウ畑への投資によって生活する土地貴族へと変質していたと考えられている。

## 海外領土のゆくえ

一三世紀から一五世紀前半まで長い時間をかけて、ヴェネツィアは海外領土の社会を安定的に支える枠組みをつくりあげていった。そのシステムを維持するために、本国は高いコストを支払わざるをえなかった。たとえば海外領土の統治官は、行政府の維持のためにしばしば現地の税収入のすべてを充てた。また、一六世紀以降に本格化したオスマン帝国のエーゲ海への進出から海外領土を防衛するための軍事費は本土領（テッラフェルマ）からの税収入によって補填された。そして、多くの優秀な貴族・市民が役人・将校として派遣された。

こうした努力にもかかわらず、一五世紀後半からのオスマン帝国による攻勢をまえにして、海外領土は失われていった。一四七〇年のネグロポンテ陥落に続いて、モドン・コロン（一五〇〇年）、ナウプリオン（一五四〇年）、モネンヴァシア（一五四〇年）、キプロス（一五七一年）がスルタンの軍勢に占領された。とりわけ、多くの人材と費用を注いだカンディア戦争（一六四五年～一六六九年）に敗れてクレタ島を失ったことで、もはやヴェネツィアはエーゲ海をめぐる政治・経済における優位を保つことができなくなった。

とはいえ海外領土への関心は、決して失われることがなかった。たとえば一七世紀末の一時期、レフカダ島とペロポネソス半島の一部が領有され、また一七九七年のナポレオンの侵攻によって共和制が崩壊するまでイオニア諸島とザラ（現在のクロアチアの都市、ザダル）の領有は維持され続けた。よく知られているように、一四-一五世紀からヴェネツィアはテッラフェルマへの関心を強めていくが、一方でヴェネツィアはその最後の日まで、海上帝国であり続けたのである。

最後に、ヴェネツィアの海外領土は、多民族が居住するなかでの統治のあり方や、異なる言語間での情報の共有と交換、それにイタリア文化と外国文化が相互に与えた影響を考えるうえでも格好の素材になっている。近年になって、多くの専門書や史料集が刊行されているので、日本人にとっても取り組みやすいテーマになってきた。

（高田良太）

# 第Ⅱ部◎都市のくらしと文化

# 第6章　大学の誕生と都市

## 1　法学研究の繁栄

中世前期に、他のヨーロッパ諸国において文字が読め学識があるといえば聖職者と考えられていたのに比べると、イタリアの都市には文字が読める俗人がいたことが知られている。しかし、なんといっても中世中期の都市の誕生と期を同じくして、俗人に対する教育が飛躍的に発展したことは否定しがたい。そして、イタリアのみならず、広くヨーロッパ文化において大きな意味を持ったのが、ボローニャにおける法学研究の発展と、大学の誕生である。

### § 中世法学研究の始まり

ボローニャ大学は、一九八八年に創立八〇〇周年を祝った。つまり、ボローニャ大学によれば、大学創設は一〇八八年ということになるが、実のところこの年号にほとんど意味はない。しかし、一一世紀末から一二世紀初めは、まさしく学都ボローニャの誕生の時代である。

ボローニャに法学研究をもたらしたのは「ボローニャの輝く灯明」と言われたペポという人物とされるが、この人物がどのような人物かは、はっきりしない。通常ボローニャにおける法学研究の祖とされるのは、イルネリウスである。裁判官、法律顧問であり、教師としても活躍したといわれるイルネリウスは、当時イタリアにおいて慣習法化していた『テオドシウス法典』に基づくローマ法ではなく、この頃ボローニャにもたらされた『ユスティニアヌス法典』の写本に基づいて、初めてローマ法全体の註釈をおこなったと言われる。イルネリウスから一三世紀半ばまでの法学者は、註釈を中心としたために、註釈学派と呼ばれる。

イルネリウスがボローニャに教場を開いた一一世紀末当時のボローニャは、とくに大きな都市ではなかった。しかし、ボローニャが、高い文化を誇るビザンツ帝国への窓となっていたラヴェンナを中心とするロマーニャ地方、北イタリアにおける神聖ローマ皇帝の支配の中心地域、さらにこの時期にはローマ教皇の強力な支持勢力であったトスカーナ辺境伯領などさまざまな諸勢力の境界領域にあって、比較的自由な場であったことが、この町の学問の発展につながった。近隣の諸都市のみならずアルプスの北から、あるいは遠く南イタリアのシチリア王国から、多くの学徒がこの町をめざしたことは、学都ボローニャを通る諸街道、とりわけボローニャからフィレンツェをつなぐ街道の重要性を増すことにもつながった。ボローニャがコムーネとして認知されるのが一一一六年、ないし一一二三年であることは、この都市が学問の場として発展したことを物語る。

### §法学研究発展の背景

イタリアにおいて法学研究が発展した背景には、イタリアの都市学校の存在がある。都市行政、商業の発展とともに、ニーズの高まりから都市学校が発展をみせる。初等教育はまずは読み書きだが、この場合に自分たちがしゃべる俗語ではなく、文書用語としてのラテン語である。読み書きを学ぶ者は、外国語を学ぶように言葉を学ぶことになる。また、筆記用具が高価で整っていなかった時代において、書くことを学べるのは、限られた人びとであった。アルプス以北の場合、このような条件を満たしていたのは一一、一二世紀段階ではまず聖職者であり、学びの場も司教座附属学校や修道院であったのに対して、イタリアでは俗人が学ぶ世俗の学校が存在した。イルネリウス自身が教養諸学の教師だったともいわれるように、学識者がその専門性を活かして活動できる場があったという点においても、また法学のような高度な学問を修めるのに十分な能力を養う場が俗人にも広く開かれていたという点からも、都市における学校の存在は注目できる。

とくにボローニャは、文書作成法《ディクタメン》が発達したことで知られる。一二世紀のアダルベルトゥス・サマリタヌス以来、イタリアにおける文書作成法を学べる中心となり、ボローニャ字体と呼ばれる字体が作られた。一三世紀初めのブオンコンパーニョは人気教師として知られた。一三世紀には、ラニエーリ・ダ・ペルージャ、さらに作成された文書が法的有効性を持つ公証術の教師として知られるロランディーノ・パッサジェーリが出た。ロランディーノの『公証術 *Ars Notariae*』は、その後公証術のテキストとして広く使用されるものとなる。つまり、ボローニャは広く「文字を書くことを習得」するという点において恵まれた都市であった。

## § ローマ法研究の推移

一二世紀のボローニャは、イルネリウスの弟子たち、いわゆる「四博士」（マルティヌス、ブルガルス、フーゴ、ヤコブス）がイルネリウスに続いて法学研究を推し進め、イタリアのみならず、ヨーロッパ中からボローニャへ学生が集まるようになった。彼らが皇帝フリードリヒ一世（バルバロッサ）の法律顧問を務め、普遍的権威としての皇帝権を意識してロンカリア立法において活躍したことも、その威信を高めた。

次の世代を代表するのが、アッツォー（アゾーとも表記）である。彼が原典の順序に従って総括的に論じた『大全 *Summa Codicis et Institutionum*』は、法学註釈の集成として位置づけられる。彼の同時代の法学者には、ヴァッカリウス、プラケンティウス、ピッルスのように、ボローニャを離れて法学を講じる著名な法学者も出てきた。

一三世紀前半に活躍するアックルシウスは、法条の順序に従って註釈を入れる『標準註釈 *Apparatu*』を最終的に完成させたといわれ、以後ローマ法の註釈といえば、アックルシウスのものを指すとされる。

なお、このような法学者の具体的なありかたは、アックルシウスに続くオドフレドゥスの膨大な講義録から明らかにされている。このオドフレドゥス、あるいはボローニャにおいて初めて都市コムーネによって給料が支払われたディヌス・ムジェラヌスからは、法条を解釈するだけでなく、それを現実の問題に反映させようとする註解学派（後期註釈学派）の時代に入る。中世後期の法学者は、広範な実務鑑定および助言をおこなうことによって、社会において重きをなすようになる。その活動は、キヌス・デ・ピストイアを経て、一四世紀のバルトルス・デ・サッソフェラート、バルドゥス・デ・ウバルディスで頂点に達するといわれる。バルトルスは、都市条令を特別法として優先させる一方で、ローマ法に普通法 Ius Commune としての効力を認めた。

## 教会法研究

もうひとつ、中世ヨーロッパにおいて欠くことのできない法学研究が、教会法の研究である。

教会の体制が整えられていく過程で、信仰上の教義や宗教的な規範について、さまざまな公会議で決議がなされたり、教皇によって教書が出されたりした。このような規範はカノン canon と呼ばれ、カノン法、すなわち教会法については何度か編纂がなされていたが、一一四〇年頃ボローニャのサン・フェリーチェ修道院のグラティアヌスが書いた『教会法の矛盾の調和 *Concordia discordantium canonum*』（通称『（グラティアヌス）教令集 *Decretum*』）によって、ローマ法研究方法を取り入れる形で体系化がなされた。この教令集は、もともとは法学教育の手引書とでもいうべきもので、公会議決議、教皇令、教父文書など法源となるもの約四〇〇〇を選別集約して、スコラ学的弁証法を用いることによって、その法源の間の矛盾を調整しようとしたものである。おりしも、教皇の至上権主張のなかで、教会にかかわるすべての問題について教皇庁への上訴が増加していた。したがって、教会でも教会法を体系化すること、法律に明るい専門家が必要とした。そのニーズに応える形で、教会法研究は、神学から分かれて成立していくことになったのである。この本が単に『教令集』と呼ばれるようになったことも、その影響力の大きさを物語る。教皇をはじめとして教皇庁の中核を構成する人びとのなかにも教会法を学んだり、教えたりした経験がある者を多く見出すことができる。法学校では、ローマ法のみならず教会法が講じられるようになり、中世後期において、普遍的な意味を持つ普通法としてこの二つの法を修めた両法博士の姿もみられるようになった。

なお、ローマ法がモデルとすべき完成された法であるのに対し、教会法の場合は、『教令集』以降も教会によって決定されたものを付け加える必要がある。グラティアヌス以降教会立法の中心となったのは教皇令で、とくに教皇グレゴリウス九世によってまとめられた『グレゴリウス九世教皇令集 *Decretales Gregorii*』（一二三四年）は、公式教会法典として重要である。その後も幾度か教皇令が編纂され、一六世紀にまとめて『教会法大全』として刊行されることになる。

ボローニャを筆頭とするイタリアの大学は、ローマ法にせよ、教会法にせよ、このような法学研究を中心としてきたので、本章においても主として法学研究を中心に中世後期の大学制度の発展と、その場となった都市社会の関係について、みていくことにしよう。

## 2　大学の誕生

### §一二世紀の諸学校

一一五八年、皇帝フリードリヒ一世は、ハビタ Autentica Habita と呼ばれる特許状を発して、外国から勉強しにきた学徒が、自分たちの選択に従って自分たちの教師の裁判権、あるいは司教の裁判権に従うように命じた。これは、学徒がボローニャの都市裁判権によって裁かれるわけではないこと、さらに同郷人がなした犯罪や債務を連帯責任で償わねばならないという慣行に従わなくてもよいことを認めたものである。このような命令が出た背景には、グェルフィとギベッリーニの激しい争いのなかにあって、外来の学生、とりわけ神聖ローマ帝国からの学生が不安定な状況におかれていたこと、外来の学生が暴力行為や、家賃をめぐる問題を引き起こしていたことがある。

一二世紀の学校は、教師が教場を開き、そこに学生が集まるという私学校のかたちをとった。学生は教師を師《ドミヌス》と呼び、教師は学生を仲間《ソキイ》と位置づけ、それが一つの学問集団としてのソキエタスとされていたので、ハビタに学生が自分の教師の裁判権を選択する可能性を設定していたこともうなずける。ハビタは、学生たちが都市から自立した存在となる拠り所とみなされ、時に大学の誕生を告げる文書ともいわれるが、この時点では大学の組織化を伝える記録はない。

しかし、とにかく外来の学生の多くがボローニャに住むようになっていたことはまちがいない。一一七〇年代からは法外に高い家賃などさまざまな問題があって、教師と学生がモデナ（一一八二年以前）や、レッジョ（一一八八年）、ピアチェンツァ（一一九六年）、ヴィチェンツァ（一二〇〇年）、アレッツォ（一二一〇年、一二一五年）などに集団で移住する事例がみられるようになる。学徒たちのこのような抵抗に対して、教皇アレクサンデル三世が教会の教育権を主張して以来、教皇はしだいに積極的に支援をするようになり、一一七六年、一一八二年には教皇特使が下宿代を高く設定することを禁止し、一一八五年には教皇ルキウス三世がボローニャ司教に教師・学生間の訴訟の裁判権を確認した。

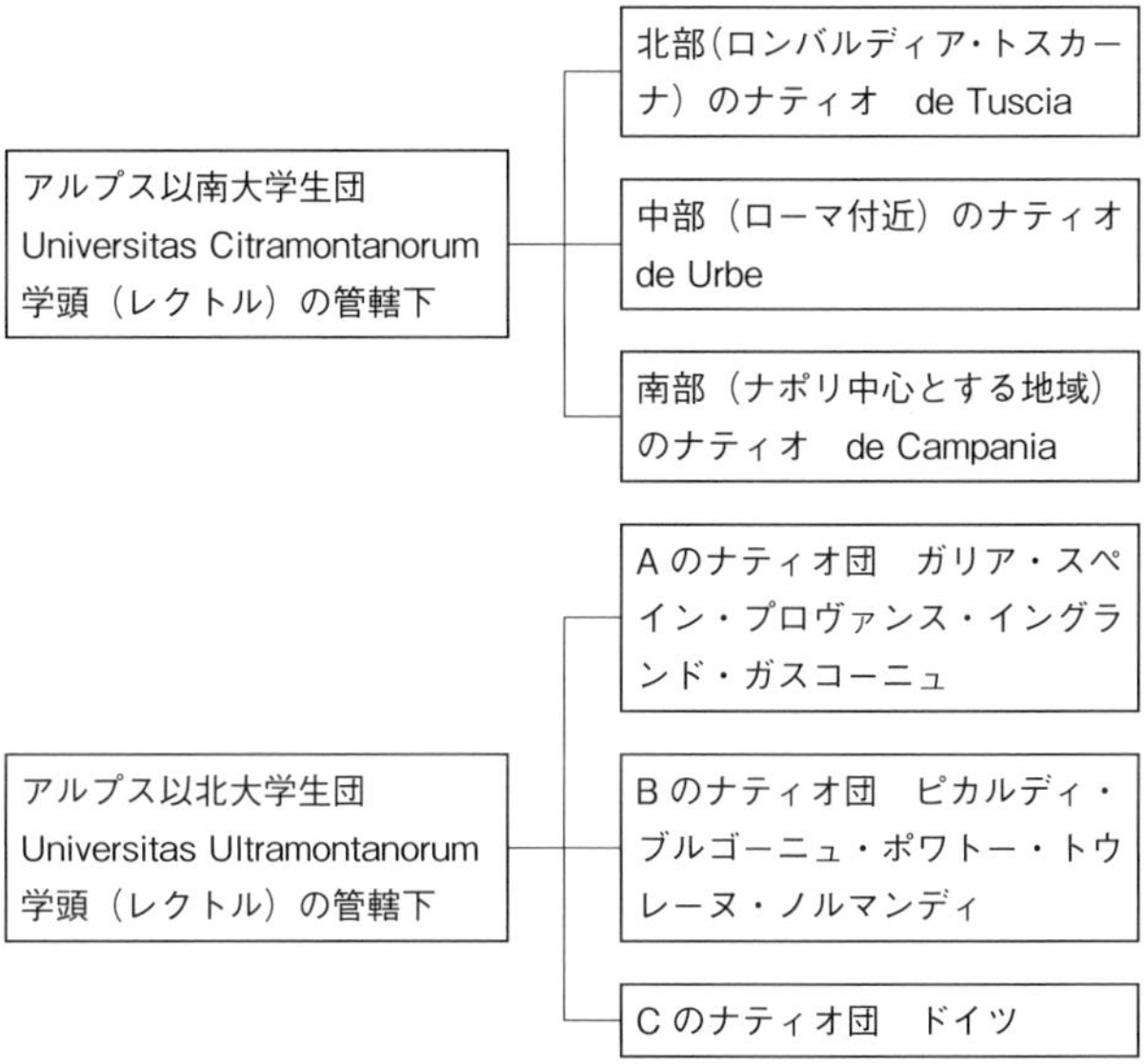


図 6-1　組織化が進んだ時期のボローニャ大学

## § 学生の集団と大学の誕生

異国の都市において、さらにさまざまな形で問題が生じてくると、外来の学生たちは普遍的な権威に頼るだけでなく教師の教場の枠を超えて団結する必要性を感じて、同郷人の集まりを形成していく。外来の学生が形成した同郷集団は組織化され、比較的小さな地域集団ナティオ natio と、それをまとめる大きな学生団ウニヴェルシタス universitas が形成される。大きな学生団にはアルプス以南大学生団 Universitas Citramontanorum とアルプス以北大学生団 Universitas Ultramontanorum があり、イタリア各地からやってくる学生は前者に属し、さらに南部イタリア（de Campania）、中部イタリア（de Urbe）、北部イタリア（de Tuscia ロンバルディア出身者も含まれる）の地域集団に属した。このウニヴェルシタスは、一三世紀半ばにはボローニャ市からも教皇からも公認され、大学団の長である学頭のもと、学則を制定し、組織として体制を整備した（図6-1）。そのため、ボローニャ大学は、学生主体の大学ユニヴァーシティ university として誕生したといわれる。ボローニャの場合、圧倒的に法学研究――当初はローマ法のみ、後には教会法も加えて――が中心であったため、この学生団においても法学を学ぶ学生が中心であったが、一三世紀半ばには、公証術なども学ぶことができる教養諸学 Arti や一三世紀半ばのタッデオ・アルデロッティによって教育体制が整えられた医学の学生集団も組織化され、法学部と教養・医学部の体制をとることになる。なお、神学部設立はずっと遅れて、一四世紀後半のことになる。

このように、ウニヴェルシタスは、本来外来の学生の集団であり、教師と学生を含む教育の場を示す名辞ではなかった。学生の集団、その長たる学頭に権限を付与することに批判的であった教師たちは参加していない。ボローニャ出身の学生もこれには含まれない。もっとも、大学の確立期に、学生団は教師集団やボローニャ出身の学生にも接近した。遅くとも一三一七年には、ボローニャ出身の学生に対しても一定の対応をしており、ボローニャ出身の学生もまた規則を遵守し、大学団の学頭に従うことを宣誓した。

このような大学団の学則がいつごろ定められたのかは、はっきりしない。一二五二年末、教皇インノケンティウス四世は学生団の学則を承認したが、その学則は断片的にしか残っていない。現在刊行されている学則は一四世紀のものだが、この学則では授業形態、授業時間などをこと細かく規定するなど、教師を厳しく拘束しており、しばしば学生に隷属した教師というイメージが語られる。実際には後述の書籍リストなどの規定が必ずしも実際のものに合致していないなど、この学則がどこまで現実を反映したものかは、はっきりしない。少なくとも、教師には絶対的な権限、すなわち学生が学業を修めたことを認める学位、あるいは学業を教える「教授免許」を与える権利があったことだけはまちがいない。

## § 大学の組織化

法学教師たちは、制度化が進む以前には自分の下で学んだ学生が学業を修めたことを認定し、法学博士の学位を与えた。この学位を得ることによって、法学を教える資格を得たことになる。おそらくはじめは個々の教師が独自に学位を与えていたが、「教授資格」授与は、法学者にとって仲間に加わることを認める意味を持ち、一定のレヴェルを保証するためにも、やがて法学教師は合議の上で学位認定、「教授資格」授与をおこなうようになった。この合議の場が、法学者の集団としてのコレギウムに発展したと考えられている。なお、法学者による自立的な学位認定体制に対しても、教皇が介入している。一二一九年、ホノリウス三世は、ボローニャ司教座の大助祭に、「教授資格」を授与する権限を認めたのである。

現存する法学者のコレギウム登録簿の最初の部分には明らかに不備があり、法学博士となった者をすべて登録しているわけではないし、また実際に教鞭をとっていない者も含まれていたので、大学成立期にコレギウムが、どのような構成で、どのような権限を持っていたかははっきりしない。しかし、時代が下って制度的に整備されると、メンバーの人数、資格も厳格に規定され、このコレギウムの規程に則って「教授資格」が授与された。

このように、学生たちのウニヴェルシタスも教師のコレギウムも、教師と学生をともに含む教育の場を示す名辞ではなかった。一三世紀当時、教育の場を指す名辞は、ストゥディウム studium であり、より普遍性を持つ教育の場はストゥディウム・ゲネラーレ studium generale と呼ばれた。いわば、ストゥディウム・ゲネラーレは、一二世紀に名声を博し、諸権力によって認知されてきた諸学校が組織化され、総体として承認されたものといえよう。このような形で成立してきたボローニャ大学は、同じく自生的に成立してきたパリ大学とともに最古の大学として知られるが、いつ、どの時点をもって成立したとはいいがたいのである。

いずれにせよ、一三世紀がボローニャ大学の組織化の時代であった。その過程ではあいかわらず、ボローニャ市民とのいさかいは絶えなかったし、ボローニャからの教師・学生集団の移動はなおもみられた。そのなかで、もっとも有名なのがパドヴァ大学の誕生である。パドヴァ大学は、一二二二年にボローニャから教師・学生集団が移動してきて成立したが、その後一二二八年に一部の学生は、より有利な条件を提示したヴェルチェッリに移動したため、いったんは衰退する。しかし一二六〇年、再度ボローニャからの集団移動があり、再興されることになる。教皇は、ボローニャを教皇領の一部と主張していたこともあり、しばしばボローニャに対して聖務停止令を出す一方で、学生に集団移動を勧め、大学の移動を正当化した。そのため、一三世紀半ばには幾度もボローニャからの集団移動の記録がある。このような集団移動は、大学全体が移動するという性格のものではなく、一部の教師・学生集団が移動するものであったが、それでも移動した集団は、ボローニャ型の学則を各地にもたらし、ボローニャ型の大学制度を広げる役割を果たすことになる。

## §ナポリ大学の設立

イタリアの多くの大学は基本的にボローニャから教師・学生が移動することによって成立したとされるが、ナポリの場合は少し事情が異なる。南部に位置しているが、イタリアにおける大学の重要な例なので、ここで触れておこう。ナポリ大学は、一二二四年に神聖ローマ皇帝でもあるシチリア王フリードリヒ二世によって、シチリア王国の人びとがボローニャに勉学に赴くことを禁止される一方で、王国において活躍できる人材養成のために設立された。この意味で、ナポリ大学は、初の国立官僚養成大学とされ、教師主体のパリ大学型とも、学生主体のボローニャ型とも異なる第三の君主設立の大学と位置づけられてきた。もっとも、その中核を構成したのはボローニャで学位をとったシチリア王国出身の法学者であり、反皇帝のロンバルディア都市同盟に参加するボローニャ市とフリードリヒ二世が敵対的な状況にあったことを思えば、政治的に特別な状況でおこなわれた一種の移動といえなくもない。ナポリ大学は基本的に法学部中心の大学で、王権に有用な人材育成をめざしたが、一二三四年、一二三九年、一二五四年、一二五八年と繰り返し再建されるなどなかなか軌道にのらず、結局一二六六年、次のフランス系アンジュー家のシャルル・ダンジューによる再建によってやっと機能するようになった。

### §「万国教授資格」とストゥディウム・ゲネラーレ

このナポリ型に似た大学として、教皇によって同じ頃南フランスに設立されたトゥールーズ大学がある。イタリアでは、一二四四年ないし一二四五年頃教皇インケンティウス四世がローマに設立した大学があるが、こちらもあまりうまくいかなかったようである。ローマには、一四世紀初頭に、教皇によってではなくローマ市によって大学が設立されることになる。

後発の大学の場合、ボローニャやパリのようにストゥディウム・ゲネラーレとしての名声を持たなかったため、そのままでは「教授資格」も地方の枠でしか通用せず、どこに行っても通用する「教授資格」とはいえない。そこで、ナポリ大学やトゥールーズ大学は、どこでも通用する「万国教授資格」を授与するストゥディウム・ゲネラーレであることを自称した。教皇設立の大学の場合ストゥディウム・ゲネラーレであれば、一定期間聖職禄を持ったまま任地を離れて勉学できるとされたこともあり、ストゥディウム・ゲネラーレであることは学生を集めるという点でも有利であった。そのため、一三世紀後半以降は、皇帝ないし教皇による創立特許状を得て「万国教授資格」を授与するストゥディウム・ゲネラーレと呼びうる大学の設立があいついだ。

そうなると、パリやボローニャのような権威ある大学もまた「万国教授資格」が授与できる権限を持つことを求めざるをえないことになった。本来権威ある大学で「教授資格」が認められていればどこでも教えられるはずだが、後発の大学が格上げを図るために授与する権利を求めた「万国教授資格」が一般化すると、単なる「教授資格」ではなく、「万国教授資格」と呼ばれる資格を授与しなければ、実際にどこでも教えるというわけにいかなくなったのである。

一二九一年、教皇ニコラウス四世は、ボローニャ大学に「万国教授資格」授与の権限を与えた。パリ大学も一二九二年に「万国教授資格」授与権を認められており、いわば、一三世紀末になって、大学という組織は、国際的に一つの基準で位置づけられるものとなったのである。

## 3　学都ボローニャ

### §タウンとガウン

一三世紀において、ボローニャの人口は五、六万とされるが、学生は二〇〇〇人ほどいたとされ、この町にとって大きな存在となっていた。一方で騒乱の種でもあったが、法学校の存在は、この町に学都としての名声と多くの経済効果をもたらしたので、都市政府は法学校がずっとボローニャで存続するように働きかけた。一一八〇年に法学者ピッルスがモデナに移るのを阻止しようとして以来、都市政府は教師や学生が他所に移らないことを宣誓するように求めてきた。この宣誓をおこなった法学博士には、どこの出身であろうとボローニャの市民権が与えられた。たとえば、ボローニャ法学研究を代表するアックルシウスは、トスカーナ出身だが、市民権を持っていた。

また、都市政府は、大学の形成過程においては学生たちが学頭のもとで団結するのを阻止しようとしてきたが、時代が下ると、大学関係者のために好条件を整えるようになった。教師や学生は、ボローニャに住みつつも免税特権を持ち、兵役の義務は免除され、優先的に食糧が供給されること、適正な家賃で生活できることを保証された。都市政府は、授業が正常におこなわれることに配慮し、市内で騒乱があった場合には損害を賠償し、市民なみの権利を外国人学生にも認めるなど、教師や学生が他の都市に移らないように苦慮した。それに対して、他の都市側も、教師・学生団が都市の威信を高め、経済的に潤い、人材育成にもプラスになるということで、さらに好条件を提示した。

より著名な教師がいれば、そのもとで勉強したいという学生が集まるため、都市が俸給を用意して、教師を招聘する事例も出てくる。そのため、よりよい条件を求めて、あるいは市内で頻発する騒乱を避けて、教師・学生の移動がみられた。ボローニャですら、このような招聘競争のなかで、一二七九年に著名な法学者グイード・ダ・スザーラを三〇〇リブラの年俸でもって招聘した。都市が教師に俸給を出すことは、都市政府が直接に大学の問題に介入するきっかけともなった。

大学が他の都市に移動したり設立されたりするようになると、本家ボローニャがいかに法学研究にふさわしいかということが喧伝された。その中心となったのが、テオドシウス伝説である。この伝説によれば、皇帝テオドシウスが、ボローニャを再建したがゆえにボローニャは王の町であり、大学もまたその際に設立されたというのである。この説は何の根拠もないものだが、おそらく皇帝フリードリヒ一世がハビタを公布した頃に生まれ、一三世紀初めに作成された（偽書）「皇帝テオドシウスによるボローニャ大学創立特許状」はボローニャ市の文書集にも堂々と収録され、オドフレドゥスなど法学教師にも受容された。この伝説を正当化するためにも、皇帝テオドシウスに結びつく聖ペトロニウスがボローニャの守護聖人として祀られ、やがて司教座聖堂よりはるかに大きいサン・ペトロニオ聖堂が古代ローマ以来の都市域に建立されると、教師も都市の中心機能も一一世紀までの都市の中心であったラヴェニャーナ地区から、この地区に移っていくことになる。ボローニャのラテン語形

Bononiaは、もともと「Bona omnia（すべてよし）」だったという説も、まことしやかに語られた。

## §大学のテキスト

もちろん伝説だけではない。法学校が林立したボローニャは、テキスト入手という点においても他の都市に比べて有利であった。ボローニャでは多くの職人が皮革業に携わっており、羊皮紙作成の技術、材料の面で恵まれていた。一二世紀において、すでに書籍売買の記録があり、一一五五年、ボローニャの教師、学生の代表が、皇帝フリードリヒ一世に会見したときにも、「ここに住むのは、役立つものがいっぱいあって、書籍を読むのに適しているからです」と明言している。都市政府も、書籍入手が容易であるという利点を認識しており、関係者が書物を市外に持ち出すことをしばしば禁じた。

とはいえ、書籍は高価であった。書籍は手書きで作成され、完成までには時間がかかった。盗難の危険も大きかったので、書籍売買はきちんと契約を交わしておこなわれるべきものであり、ボローニャ市では一二六五年に都市政府の記録に不動産などと並んで書籍売買の記録を残すように決めた。この記録によれば、大学の学則によって決められている価格で『学説彙纂』一冊を購入するだけの資金があれば、市内の家一軒が購入できるほどであった。貴族が購入した豪華本となると、その価格は、二倍、三倍となった。

金に余裕がない学生にとって、当初はテキストを借りられる場がほとんどなかったことは問題だった。そのため、高価な書籍をそのまま入手できない者のためには要約本も作られたが、もちろん十分とはいえなかった。もっと役に立ったのは、きちんと書かれた範本《エキセンプラ》を分冊にして貸し出すペキアのシステムであり、大部のテキストを少しずつ筆写するのに便利であった。たとえば、『勅法彙集』は、二八分冊に分けられ、一分冊あたり一七ソルドで貸し出された。一冊分全部を借りると二三リラ一六ソルドになった。このようなシステムは、同じく古い大学として知られるパリにもみられるが、いずれにせよ、多くの学生が集まり、ニーズが高いところで、もともと範本が用意できる条件が整っているからこそ、うまく機能するシステムである。

いわゆる『ローマ法大全』『教会法大全』、それぞれを解釈する際の標準注釈書となっている著作をはじめとして、入門書、実用本などさまざまな種類に及ぶ法学の書籍は、法学に関係する者にとって必要不可欠の「道具」であり、学識者の蔵書の中心をなしていた。中世後期に君主が豪華な蔵書を誇示するようになるのを別とすれば、学識者は教会人と並んで個人的な蔵書を持つ最大の顧客グループであった。

なお、中世を通じて写本にもっともよく用いられたのは羊皮紙ないし牛皮紙であるが、この素材自体高価であったため、一三世紀末以降イタリア各地で製紙業が発展すると、大学関係者も比較的安価な紙を利用することになる。やがて、印刷業が軌道にのると、正確な校訂版テキストの刊行も進むことになる。その意味で、組織体としてあるべき教えを伝える必要がある教会に加えて、学生、大学の教師、法学者はまさしく書籍産業の発展に寄与した。

また、ボローニャの市内各所に教場があり、大学はいわゆるキャンパスと呼びうるものを持たなかったし、長らく大学の本部といえる場所もなかった。教師たちは、古くはサント・ステファノ教会、一三世紀以降は、サン・プロコロ教会やサン・ドミニコ教会、サン・フランチェスコ教会などを使ったり、共同して教場を借りたりして授業をおこなった。大学の本部らしい建物を持つのは、一六世紀半ばになってアルキジンナジオと呼ばれる建物が建てられてからであり、ボローニャ大学が格段に高い名声を誇った時代、ボローニャはまさしく学問の都市であった。そして、その名声は、イタリア都市の文字文化の高さに支えられたものであった。

## 4　法学関係者のステイタス

### §法学者の高いステイタス

ボローニャ型の大学は、何よりも俗人による法学教育に意味がある。なぜならば、アルプス以北では知識人の中心は聖職者であり、学問と教会が強い結びつきを示していたからである。学問の中心は神学であった。一一七九年第三回ラテラーノ公会議において教皇アレクサンデル三世は、神のものである知識を金銭で売買することは望ましくないとして、教育者には聖職禄を与え、「教授資格」の見返りに金銭を受け取ることを禁止した。しかし、ボローニャ型の大学が広がったイタリアでは、法学者は自ら教場を持ち、学生からは授業料をとり、時に必要な書籍の売買、必要な費用の貸与もおこなっていた。法学者のなかには高利貸として非難される者もいたほどである。中世後期になるとアルプス以北においても世俗の学識者が増加するが、それでもなお、イタリアほど多くの俗人が、都市のなかで教育の中心的担い手として活動したわけではなかった。アレクサンデル三世は、聖職者がローマ法と医学を学ぶことも禁止したが、このような実社会につながる専門的教育、とりわけ法学教育こそ、都市条令を制定し、裁判権を行使するイタリアの都市社会で評価された。また、都市自治があまり発達しなかったところでも、イタリアではローマ法の伝統は強く統治に意識されており、法学者のニーズは高かったのである。

法学者自身、通常ローマ法のなかでは法律家と騎士が等値されているので、法律家であることはすなわち貴族であると主張した。アックルシウスは「法学者に特権を与えるのは、法学者が偉大なものに数えられるのにふさわしいからである」「法学教授は、他の教師よりも偉大である」と語り、「高貴な人にして、第一級市民」に位置づけられる法学者は、一二八八年ボローニャの条令において「貴族の特権たる緋衣を着て埋葬されることができる」とされた。

法学は名誉だけでなく、富ももたらした。当時、文字どおり「法は金を与える」という格言があったという。ある風刺作家によれば、「法を知るものは、訴訟をおこして儲ける。訴訟の調停をして儲ける。それからまた訴訟をおこして儲ける」のである。これは風刺であるが、当時さまざまな紛争が調停の対象となったのであり、あながちはずれているとはいいがたい。法学者の場合、裁判官、諮問官を務める以外に、授業をおこない、学業関係のさまざまな事業に手を出しており、うまくいけばアックルシウスのように富を蓄えることもあったであろう。

法学者はさらに権力と結びつく。法学者は時に自らポデスタとして招かれたり、イタリアのみならず、アルプス以北の王侯に招かれて助言を与えたりしたので、「法学者なくして、君主も聖職者も存在しえない」といわれたほどであった。

## § 法学者のステイタスの継承

俗人であり妻子を持つことができた法学者は、しばしばその地位を世襲化したといわれる。『標準註釈』の代名詞ともなったアックルシウスが、きわめて若い息子たちを次々に法学教授としたことは法学教授の地位の世襲化を示す例としてとりあげられる。

しかし、実際のところアックルシウスの息子たちの事例は極端な事例であり、法学者の地位の継承はそれほど容易ではなかったし、法学者になれば誰でも高いステイタスを期待できたともいえない。法学者は他の法学者との競争を強いられ、教場を維持することはかなり難しかった。なかには、教師として宣誓したにもかかわらず、まったく教場を開いた形跡がない法学者もいる。アックルシウスの一族でさえ、政争に巻き込まれたこともあり、三代目はほとんど法学教授としての活動をしていない。

大学生団の要求、また時に数千人に及ぶ追放もありうる激しい都市内の政争のなか、人気教師でも自分の地位を子孫に引き継がせるのは難しかった。さらにいえば、法学者の一族は、法学者としてではなく、都市貴族として支配者の一角に食い込もうとしていくので、代々法学者の家系という家はほとんどみられない。あえていえば、大した家の出でなくても著名な法学者が出ることによってステイタスを上げ、都市貴族に名を連ねることができたといえよう。フランスなどでみられる法服貴族は、イタリアの都市社会にもみられたのである。

## 5　中世後期の大学と社会

### §大学の増加

一三世紀が大学を生み出した時代とすれば、一四、一五世紀は、大学組織が定着した時代である。一四世紀は、大学そのものの数も増えた。イタリアに限っても、ローマ（一三〇三年）、ペルージャ（一三〇八年）、トレヴィーゾ（一三一八年）、ヴェローナ（一三三九年）、ピサ（一三四三年）、フィレンツェ（一三四九年）、パヴィア（一三六一年）、フェッラーラ（一三九一年）、トリノ（一四〇五年）、カターニャ（一四四四年）と数え上げることができる。後発の大学のなかにもバルトルス、バルドゥスが教鞭をとったペルージャ大学のように有名になる大学もあった。一二六〇年に復興したパドヴァ大学には、一四世紀に入ってからもボローニャ大学からの移動があり、一五、一六世紀にはヨーロッパでもっとも有名な大学の一つとして数えられるようになった。

大学の数の増加は、学生数の増加につながる。大学で学んだ経験を持つ者が数多く社会に進出すると、社会において影響力を持つようになった。ボローニャ型大学で最も重要な法学の研究が社会での実践をめざすかたちになっていたことも、その重要性を高めることに役立った。

## §大学の持つ意味の変化

実際のところ、学生は必ずしも学位や「教授資格」を取得したわけではない。一三世紀には、裁判官などの職につくためには大学で五年間学んでいれば十分であり、学位も必要なければ、公証人の場合のような資格試験もなかった。オドフレドゥスは、できの悪い裁判官を「ロバ」と呼んで馬鹿にしたが、前述のように法学を学んでいれば法学者でなくても金をかせぐことができた。まして、中世後期に大学制度が整ってくると、少なくともローマ法学の場合七、八年はしっかり授業に出なければならなくなり、学位を得て「教授資格」を得るためには試験を受け、さまざまな儀式的な行事をこなすことも必要になった。しかし、これにはかなりの金がかかったので、学生は必ずしも「教授資格」、学位を取ろうとしたわけではなかった。

さらに一般にいえば、必要なかぎりの知識さえあればよかった。一五世紀の人文主義者エネア・シルヴィオ・ピッコローミニ（後の教皇ピウス二世）は、ジェノヴァでは「人々は知識欲がほとんどなく、必要最低限しか文法を学ぼうとしないし、他の勉強もあまりやる気がない」と伝えている。この都市では教師との契約書にも「商人が使える文法を」と明言されている。

たしかに、大学は、硬直化したカリキュラムと学問用語としてのラテン語を使い続け、長い勉学の期間と金がかかる場であり、学問をめざす者を意気阻喪させる面があったことも否定できない。学者になるというわけではないが知識を生かしていこうとする者にとって、勉学経験を共有することは重要であった。とりわけ、中世後期は学寮の発達の時代であった。オクスフォード大学やケンブリッジ大学が今もカレッジの体制を維持しているように、あるいはパリ大学文学部がもともとは一学寮にすぎないソルボンヌに結びつけられるように、大学制度の発達に学寮は欠くことができない。そもそも大学制度が確立する以前から、学資に余裕がない学生が共同して下宿することはよくあったし、教師の家に学生がいる例もあった。外来の学生が勉強に専念できる場所の確保は、重要な課題であった。バルドゥスの助言にもみられるように、学生たちは宿舎と教室を兼ねた学寮に寄宿し、若手が舎監の役割も担い、授業をおこなったこともあった。ボローニャに今も残るスペイン人学寮のように、同郷人のための寮が設立されることもあった。このような学寮で生活をともにした学生たちにとって、多くの貴族が名を連ねる大学において、ともに学び遊ぶ学生生活を共有することは特権階級へのアプローチとして有効であった。必ずしも法学者として有名にならなくても、学業を修了しなくても、道は開かれた。大学は都市社会のなかで学識者同士の出会いの場として定着していたのである。

一方、一四、一五世紀には別のタイプの特権的な学問の場が形成される。イタリアの大学が修辞学的な面を発展させなかったのに対して、古代をよみがえらせようとするルネサンスの動きは、人文主義的な教育の場を求めた。マントヴァのヴィットリーノ・ダ・フェルトレなどの人文主義者たちは、古代人のラテン語を完璧に習得したうえで、心身を鍛え人格形成に努める寄宿学校を設立した。グァリーノ・ダ・ヴェローナは、フェッラーラのエステ家に招聘され、ラテン語のみならずギリシア語の徹底した教育をおこなった。ヴェネツィアはもっぱら支配下にある都市パドヴァ大学に子弟を送り出していて、この時期になっても市内には大学を持たなかったが、新たに市内に設立されたリアルト学校、あるいはサン・マルコ学校は、人文主義研究の中心として機能した。

このような大学外の学問の場をつくろうとする動きは、やがて人文主義者が集まるアカデミア、さらに新しい科学や美術などの目的を持つアカデミアという文化サークルにつながることになる。

（山辺規子）

# 第7章　夫婦と親子



## § 家族史研究

家族史研究は、かつての西洋史学界では法制史のなかの狭い枠内でおこなわれていた。しかし、一九六〇年代以降の社会史研究の進展とあいまって、法にとどまらず、社会の実態や人びとの日常生活における家族の姿を再構成する研究が、数多く生み出されるようになった。

本章では、このような一九六〇年代以降の家族史研究の成果をもとにして、イタリア都市社会における夫婦関係、親子関係、子どもたちの成長過程などを、とくに史料と研究が多い中世後期を中心に考察していく。

さて、「家族」という言葉は、今日では夫婦とその子どもからなる「核家族」（家族史の用語では「単純世帯」）を想起させがちであるが、ヨーロッパの歴史を遡っていくと、「核家族」よりも大きな社会集団を指す場合の方がむしろ多い。たとえば、古代ローマ人にとっての家族 familia（英語の family, イタリア語の famiglia の語源）は、「家計をひとつにしている集団」であり、それは夫婦とその子どもに加えて、祖父母やその他の親族、さらには奴隷や家畜をも含んでいた。このような大きな家族の概念は、奴隷や家畜は含まれなくなるとはいえ、中世のイタリアの家族、とりわけ都市の全人口のうちの数パーセントだった上層市民のあいだにひきつがれる。彼らにとっては、「家族」という言葉よりもむしろ「家 casa」が、自らのアイデンティティの拠り所となっていた。

「家族」や「家」とは別に、近年の家族史研究において一般に用いられるようになった用語が「世帯household, fuoco」である。「世帯」はひとつの家屋に居住する親族集団で、中世後期のイタリアでは、とくに税務史料に登場する。税務史料のなかでも著名なものが、一四二七年から一四三〇年にかけてフィレンツェ共和国において実施された「カタスト Catasto」の調査記録であり、これと同名の新しい税制度では、世帯主が自分の世帯の成員と財産、収入、負債などを申告し、この申告に基づいて税が徴集されることになっていた。

したがって、本章では、「家族」「家」「世帯」といった言葉を、以上のような意味で使用したい。

## 1　人口動態と世帯の規模

### §人口動態

中世ヨーロッパの人口は、ゲルマン民族の移動期から六世紀末までは、戦いや飢饉、疫病などのために減少傾向を示し、その後も減少、あるいは停滞の傾向にあった。だが、九世紀以降増加傾向に転じ、一一世紀以降になると、開墾と農機具の改良などによる食料事情の改善によって、人口は飛躍的に増加していった。一四世紀初頭のヨーロッパにおいて一〇万人以上の人口を誇っていた都市のうち、パリ以外がすべてイタリアに属していることからもわかるように、この時代のイタリアは、ヨーロッパのなかでもとくに都市化が進んだ地域だったのである。

ところが、ボッカッチョの『デカメロン』の名高い冒頭で描写されている「黒死病」、すなわちペストが一三四七年にイタリア半島を襲い、その後も一六三〇年にいたるまで、約一〇年に一度の頻度で各地を襲った。そのため、都市によっては短期間に人口が激減したところもあり、各地の人口回復も妨げられていたが、一五世紀半ば以降になると、人口は徐々に回復していった。たとえば、フィレンツェの人口は、一五世紀初頭は約四万人に落ちていたが、一五五二年には約六万人に増加している。また、一三四八年以前の人口が一一万人とされるヴェネツィアでは、一四二二年には約八万五〇〇〇人に減少しているが、一五四八年には約一五万人に膨れ上っている。シチリア島における人口回復はより劇的で、パレルモ、シラクサ、メッシナでは、一五世紀後半に都市人口が倍増したといわれている。この時期の人口増加には、ペストによる死亡率の低下も関係しているが、都市近郊やアルプス以北からの移民が大きな要因となっている。しかし、イタリアのどの地域においても、人口増加がみられたわけではない。ラツィオやマルケ、ウンブリア、トスカーナといった地方のなかでも経済的に不利な丘陵地帯にある都市では、ペストで激減した人口の回復は困難で、シエナでは一三〇〇年ごろ四万五〇〇〇から五万人であった人口が、一五二二年には一万人以下に、グッビオでは一万七〇〇〇人から二万人であった人口が、約六五〇〇人に減少している。

## § 世帯の規模

この時代のイタリアの世帯の規模は、意外に小さい。一四二七年の時点でフィレンツェ共和国内に居住していた約二六万人と、彼らが属していた約六万世帯の申告を収録した先述のカタストの調査研究によると、同年のフィレンツェ市における世帯の規模の平均は、三・八人であり、同市の全世帯の約六〇パーセントは、夫婦とその子どもからなる単純世帯であった。一五世紀半ば以降の人口増加によって世帯の規模も若干大きくなり、一五五二年にはフィレンツェの世帯の規模は五・八人に増えている。ヴェローナでも、一四二五年に三・七人であった世帯の規模が、一五〇二年には五・九人に増加している。生計が豊かであればあるほど子どもの数が増え、世帯の規模が大きくなる傾向はあるものの、一六世紀になっても、単純世帯が全世帯の半数以上を占めていた。たとえば、一五四五年のパルマでは約六五パーセントが、一五四五年のヴェローナでは約七四パーセントが、一五七六年のミラノでは約六三パーセントが、単純世帯であった。

一方、結婚して子どもを持つ兄弟たちが住居をともにしている多核世帯は、都市部よりも農村部に多く見られ、一四二七年のカタストの調査研究によると、農民のあいだでもっとも多い世帯の規模は六人から一〇人となっている。このような傾向が生じる背景には、当時の社会的慣行であった分割相続制によって所有地が分割縮小されるのを避けるために、兄弟たちが結婚して子どもを持っても一緒に住み続けたことや、農作業が子どもを含めて、少しでも多くの人手を必要としていたといった事情があるだろう。

## 2　家を支える諸制度

### ◆法的枠組

中世後期のイタリアには、家族にかんする一枚岩的な法的枠組は存在せず、それぞれの地域ごとに独自の法体系や法的慣行があった。一一世紀以降自治を発展させ、都市国家となっていく北・中部イタリアの多くの諸都市では、法学者が招かれ、民事・刑事の多岐にわたる都市条令が作成された。一方、都市条令を持たない地域では、ローマ法を起源とする慣習法に則って、係争や訴訟などが解決されていた。ヴェネツィアを除く北・中部イタリアと、南イタリアの一部、シチリア島、サルデーニャ島などの地域では、このローマ法に由来する慣習法が法源となっている。

ゲルマン民族の移動の後、イタリア社会に比較的大きな影響を残したのはランゴバルド族であった。六世紀から八世紀までイタリアの各地を支配したランゴバルドの諸王が公布したランゴバルド法の影響力は、中世後期には慣習法や都市条令がより大きな法的効力を持つようになったので小さくなっていったが、男系親族を重んじるランゴバルド法の要素は、イタリア各地の相続慣行に浸透していた。フィレンツェは、イタリア諸都市のなかでも、とりわけ父系制と男系親族を重視する傾向があった都市である。一方、ヴェネツィアやジェノヴァ、ピサなどの海港都市では、このような傾向は比較的弱く、既婚女性や寡婦にも遺言書の作成などをめぐって一定の自由が認められていたが、不動産の相続人となりうるのは、あくまで男子のみであった。

さらに、教会の法として生まれ、聖職者にとっての規定だけでなく、結婚など一般の人びとの日常生活にも影響を及ぼしたものが、教会法であった。教会法の一部が、慣習法のなかに溶け込んでいった地域もある。

以上のような法的枠組を基盤として、中世後期のイタリア諸都市では、公証人が商業取引から相続、結婚にいたるさまざまな契約文書を作成していた。公証人が起草したこのような契約文書や、商人や上層市民が書き残した「覚書 ricordi, ricordanze」は、法とは別に、当時の社会における家族のあるべき姿や実態を今日のわれわれに伝える貴重な歴史史料となっている。

## § 父権

「父権 patria potestas」とは、自分の子ども――とりわけ息子――と直系の男系子孫に対して家父長が行使する絶対的・恒久的な権限であり、中世後期のイタリアの家族をめぐる諸制度のなかで最も重要なものであった。家父長は家のなかの最長老の男性で、法的に自立した存在であった。結婚した息子はもちろん、結婚した娘も、原則としては、生家の父親が死ぬか、父権から解放されないかぎり、父親の権限下にあった。夫が早世すると、妻は生家の父親に従属したが、結婚した娘の子どもたちは娘の父親ではなく、婚家の家父長の権限下にあった。正式な結婚から生まれた子どもは、父親の法的・社会的地位を受け継いだが、当時の出生数全体の約五パーセント弱に相当したと推定される婚外子は、母親の法的・社会的地位を受け継いだ。神聖ローマ皇帝か都市の評議会の承認を得て、婚外子が嫡出子として認められるならば、その子どもには父権が発生することになったが、婚外子が嫡出子として認められることは実際には非常にまれだった。もっとまれだったのは、婚外子を産んだ女性が出産後、子どもの父親と正式に結婚し、婚外子が嫡出子になることだった。また、古代ローマ時代に多く存在した養子縁組は、血のつながりが重視されるようになる一二世紀以降のイタリアでは、ほとんど見られない。

父権下にある子どもの財産権は制限されていた。彼らが第三者と結ぶ契約は、家父長の同意がなければ無効であったし、彼らが遺言書を作成することも禁じられていた。一方、家父長は、子どもたちが母親や親族、その他の人びとから受け取った贈与や遺産を管理する権限を持っていた。息子が自分自身の労働によって得た金品などの利益は、息子自身のものとみなされたが、こうした利益の分配者が父親であるならば、父親は息子に与えられる利益の半分を自らの権利下におくことができた。父権下にある息子が父権に拘束されない唯一の例外は都市の公職への就任で、公職が定める年齢を越えていれば、息子は父親の同意なしに公職に就任することができ、公職に就いた息子は父親と同様に市民とみなされた。

先述のように、父権は父親の死によって消滅したが、子どもが一八歳前後になるとおこなわれた「父権解放emancipazione」によっても、子どもは父権から解放され、息子であれば、父から自立した法的能力を社会的に承認された。父権解放は成人式のような儀式ではなく、公証人が作成する文書によってなされていた。だが、父権解放は子どもが父親から自由になることを意味したわけではなく、父親は、仕事から引退するときや、息子に財産を移譲することによって債権者から財産を守ろうとしたり、また息子が背負った負債や義務の責任を取ったりしたくないといった理由から、息子を父権から解放した。一方、娘にも父権解放をおこなうことがありえた。当時の女性には法的能力が認められていなかったので、父権解放の意味は、息子の場合ほど大きくはなかった。さらに、修道院に入る子どもは父権から解放され、子どもが修道院に入る前に所有していた、あるいはその後も所有することになる動産や賃貸料を管理するのは、父親ではなく修道院であった。だが、このような法的立場とは別に、息子が父親の商社に属してはいるが、父親から離れた場所で仕事をしているといった場合には、息子は父親の同意を待たずに自分の判断で業務をこなす必要があった。こうした法の次元とは異なった現実の状況に合わせてのさまざまな対応にも、目を留めておく必要があるだろう。

家父長は嫡出で未成年の自分の子どもをすべて扶養し、教育することが義務であるとされていた。家父長が死ぬと、すでに父権から解放されていた子どももそうでない子どもも、「遺留分《レジティマ》 legitima」と呼ばれる父の不動産の分与を受けることが保証されていた。子どもは父親を敬い、父親の要求に従い、必要な場合には、両親に食物や衣類、住居、医療を提供することが期待されていた。婚外子は法的には父親の家の成員ではなかったが、法的慣行に従うならば、彼らもまた父親の扶養を受けることとできた。プラート出身の商人フランチェスコ・ダティーニのように、自分の妻以外の女性に産ませた娘を引き取って育てた例もある。だが、実際には、こうした例よりはるかに多くの婚外子が父親に見捨てられたり、捨児養育院に入れられたりしていたようである。一四四五年にフィレンツェに創設されたインノチェンティ捨児養育院では、創設時から四〇年間の入所者六三四六名のうち少なくとも一〇〇七名（約一六パーセント）が婚外子であった。

一般にイタリアにおける父権は、チェーザレ・ベッカリーアが成年に達した子どもに対する父権の行使は不合理で共和主義的な自由の理念に反すると主張する一八世紀まで、家族の結束の主柱として疑問視されることなく固持されたのである。

## § 相続と嫁資

相続にかんしては、中世イタリアの慣習法では分割相続制が原則とされた。分割相続制は、年齢、性別、能力にかかわらずあらゆる嫡出の子どもが、父の財産を均等に受け継ぐことを意味した。しかし、一般には娘は相続から排除され、息子たちのあいだでのみ分割相続がおこなわれていた。娘を相続から排除する理由として、当時の法学者たちは、家の存続は第一に息子たち、次いで男系の親族によって担われており、結婚し他家に移ってしまう娘は、家の存続には関与しないからであると主張していた。このような状況から、一般に親、とくに父親は娘よりも息子を愛し、自分の死後も、息子を通して自分が生き続けるものと信じていた。当時のイタリアでは、夫婦のほぼ四〇パーセントが娘しか持たなかったが、このような場合も娘には相続権がなく、財産は彼女の夫の男系親族に受け継がれた。

だが、当時の社会的慣行では、財産相続から除外される代わりに、娘には結婚時に、父親の富と社会的地位にふさわしい嫁資が与えられることになっていた。父親がいない場合は、父親の兄弟や母親、その他の親族が嫁資を工面する責任を負った。嫁資の授受のない結婚は、当時の社会では、名誉ある正式の結婚とは見なされなかった。したがって、農民や都市の下層民のような貧しい階層であっても、結婚時には最低でも二五リラ（一五世紀フィレンツェの下層の日雇い労働者の一ヵ月の賃金は、平均二〇・八リラ程度）に相当する嫁資の授受がなされていた。嫁資は現金や不動産、公債、衣類などからなり、娘の結婚後は、夫か、夫がまだ父権から解放されていない場合は、夫の父親が嫁資を管理することになった。法のうえでは、夫や彼の父親は注意と配慮をもって嫁資の管理に当たることが義務づけられていて、夫婦の世帯を支えるために、嫁資をリスクのない投資に活用し、そこから利益を得ることが期待された。そして、夫が早世した場合、妻は男性の代理人を立てて、夫の親族に嫁資の返還要求をおこなうことができた。

嫁資の額は結婚の手続きの初期の段階で取り決められ、花嫁が夫の家に移動し、結婚が完了した（新婚夫婦の床入りを意味する）ときに、夫やその父親に支払われた。嫁資が完全に支払われない場合、法的には、夫は妻と生活をともにすることを拒否することができた。嫁資を予定の期日に支払うことは、花婿の家に対する花嫁の家の誠意ある姿勢と見なされたので、上層の家のあいだで時おり起こりえたこのような事態への懸念は、花嫁の家への暗黙の圧力となることがありえた。

このような状況から、とりわけ一五世紀以降は、結婚市場が男性に有利に動き、嫁資が高騰していく。この状況は、娘が多い家にとっては経済的な破綻を招きかねなかった。そこで、上層市民の父親たちは娘のうち一人か二人に多めの嫁資をつけて嫁がせ、それ以外の娘を女子修道院に入れることによって、家の名誉を保とうとした。嫁資の高騰は都市政府の関心事にもなり、フィレンツェ共和国では一四二五年に嫁資基金 Monte delle doti が創設され、娘の誕生時に一定額をこの基金に入れると、七年半後ないし一五年後に二倍以上の金額が嫁資として引き出せる仕組みになっていた。嫁資基金は、娘の結婚が完了した後にのみ花婿に支払われたので、嫁資にかんする娘の父親の経済的・心理的負担を、ある程度軽減したにちがいない。また、貧しい娘への嫁資の支援が、個人の遺言に基づく遺贈によって、あるいは兄弟会などの組織による慈善活動の一環として、頻繁におこなわれていたことも、当時の重要な社会的側面であろう。

以上のような状況をみると、嫁資は娘の財産相続に代わるものであったとはいえ、現代のわれわれの視点から息子と娘とを比較すると、娘の方が法的にも社会的にも不利な立場であったことは否めない。しかし、息子が受け継ぐ遺産よりも高額の嫁資を持って娘が結婚するケースや、父親の仕事を継ぎ、結婚後も父親の家に住み続ける息子は、自分自身が働くことによって父親の財産を増やすことに貢献していたケースもあったという事実から、かならずしもつねに息子が娘よりも優遇されていたわけではなかったこともまた、近年の研究から明らかにされている。

# 3　結婚、夫婦生活、別居

## §結婚

当時の社会では、現代のように恋愛結婚という形態はなく、結婚は家系と財産の存続をはかるための制度であり、家父長が主として同じ身分や社会階層のなかから息子や娘の結婚相手を見出していた。父親が娘に彼女の望まない結婚を強制する場合、教会法の原則としては、娘は結婚を拒否することができたが、結婚の取り決めに娘の意思が反映されることは、実際にはほとんどなかった。結婚が家と家との同盟関係としても機能していた社会の上層の人びとと比較すると、中下層の人びとの方が結婚相手の選択にかんして、一定の自由を享受していたようである。だが、奉公人の結婚や結婚相手は親方や雇い主によって決められる場合が多かったし、そもそも中下層民のあいだでは、夫婦のどちらかが病死や、事故などに見舞われたり、家を出てしまったりすると、家族が離散を余儀なくされることもありえた。また、前節で触れたように、家父長の判断で修道院に入れられた娘も数多くいたし、手工業者や労働者の間では、独身者の割合が高かった。したがって、この時代には、聖職者や修道士、修道女を除くすべての人びとが結婚していたわけではないのである。

教会法では、男女が結婚しうる年齢が、女性は一二歳以上、男性は一四歳以上と定められていた。しかし、実際の初婚年齢はこれよりも上で、一四二七年のフィレンツェのカタストの調査研究によると、女性は同市でも農村部でもほぼ一八歳くらいであったのに対し、男性は、農村部では平均二六歳、フィレンツェの上層市民では三〇歳くらいであった。ヴェネツィアの貴族の間では、他の地域よりも同族結婚が多く、貴族の娘は一四歳から一六歳くらいで結婚した。一般に北西ヨーロッパでは一〇代の花嫁の割合は低く、男女ともに二〇代半ばに結婚する傾向が見られるが、イタリアを含む南ヨーロッパでは、夫婦間の年齢の差は七歳から一〇歳で、フィレンツェの上層市民のあいだでは一二歳と、北西ヨーロッパのケースと比べると大きくなっているのが特徴的である。

さて、今日のキリスト教の結婚式で自明のものとなっている司祭の面前での結婚式は、イギリス、フランス、そしてアルプス以北の他の地域と、教皇のお膝元であるローマでは、当時からおこなわれていたが、中部イタリアでは司祭ではなく公証人の面前で、花嫁と花婿による結婚の誓いが取り交わされていた。誰がいつ結婚するかについての告示がおこなわれた後に、教会において司祭によって二名の証人の前で挙行される結婚式がイタリア全土に定着するのは、トレント公会議（一五四五～六三）以降のことである。

## § 夫婦生活

では、当時の夫と妻の役割は、どのようなものであっただろうか。この時代の西洋における夫婦関係は、周知のように、「夫は妻の頭である」というパウロの教えに基づいていた。妻は夫に従順であり、夫を敬い、夫が選ぶ場所に住み、夫の利益のために働かなければならなかった。「よき妻」とは、夫に対して貞節で従順であり、夫の信頼しうる代理人であった。一方、「よき夫」とは、家の長として愛情をもって妻を気遣い、子どもを養育し、責任をもって仕事と財産とを管理する男性であった。妻は夫に従順でなければならないとされていたために、当時は、従順でない妻に対する体罰が、夫に許容されていた。上層の既婚女性は家内で生活し、奉公人の監督を含む家政の管理や、家事、娘の教育などに従事し、外出するのは教会に行くときだけで、その場合も正装し、少なくとも二人の侍女か一人の男性の親族についていなければならなかった。このような品位や慎み深さといった規範に従う女性が「名誉ある女性 donna onesta, donna per bene」とされ、女性の名誉はまた、夫の名誉や家の名誉にもつながっていた。手工業者や労働者のような都市の中下層の人びとのあいだでも、妻は家内にいるべきだという上層市民の価値観がある程度浸透していたので、このような階層の妻たちは、織布や紡績など家内でできる仕事をすることが多かった。中下層の女性は、上層の女性と比べると外出する機会が多かったが、家の外にいる女性は社会的には「名誉ある女性」とは見なされず、暴力や損害を受けても法的な保護は得られなかった。

法的には、妻は保護が必要な未成年者として扱われていた。イタリアの各地の都市条令では、妻は、夫の許可なしに、契約したり、自分の収入を自由に用いたり、財産を譲渡したり、遺言を作成したり、また埋葬場所を選んだりすることができなかった。しかし、実際にはこのような法令が厳格に遵守されていたわけではなく、慣習として妻には、結婚前に持っていた、あるいは結婚後に得た、嫁資に属さない資産や物品、また家の外で受け取った賃金、賃貸料、利益などを管理し、自由に処分する一定の自由があった。妻が、夫の許可なく債権の購入、財産の譲渡や貸与、贈与や遺言の作成をしているケースは、随所に見られる。再婚しないことを条件として、夫が遺言書で妻を未成年者の子どもの後見人に指名するケースもあった。とくにヴェネツィアの女性は例外的で、彼女たちは、女性が契約を結んだり遺言書を作成したりするにあたって、イタリアの他の地域に存在した制約や禁止から自由であった。ヴェネツィアでは、妻の遺言書の作成に夫が立ち会うのを禁じることによって、夫が妻に何らかの強制を課さないようにという配慮までなされていた。また、ヴェネツィアだけでなく、ジェノヴァやピサのような海港都市でも、契約の取り決めや遺言書の作成などにかんして、女性に一定の自由が慣習的に認められていた。このような海港都市と比較すると家父長制の伝統が強かったフィレンツェでも、一三九三年に創設された、父親のいない子どもを後見する役所 Magistrato dei Pupilli は、夫の遺言書に明記されていれば、寡婦が、亡き夫の財産を管理し子どもを養育する家父長としての責任を果たすことを認めていた。このように、近年の研究によれば、この時代のイタリアの都市社会では、妻や寡婦がかならずしもつねに権利のない状態に置かれていたわけではなく、現実の状況に応じて、法とは距離をおく柔軟な対応がなされていたことがわかる。

さて、当時は多産多死の社会で、結婚した女性は平均して七人から一〇人の子どもを産んでいた。出産の間隔は、たとえばフィレンツェの上層市民の女性では一年九ヵ月、中下層の女性では二年から二年半だった。このようなデータを目にすると、出産が可能な年齢にあった当時の既婚女性は、ほとんどつねに妊娠と出産に明け暮れていたように思われる。だが、子どもの死亡率は高く、子どものうち四五パーセントが二〇歳までに死んでいた。また、この時代の都市では、母親が子どもに授乳するのではなく、住込みの乳母が雇われるか、子どもが農家に里子に出されていた。ペストなどの疫病に加えて、里親による不十分な養育や、スワドリングという乳児の手足を包帯のような白布で包む習慣が、子どもの死亡のおもな原因になっていたのである。また、子どもだけでなく、七〜八人に一人の女性が出産時や産後に死亡していた。当時の女性にとって、出産は命がけの責務であったといっても過言ではないだろう。

## §別居

当時のヨーロッパでは、夫婦関係が破綻しても、離婚は禁止されていた。秘跡としての結婚の不解消性が教会法によって厳格に規定されていたので、夫婦のどちらかが死ななければ、残された配偶者は再婚することは許されなかった。暴力的な夫や妻を扶養しない夫に対して、妻は忍耐することが望ましいとされていた。教会は、重婚、四親等以内での近親婚、性的不能、強制的な結婚を無効とする一方で、配偶者のどちらが姦通、異端、暴力などの罪に陥った場合は、教会による裁判の後に、別居が許される可能性を認めていた。また、配偶者の双方が修道生活に入ることに互いに同意し合っている場合に限って、夫婦関係の解消は認められた。

だが、ローマの教会に対して一定の距離を保っていたヴェネツィア共和国では、結婚は私的な契約であるという考え方が普及していたので、別居の決定は教会ではなく、世俗の裁判所によって下されていた。姦通した夫や暴力的な夫に対して、妻は証人を立てて法廷に訴え、困難な手続きを経た後、別居が可能となるケースもあった。ヴェネツィアではまた、裁判所に訴えることなく、公証人が作成する文書によって、別居の法的手続きがなされるケースもあった。一四世紀のヴェネツィアで起こった一六件の別居の事例を分析している研究によると、こうした訴訟の原因は、夫による妻の虐待や扶養の放棄、あるいは夫の姦通であった。いくつかの具体的な事例を紹介しよう。

一三四三年、ヴェネツィアの司法官giudici del procuratoreは貴族のミケレット・モロシーニに、彼の妻カテリーナとの別居と妻に毎年一定の金額を支払うことを命じている。この別居の申し立ては、カテリーナから出されたもので、ミケレットが悪意にかられて彼女を家から追い出したというのである。カテリーナは、ミケレットが悪意を捨てて礼儀正しく妻を扱わないのであれば、もはや彼と一緒に住みたくはないと、法廷で申し立てた。だが、ミケレットは罵詈雑言を吐きながら、妻との同居を拒否する。司法官はミケレットに、妻に対して三リラ（ディ・グロッソ）の扶養費を毎年支払うよう申し渡した。同時代のヴェネツィアでは、八人からなる貴族の世帯の半年間の食費の合計が一〇リラ六ソルド（ディ・グロッソ）であったので、三リラの扶養費は、一人の貴族の一年間の食費より若干多い金額であったことがわかる。

ジョヴァンニ・ラヴァニャーノと彼の妻マルガリータも、妻に対する暴力と侮辱が原因で別居にいたった。だが、この夫は、一三一九年にしたためられた遺言書において、自分が妻に対しておこなった不正の償いとして、一リラ（ディ・グロッソ）と彼女のすべての衣類を遺贈している。

また、マダルーザは一四〇〇年に自分の兄弟に遺言書を書かせているが、この遺言書によれば、彼女は当時、自分の夫と別居していたことがわかる。別居の理由は、夫が彼女を家から追い出し、悪い女を住まわせて、マダルーザが所有していた物品を我がものにしたという事態にあった。その後、マダルーザは施療院で暮らすことを余儀なくされる。遺言書のなかで、彼女は自分の兄弟に、亡き母の遺品がまだ自分の夫の家に残されているので、取り返しに行くよう悲痛にも懇願している。この別居は法廷や公証人文書によって法的に認められたものではなかったので、マダルーザは嫁資の返還も扶養費を得ることもできず、先述の兄弟から少しばかりの扶養費をもらっていたことが、遺言書からうかがえる。

このような事例が示すように、別居にさいしての妻の立場は弱く、ヴェネツィアでもフィレンツェでも、妻の嫁資は別居後も夫によって保持され、妻は嫁資の平均八〜一〇パーセントを扶養費として毎年夫から受け取ることができればよい方であった。

## 4　子どもたちの生活

### §上層市民の子どもたち

前節で述べたように、この時代の貴族や上層市民の子どもは住込みの乳母や農村の里親に授乳され、養育されていた。住込みの乳母は授乳期間が終わるとその役割を終えたが、農家に里子に出された子どもたちは、平均的には二歳くらい、長い場合は五歳くらいになるまで里子先で養育された。都市では、このような社会の上層の子どもたちだけでなく、中下層の子どもたちもまた、農家に里子に出されていた。子どもの死亡率が高い時代にあって、上層の既婚女性は、家の跡継ぎとなる男子の人数を確保するために、できるだけ多くの子どもを産んで、生まれた子どもを乳母や里親に養育させていたのに対して、中下層の女性は、働かないと生活が維持できなかったために、子どもを里子に出していたのである。

乳母や里親による養育期間が終わった都市の上層の子どもたちは、一般に男子は父親に、女子は母親に育てられた。前者は八歳くらいになると、俗語の読み書きを教える私塾のような学校に通い始め、次いで、ラテン語文法の学校や算術の学校に通った。第4章でふれたように一三四八年のペスト（黒死病）以前のフィレンツェでは、「読むことを学んでいる男子と女子は、八〇〇〇人から一万人。六つの学校で算盤《アバコ》と算術《アルゴリズム》を習っている男子は、一〇〇〇人から一二〇〇人。そして、四つの大きな学校で（ラテン語の）文法と論理学を学んでいるものが、五五〇人から六〇〇人」いたと、『年代記』の著者ジョヴァンニ・ヴィッラーニは記している。このような人数にはやや誇張があるように思われるが、フィレンツェやヴェネツィアのような商業都市に、すでにこうした各種の学校が多く存在したことは確かである。男子だけでなく、女子が俗語の学校に通っていたことも注目される。また、裕福な家の子弟には家庭教師がつけられることもあった。そしてその後は父親や後見人の意向によって、大学に進学したり、父や叔父などの親族が経営する商社や商店などで、商業や金融業などの実務を習得したりしていった。

　男子は、路上での遊びや祝祭などを通じて同世代の仲間たちとの友情の絆を強めた。こうした友人は、青年期には居酒屋などでの遊興を楽しむ仲間となり、各自が家庭をもった後も続いて、生涯の友となりうることがあった。一方、上層の女子は結婚するまで家内でおもに母親によって針仕事や家事を教えられつつ育てられていたので、同世代の友人を作る機会は男子より制限されていた。母親がいない家では、父親は女子を修道院に入れたがり、修道院内では針仕事に加えて、読み書きや道徳教育がおこなわれた。針仕事はとくに、女子が怠慢の罪に陥るのを防ぐための日課となっていた。そして、一〇代の半ばで結婚するか、一二歳か一三歳になったとき、修道女になるための誓願をするかによって、その後の人生が決定された。つまり、男子が結婚までの長い青年期を同世代の仲間たちと享受していたのに対して、女子には「青年期」はなかったのである。

## §中下層・農家の子どもたち

都市の中下層や農家の子どもたちは、幼いころから親の仕事を手伝っていた。彼らの一部は成長してからも親元に留まり、親の家業を継いでいったが、それ以外の多くの子どもは男女とも五、六歳になると、都市の上層市民の家や手工業者の工房に奉公に出された。一四世紀初めのフィレンツェの毛織物製造組合の規約によると、一日の労働開始の鐘が鳴る前に、子どもや徒弟を工房や仕事場に来させることが禁じられている。このような規定があることは、多くの子どもがこの部門で働いていたことをうかがわせる。同市の毛織物や絹などの織物業界での子どもの雇用はふつう一年か二年の短期契約で、賃金は年齢に応じて違いはあったが、一四〜一六歳でも大人の賃金の半額以下であった（一四〜一五世紀の大人の労働者の賃金は一年に平均三〇フィオリーノ、一四〜一六歳の子どもの場合は一二〜一三フィオリーノであった。比較の目安として、一四二七年ごろのフィレンツェでの大人一人の生活費は、一年におおむね一四フィオリーノとなっている）。また、二年契約の場合、二年目の賃金は一年目より二〇〜四〇パーセント高くなった。だが、契約期間が終わる前に、子どもが親元に返されることもまれではなかった。おそらくは、子どもが雇用者の期待に見合うような仕事をしなかったせいであろう。

都市での子どもの徒弟奉公は一般に期間が短く、子どもは毎日自分たちの家から仕事場に通っていた。中下層の貧しい家庭では、子どもの労働は無視できない生計の支えとなっていた。例外として、織布の部門での契約期間は四年から五年と比較的長く、奉公する者の三分の二は、農村出身の七歳から一二歳くらいまでの女子だった。彼女たちは親方の家に住込み、衣と食を賄われ、契約期間の終りに一〇フィオリーノ程度の礼金を得ることになっていたが、親方がさまざまな口実のもとに礼金を支払わないこともあった。また、農村から都市の上層市民の家にやって来て、下女や下僕として長期の家内奉公に入る子どもたちもいた。このような場合も、賃金の代わりに衣と食が与えられた。そして、女子の場合は、契約期間が終わるころ、家の主人が結婚相手を見つけて、少額の嫁資が渡されるといった契約の形態もあった。いずれにせよ、このような階層の子どもたちは、幼いころから働いていて、今日の子どもに対して当然とされているような心身の保護や配慮は、受けていなかったのである。

## イタリアの家族のありかたの特徴

以上のように、中世後期のイタリアにおける家族のありかたにかんしてほぼ共通している特徴は、家父長制のもとでの男子分割相続制と、結婚時に女子に与えられる嫁資の慣行である。当時の女性は法的にも社会的にも自立した人格と見なされていなかったので、つねに男性親族の後見人を必要とした。けれども、本章で考察したように、子どもの後見や遺言書の作成など限られた範囲内ではあったが、当時の状況に即して、既婚女性や寡婦が一定の存在感を公に示す機会があった地域もある。したがって、法の次元とは別に、個々の地域研究をもとに、さまざまなケースをその地域の状況に合わせて検討していく必要があるだろう。また、当時の世帯では、四〜六人からなる単純世帯が全体の過半数を占めていたことも、留意すべきである。ともあれ、当時の家族のありかたは、都市と農村、そして社会階層といったカテゴリーによってさまざまな違いがあったので、このような違いを明確にしたうえで、個別の事例を当時の社会全体のなかに位置づけようとする姿勢が、研究者には求められるべきであろう。

（高橋友子）

# 第8章　生活文化

## 日常生活とステイタス

この章では、中・近世イタリア都市における衣食住の文化を取り上げる。中世から近世にかけてのイタリアの都市に住む人びとが、どのようなところに住み、何を食べ、どのような服を着ていたかという日常生活を垣間見ようというわけである。といいながら、都市によって、時代によって、かなり差があるのも事実である。たとえば、ヴェネツィアやジェノヴァのように海とともにある海港都市と、ペルージャやアッシジのようなアッペンニーノ山脈のなかにある丘陵都市では、住宅のありかたにしても食べるものにしても当然違ってくる。

それでもなお、この時代のイタリアを全体として見渡したときに共通する点がある。

何よりも大きいのは、おそらく都市文化の担い手の中心が北・中部イタリアの都市上層民であることであろう。彼らは、都市の勃興とともに自治の担い手となった階層である。その後も勃興してくる新勢力を加えて少しずつ性格を変えながら、さまざまな意味で都市の方向を決めていった。都市支配者層には、もともと都市に基盤をおきつつ貴族、騎士の称号を得て、他のヨーロッパ諸国の文字どおりの貴族と同じようなライフ・スタイルを持っている都市貴族が含まれており、他国のように貴族と市民との間に明確な線引きをすることはできない。一方、商工業に従事している市民のなかにも、都市貴族と肩を並べて、あるいは都市貴族を凌ぐ力を得ていく者がおり、このように上昇を果たした者は生活レヴェルにおいて都市貴族と大差ない生活をしていた。そして、支配者層の人びとは、中下層の人びとがライフ・スタイルにおいてその地位を脅かさないように奢侈禁止令を出した。奢侈禁止令は都市に住む者の一体性を維持しようとする側面も持っていたが、都市支配者層は、土地から上がる利益、商業活動を通じて得られる富などを用いて、その社会的な地位の高さを見せつけた。ここでは、西ヨーロッパ諸王国のように国王が決める法的な地位ではなく、社会的に認められる地位こそが、第一義的に社会の秩序を決定づけていた。法的には不安定な立場にあったイタリア都市の支配者層は、日常生活のさまざまな面においてより高いステイタスにあることを訴えかけようとした。その結果、衣食住、どれをとってみても、一二〜一六世紀のイタリア都市は、量の面でも、質の面でも、イタリアのみならず、まちがいなくヨーロッパの生活文化をリードする中心の一つとなったのである。

## 1　住環境

シエナやペルージャのような都市を歩けば、まるでタイムスリップしたかのように、「中世」の都市世界にいるような印象をうけることだろう。実際、イタリアでは中世から近世にかけて堅固に建てられた建物が現在も使用されている例がかなりあり、図８‐１のような「中世」を感じさせる町並みは決して遠い存在ではない。しかしながら、第2章でも示したように、実際には中世イタリア都市が成立した頃の町並みは、現在の町並みとはかなり異なっていた。では、当時人々はどのような生活をしていたのであろうか。最近は都市の考古学調査が進められており、中世の街区、家屋についてもその実態が明らかになりつつある。その一端をここで示してみよう。

図8-1　アンブロージョ・ロレンツェッティ《都市における善政の効果》1337-40年

出典　シエナ、市庁舎。

## § 家屋

中世中期、すなわちイタリアの都市が自治権を獲得していく時代、都市には有力家門に属する都市貴族たちの塔が林立していた。現在は中世の塔の大半がとり壊されているので、塔の町として知られるサン・ジミニャーノのように強烈な印象を与える町はあまりないが、たとえば現在も二本の塔をシンボルとするボローニャの場合一〇〇近くに及んでいたと考えられている。中世イタリアの都市はまさしく塔の町だった。このような塔は、中世イタリア都市で頻発した対立抗争の際、一族の力を誇示する象徴とされる。この塔と小窓が切られているだけの要塞のような堅固な建物が、都市貴族たちの地盤の中核をなしており、一族や近い関係にある者がいくつかの家屋を共有しながら集住していた。

都市の自治権が認められ拡大していく一二世紀頃、多くの家屋は木造で、建物の基礎にも木材が使用された。潟《ラグーナ》という地盤が軟弱な場所において土台を固めねばならないヴェネツィアの建物を地下の最深部で支える杭にも木材が使われており、ボローニャの建物の基礎にも木材が使われていたことが知られている。ローマの事例でも知られるように、木造の家屋は移設しやすいという利点があったので、時代が下ってもなお木材は使用された。

時代が下ると、多くの都市では、公共建造物に続いて、一般の家屋を建設する場合にもレンガや石が使用されるようになった。都市の中心部では家屋は道なりに連なっていて、しばしば道路の上の空間を利用するために上部が張り出していた。このように張り出している上部を支えるために、回廊が作られたり、建物の強度を高める努力がなされたりした。

新しく都市にやってくる貧民にとって、都市に住むということは、劣悪な環境に我慢するということを意味した。新来者は木造の小屋か、高い建物の屋根裏部屋の一、二部屋に肩を寄せ合って住んだ。どれほど家族がいようとたいていはベッドも共有で、プライバシーはまず期待できなかった。有力者のもとでもっとましな暮らしを期待できることもあったが、おそらく貧民は特定の地区に固まって住んでいた。少なくとも一五世紀のフィレンツェではこのような住み分けが進行していた。

職人などの中間層は、複数の部屋からなるもう少しましな家屋に住んだ。彼らは、自分で保有している場合もあったが、有力者が所有する貸家を借りる場合もあった。このような家屋は、道路に面する間口は狭いが奥行のある短冊型の構造をもっていた。一階は通りに開かれた店舗や作業スペースと、中庭、裏庭に続く通路と共同の収納スペースになっており、二階以上が居住スペースにあてられていた。台所がついている場合もあったが、排煙の問題もあり、最上階が台所とされた例もみられる。

最上層の都市民の家屋は、要塞のような建造物から、空間がきっちり確保され、生活の場として意識されるような館《パラッツォ》に変わっていくことになる。地域によってかなり差があるが、外壁に美装が施され、玄関などに大理石が使用されたり、アーチがつくられたりして、外観の美しさが意識されるようになる。さらに一四世紀後半から一五世紀になると、既存の館は、増築、改築されたり、近隣の建物と一体化したりすることで、より大きく、より豪華な建物に変わっていく。この頃にフィレンツェで書かれた財産目録からは、三、四階建の建物で部屋数は三〇を数え、中庭を持ち、一階を店舗として貸し出していた館もあったことがうかがえる。

一五世紀半ば以降フィレンツェで建設された建物は、伝統的な館とは異なる性格を持つようになる。メディチ家やルチェライ家が建てた独立した壮麗な大建造物は、大きな中庭を持ち、美装された壁と玄関と窓があるのみで、店舗が通りに向かって開かれることはない。同じパラッツォでも宮殿と呼ぶのにふさわしい印象を与える。もっとも新しいタイプのパラッツォは、必ずしも部屋数が多いわけではなく、外見を優先したために居住性が急速に向上したわけでもない。

実際のところ、古代の劇場や闘技場が手を入れられて家屋として利用されたローマのような事例は特殊だとしても、都市貴族が住む建物は、古い時代に建てられたものと新しく建てられた建物が混在し、複合的建造物になっている事例も多かった。そして、建物の構造全体にも個々の部屋にもしだいに手が加えられて、さまざまな家具が置かれ、より住みやすいものにされていったのである。

## 居住性

部屋は、居間と寝室があるのが基本であった。とはいえ、この二つの使い分けは必ずしも明確ではなく、時にはベッドで客のもてなしをおこなうこともある一方、居間で寝る例もあった。

上層市民の家では、前述のように多くの部屋があり、さらにニーズに応じて収納のためのスペースや書斎など一定の目的のための部屋も付け加えられるようになった。

大きな課題となったのは、火の使用であった。木造の場合はもちろん、建物が密集しているなかで火事を出さないようにしなければならない。そのうえで限られたスペースで排煙しながら、うまく暖をとったり料理をしたりするために火を使用しなければならなかったのである。古い時代には中心部分に囲いのない床炉がおかれた。これは暖をとるには便利だが、自由に使えるスペースが減り、排煙も難しかった。そこで炉は壁際に移された。まずは壁に穴を開けて、後には煙突をつけて排煙をした。しかし、どの部屋にも暖炉をつけるわけにはいかなかったし、また同じ部屋のなかでも火から遠いところは寒いために、熱した石や石炭などを入れた鍋や熱湯を入れた容器でなんとか暖をとっていた。

もう一つの課題は、水の入手である。大きな家屋なら専用井戸があり、共同して使用可能な井戸もあったが、多くの場合水を汲みに行く必要があった。とくに川のないところでは、都市政府も、市民が使える運河、泉などの水汲み場を整備した。それでも水を運ぶのはかなりの重労働であり、洗い物をするならむしろ洗うべきものを水作業の場に運び、人びとが肩を並べておこなう方が普通であった。屋根裏の台所を使うことが重労働であったことはいうまでもない。

家のなかにある基本的な家具は、ベッド、テーブルに椅子ぐらいだが、貧民にとってはこれも一財産で、しばしば家具も借りた。新婚の夫婦にとっては、まずはベッドを持つことが重要であった。貧民は、一つのテーブルを食卓にも作業台にもどんな目的にも使用した。資産に余裕が出てくると、「もの」が増えてくる。当時の財産目録や遺言書をみれば、さまざまな意匠をこらした服はもちろんのこと、シーツやタオル、鍋や調理器具、裁縫道具なども言及すべき「財産」であったことがうかがえる。こわれた陶器でさえ、まだ使えるものなら、財産目録に登場する。上層市民の家にはこのほか宝飾品、書籍、楽器やゲーム類、調度品、芸術品などがあり、さまざまな娯楽があったことがうかがえる。

「もの」が増えることにともなって、収納家具も増え、その質も向上した。たとえば支配者層のパラッツォならば衣装ダンス、シーツ類を入れる棚、本棚や文書箱、貴重品を入れておく金庫や宝石箱、食器棚、調理器具棚、場合によって武器庫などさまざま種類の収納庫があったことが知られている。

人びとは遊んでばかりいたわけではない。聖母マリア像などがある家も多く、宗教的な像が一定の位置を占めていたこともまた知られている。

## 2　食文化

### §食の中心　パンとワイン

中世の慣用句に「人間はワインを飲み、パン、そしてパンとともに食べる「そのほかのすべてのもの」を食べて生きる」ということばがある。肉料理にせよ魚料理にせよ野菜にせよ、おかずを指す名辞としてコンパナギウム Companagium（「パンとともに食べるもの」の意）が一般的になるのが、都市の成立期であった。一方、「パンをともにする集まり」がコンパニウム Companium であり、それがカンパニー company になる。文字どおり、パンは食の中心であり、人びとが集まって食べる場の主役だった。そして、都市民は、パン、とりわけ良質の小麦から作られる白いパンを求めた。

実のところ、小麦はそれほど生産性の高いものではない。しかし、農業生産の発展をみた中世中期には全体の作付面積が増えたこともあり、ニーズの高い小麦の生産が増え、市場に出されるようになった。農村ではあいかわらず野菜と大麦、キビやモロコシ、アワなどの雑穀中心の食であるのに対して、都市市場は明確に小麦志向であり、飢饉に備えた備蓄の対象となったのもまずは小麦であった。フィレンツェやヴェネツィア、ジェノヴァなどでは都市近郊から持ち込まれる小麦だけでは足りず、かなり遠くからの輸入に頼ってでも小麦を求めた。不作の年でも可能なかぎり小麦が求められていた。

もちろん都市民なら誰でも白いパンが食べられたというわけではない。雑穀によるパンや、雑穀とマメやクリなどを挽き合わせてつくった粥《ポレンタ》を食べていた都市下層民や農民も多い。しかし、家畜の飼料ともなる雑穀はできれば避けたいものだったのに対し、ステイタス・シンボルたる白いパンはつねに求められるものだった。できるかぎり白いパンを求めるために、食費のなかで穀類が占める割合は、下層に行けば行くほど大きかった。食費に限りがあっても、パンを手に入れるための出費は削れなかったのである。

イタリアにおいて、パンの傍らにあるべき飲料はワインである。地中海沿岸においては、古代からもっとも重要な飲料はワインであったし、中世においては、カトリックの聖体拝領の秘跡でキリストの血と位置づけられたワインは、その重要性を増していた。ブドウは生活圏近くで作付け可能なところではどこでも栽培され、フィレンツェの一人あたりの平均年間消費量は二六〇～二七〇リットルに達し、ボローニャの中世後期の一人あたりの平均消費量は現在の消費量の三倍から四倍であったと試算されている。このように中世イタリア人は、現在のイタリア人以上にワイン好きだった。もっとも、社会的ステイタスの格差はワインを飲むときにもみられる。より強い赤ワインは支配者のものであり、貧しい者は、軽いワインや、ブドウを搾る時に出る搾りかすに水を加えたピケットを飲んでいた。産地や品種で差があるのはもちろん、安定して熟成させることができなかったので、ワインの味は変わりやすく、香りがよく風味のある評判の高いワインはまさしく支配者のものであった。

## § 多様な食材

イタリアの食は、アルプス以北に比べて、多様な食材でも特徴づけられる。

古来、もっとも重要な油はオリーヴ油で、南部、とりわけプーリャ地方ではオリーヴが大きなウェートを占めていた。しかし北の地方ではそれほど多くが栽培されたわけではない。オリーヴ油は一種の奢侈品的性格を持っており、オリーヴ油が手に入れられない階層の人々はラードを用いた。

肉もまた、ステイタス・シンボルであった。

強さを誇示したい貴族にとって力を連想させる肉は、食の基本であり、都市支配者層はその貴族のライフ・スタイルに従ったのである。とりわけ特権的な行為である狩猟によって得られる肉は、評価が高かった。これに対して、貧民の食は、マメ、野菜類を中心としていた。マメでいちばんよく食べられたのはソラマメである。ニンニク、タマネギ、洋ネギ、カブやキャベツなどが貧民の食として位置づけられた。ただ、肉食に走っていた他のヨーロッパ貴族と違うのは、このようなマメや野菜が、メインディッシュの付けあわせとして、上層市民の食卓にも並んだことであった。マメ、野菜、根菜、キノコ類を適宜あわせていくことで、イタリアではヨーロッパのなかでもヴァラエティに富んだ食生活が営まれるようになった。

イタリアの食が豊富なのは、イスラーム世界から影響を受けたことも関係しているに違いない。コメ、サトウ、ホウレンソウ、ナス、スイカ、アンズ、柑橘類などの食材が入ってきたか、あるいは定着した。

イタリア料理を代表するパスタも、しばしばイスラーム世界と結びつけられる。パスタの起源については諸説があるが、パスタの起源を問うときには、どのようなものをパスタと呼ぶかをまず定義しなくてはならない。水か卵で小麦粉をこねてすぐ調理する生パスタは、ローマ帝国でも知られていた。一方、ある程度乾燥させて保存できるようにした乾燥パスタの製法は、アラブ起源だとも言われる。はっきりしたことはわからないが、少なくとも一二世紀のアラビア語の地理書によれば、シチリア王国にトリイと呼ばれるパスタをつくる製造業が存在した。一三世紀に入ると、パスタは、南部のナポリとならんで、とりわけパスタを北部に紹介する役割を果たしたジェノヴァと結びつけられるようになる。ジェノヴァは、保存に適するため航海用食料となる硬質小麦を大量に輸入していたが、この硬質小麦、のちには粗挽き硬質小麦であるデュラム・セモリナがパスタ製造に用いられることになる。一三世紀半ば以降、パスタはまだイタリアの国民的食材とは呼べないとしても、イタリア各地で麺状のパスタをはじめとして、さまざまな形のパスタが作られるようになった。

イスラーム世界との交易は、さらに東方の香辛料の流入につながる。古代には圧倒的にコショウに関心が集中していたのに対して、十字軍時代の東方との交易は、コショウのみならず、ショウガ、シナモン、クローブなどさまざまな香辛料が、大量にイタリアへ、イタリアからさらにヨーロッパ各地にもたらされた。このような香辛料をふんだんに使えるのは、都市上層民だけだったが、香辛料は東方に対する夢をふくらませた。

さらに、当時の認識では、香辛料は消化に役立つとされた。「熱い」性質を持つ香辛料は、胃のなかで燃えて消化を助けるとされたので、香辛料は調味料としてだけでなく、おつまみのようにも使われた。中世後期において、実際に香辛料がどの程度使用されたかははっきりしないが、健康によい夢の調味料である香辛料を、好きなように使えることは、あこがれの的であり、ステイタス・シンボルであった。

一般の香辛料と並んで、求められたのがサトウである。北方の史料ではサトウに触れられることがめったにないのに対して、地中海沿岸ではサトウキビが栽培されるようになっていたうえに、甘味、あるいは酸味とあわせて甘酸っぱい味が好まれたので、サトウを求める傾向は強かった。もっとも、サトウキビから取れるサトウは少量だったので、甘味をつけるために干ブドウや干イチジクといった乾燥果物、そして何よりもハチミツが用いられた。やがて、香辛料にとってかわったサトウは「高級」料理に大量に用いられるようになる。

## §中世後期の食

一二、一三世紀からの経済成長、そしてそれにともなう都市の発展は、一三世紀末から深刻な停滞状況に陥る。人口増加と食糧増産のバランスは崩れ、繰り返し飢饉が発生した。そこにペスト（黒死病）が追い討ちをかけ、人口は著しく減少した。

ペストの流行が一段落すると、人生を楽しみたい、宴会を楽しみたいという欲求が復活し、さらに顕在化した。一つの大きな特徴は、肉の消費量が増えたことである。しかも量が増えただけでなく、それまで豚肉が中心であったのに、羊肉や牛肉が市場に出回るようになった。「新しい肉」への志向がみられるようになった。農民の肉消費量さえ増えたといわれるが、豚肉、それも塩漬けの豚肉を食べる貧民に対して、上層市民は、新鮮な肉、流行の「羊肉」や値段が張る「牛肉」を食べることで差異化を図った。

さらに価値があると考えられたのは、鳥類である。空を飛ぶ鳥類は、より「天」に近い存在で、軽くて白い「肉」が好まれた。とくにヤマウズラやキジのように狩猟の対象となる鳥類は、貴族の特権に属するものであり評価されるものだった。逆に、「地」の要素に結びつけられるものは価値が低かった。土のなかにある部分を食べる根菜、地上近くにある野菜は下層の人びとのものというわけである。

食物が食べる人のステイタスを示す。逆に、ステイタスにあった食をとるべきとされる。身分が高ければ、より多くの料理を食べられる。より価値のあるものを食べられる。いろいろな種類のものを食べることができる。それは人びとにはっきりと印象づけられるべきだと考えられた。そのため、奇をてらった大がかりな宴会や、見せびらかすことを目的とした食の工夫がなされた。すでに一三世紀に年代記作者サリンベネ・ダ・パルマは「身分が高いがゆえに、貴族は庶民よりも食べることと装うことを気にかける」と語っているが、このような食に対する姿勢がよりきめこまかく体系的に取り上げられるになったのである。中世後期に料理書が登場し、食事のマナーを語る書物が出るのも、このようなイデオロギーを背景に、差異化を図る傾向の一つの現われであろう。その結果として、イタリアの食は、ヨーロッパの食の革新をもたらした。材料、分量、料理時間、調理法、調理器具などを示した『料理術の書』（一四六〇年頃）を著したことにより、最初の有名な料理人といわれるコモのマルティーノ（親方《マエストロ》）、ヨーロッパ各国で版を重ねることになる『適度の楽しみと健康について』（一四七五年）を著した人文主義者プラティーナ（本名バルトロメオ・サッキ）、『料理法大全』（一五七〇年）を著したバルトロメオ・スカッピなどは、その後のヨーロッパの食に大きな影響を与えることになる。

これに対して、貧民は、「チーズの山からマカロニがころがりおち、ソーセージが飛び出る。ワインが流れる川のかたわらには、果物がたわわに実り、好きなだけ食べられる」ことを夢見た。何もしなくてもいろいろなものを食べられる世界こそが夢の楽園であった。

（山辺規子）

## 3　服飾文化

### §「人間の気狂いじみた発明」

卓越した技法を示す絵画作品と自然学研究で知られる、比類なき「万能の天才」レオナルド・ダ・ヴィンチ。その彼が巷にあふれる流行の装いにいかなる視線を注いでいたかを示す興味深い一節が、愛弟子フランチェスコ・ダ・メルツィが師の膨大な手記から抜粋して編んだ『絵画論』と呼ばれる書にある。レオナルドは、画中の人物には、その年齢と品位に見合った着衣がふさわしく、流行の服を着せることは避けるべきであると説き、その流行――曰く「人間の気狂いじみた発明」――を回想する。

子どものころ、男も子どもも大人も誰も彼もが、衣服の端という端、頭はもとより足から脇腹に至るあらゆる箇所にフラッパ（縁飾りの一種）をつけているのを見たことを覚えている。当時はフラッパがたいへんすばらしい発明のように思われていたので、そのフラッパにさらにフラッパをつけ加えたり、同じようにフラッパのついた頭巾や靴や頭巾帽を身につけたりしたのである。このようなフラッパは服の主だった縫い目からさまざまな色で飛び出していた。その後、わたしは靴や帽子、巾着、攻撃用に携帯する武器、衣服の襟、上衣の下端、服の裾、しまいには自分を美しく見せたいとおもう人の口元に至るまで、長く鋭く尖っているのを見た。また、ある時には袖を大きくし始め、ついには各々の袖が服そのものよりも大きなものとなってしまった。次いで、衣服を頸のまわりに引き上げる流行が始まった結果、とうとう頭がすっぽり隠れるまでに至った。そうかと思うと、そのあと、頸をあらわにするのが流行り始め、肩を覆うことがなくなったため、衣服を肩で支えることができなくなってしまった。次いで、服を長くするのが流行ったので、人びとは足で服を踏まぬように、いつも両腕で服をたくしあげねばならなかった。次に脇腹と肘までしか服をまとわぬという極端に陥った。しかもそれはおそろしく窮屈で、人びとはそのため非常

図 8-2　作者不詳《パリスの審判》（部分）
出典　1430年頃、フィレンツェ、バルジェッロ国立美術館。

図 8-3　ドメニコ・ヴェネツィアーノ《マギの礼拝》（部分）
出典　1440-43年、ベルリン、国立美術館。

な苦痛を強いられ、たいていの人はその下の方を裂いたものである。足もひどく窮屈で、足の指は互いに重なり合い、たこだらけになってしまった。

むろん多少の誇張はあるにせよ、この記述がおおむね事実であったことは、一五世紀半ばの多くの絵画作品から確かめることができる。たとえば、作者不詳の《パリスの審判》（図８-２）では、三人の女神がたくさんの奇妙な縁飾りのついた長い裾をもつ服をまとい、ドメニコ・ヴェネツィアーノの《マギの礼拝》（図８-３）には、鳥の餌袋状の、まさしく「服そのものよりも大きな」袖をつけ、脚の線をくっきりと際立たせてしまうようなぴったりとした靴下をはいた男たちの姿がみられる。

レオナルドはこれらの奇抜な衣裳を、描かれるべき人物の本質から目をそらさせてしまう、いわば「余計な付属物」として非難しているのであるが、同じものをまったく別の理由で攻撃する者もいる。

汝はフラッパをつけている……。フラッパ、ああ！　父よ、母よ、仕立屋よ、汝等が布をいかに台無しにしているかということに気づいているかどうか、私は知らぬ。だが、このように言うことはできる。「この親にしてこの子あり。」私はかつてフラッパのついた一六ブラッチョ（約九メートル）の布でできた服を見たことがある。……しかしこんなにたくさんの布を無駄にして、汝が犯している罪を考えたことはないのか。

巧みな弁舌で民衆の支持を集めたフランチェスコ会士ベルナルディーノ・ダ・シエナは、つねづね人間の虚飾、とりわけ流行を追い求める女性に対して執拗なまでに攻撃を繰り返した。彼の口からは宗教家らしからぬほどたくさんの服飾用語が飛び出してくるのだが、とりわけシエナのカンポ広場における一四二七年九月二三日の説教「この世のあらゆる物事はいかに空しいか」では、先のフラッパに加え、大袖、引き裾などの悪を説く。聖人は言う。

わたしは裸で母の胎を出た。また裸でかしこに帰ろう（「ヨブ記」第一章二一節）。

しかしこの清貧と禁欲の呼びかけが、すべての人びとに装いの愉しみを捨てさせるほどの力を持つものでなかったことは、あらためていうまでもあるまい。

## 女性と役人の戦い

イタリア人に、このような装いに対する過剰なまでの欲求がみられるのも無理はない。イタリアは、服飾産業の基盤たる染色、織物の分野では、疑いなくヨーロッパのなかでも最も進んだ国のひとつであったからである。染色に関しては古代ローマの伝統を受け継いだのみならず、ビザンツ帝国の技術も取り入れ、ヴェネツィアやフィレンツェで発展する。ちなみにヨーロッパの古い染色技術を知ることができる現存する最も重要なマニュアルは、この二都市の職人によって書かれたものである。また毛織物産業についても古代以来の伝統があり、絹織物産業はシチリアに、ビザンツ帝国の支配下にあった八世紀、もしくは九世紀以降のアラブ支配時代に導入される。さらにオリエント――中近東、遠くは中国からの高級な織物が、ヴェネツィアをはじめとする海港都市に続々と到着し、イタリアはこれらの商品を自国で加工するのみならず、内陸国に運ぶ中継地点としても栄えたのである。

豊富な素材を用いてつくられる贅を尽くした服装や装飾品の流行は、風紀の乱れを取り締まり、人びとのあいだの目に見える格差をなくそうとする各都市の政府にとってきわめて頭の痛い問題となった。『イタリア服飾史』全五巻の著者ロジータ・レーヴィ・ピセツキーによれば、イタリアで最初の奢侈禁止令が発布されたのは一三世紀であるという。そしてその数は、知られているものだけでも一三世紀には五四、一四世紀には一〇一、一五世紀

図8-4　アンブロージョ・ロレンツェッティ《都市における善政の効果》(部分)
出典　1337-40年、シエナ、市庁舎。

には八三、一六世紀には一六九にまで跳ね上がる。それらは高価な織物や毛皮の使用、衣服の極端な配色、切り込み飾りなどの装飾、金銀・宝石・真珠を使った装身具に至るまで、制限・禁止すべき物品をじつに事細かに列挙している。

しかし、絵画作品にあらわされた服装を見ればわかるとおり、法律すらも着飾ることを喜びとする人びとの前には有名無実であった。シエナ派の画家アンブロージョ・ロレンツェッティの《都市における善政の効果》(図8-4)には、色とりどりのギルランダ(花冠)をかぶり、トンボのような虫や幾何学モティーフ等の文様のある衣服や色分け服の裾を翻し、つま先の尖った靴を履いて踊る娘たちの姿が優美に描き出されている。

またフランコ・サッケッティの小話集『三百話』(一四世紀末)第一三七話には、過剰な装飾品を取り締まろうとする役人とフィレンツェ女性との攻防が面白おかしく語られている。すなわち頭巾についた切り込み飾りのある垂れ布を見とがめられると、婦人はすかさず、これはギルランダだという。たくさんの飾りボタンを注意された婦人は、ボタンではなくてコッペッラ(凹状のボタンの一種)だと屁理屈をこねる。さらに毛皮の中でも最も高価なアーミンを身につけていた女性は、これはラッティィッツォ（イタチ科の動物）だといって追及をかわす。結局、役人は法律を忠実に施行することを投げてしまい、彼女たちのなすがままにまかせたという次第である。娯楽の少なかったこの時代、自分たちの着飾る愉しみをあくまで守り抜こうとする女性の当意即妙の切り返しには、ある種の小気味よささえ感じられる。

## § 「モードの中心地」イタリア

効果はさほど上がらないにもかかわらず、奢侈禁止令はイタリア全土で濫発され続ける。しかし一六世紀になると、幼少のレオナルドが目にしたような珍奇な流行は影をひそめ、相変わらず高価な織物や宝石が使われているために取り締まりの対象になっているにしろ、より「品位」の感じられる衣裳が多くの肖像画のなかに見受けられるようになる。たとえばブロンヅィーノ工房の描いたイザベッラ・デ・メディチは、襞のついた白い襟に、袖部分に切り込み飾り、全体に真珠が縫い込まれた黒い衣裳に身を包み、真珠のベルトを締め、やはり真珠のあしらわれた小ぶりのかぶりものをつけている。たくさんの真珠で飾られているにもかかわらず、全体が黒と白で統一されているためか、落ち着きのある美しさをたたえており、ここには上流階級の装いにありがちな「嫌味」のようなものは感じられない（図8-5）。

このような装いに反映されている一六世紀イタリアの美意識をあますところなく伝えてくれるのが、カスティリオーネの『宮廷人』（一五二八年）である。ウルビーノの宮廷を舞台に四日間にわたって繰り広げられた、理想の宮廷人についての対話の形をとるこの書には、頻繁に「優美 grazia」という言葉があらわれるが、これこそこの時代を読み解く重要なキーワードのひとつである。宮廷人にふさわしい着こなしを問われた登場人物の一人フェデリコ・フレゴーゾは、慣習に外れたものでなければ、どのようなものを着ても構わないと答える。しか

図 8-5　ブロンヅィーノ工房
《イザベッラ・デ・メディチ》

出典　1560 年頃、フィレンツェ、パラティーナ美術館。

しフランス風は仰々しすぎ、かといってドイツ風はつまらなすぎると述べ、そういった極端なものよりは、「イタリア人によってよりよいかたちに変えられ、手直しされた」服装が望ましいという。そして衣裳に、他の色にもまして「優美」を持たせる色は黒だというのである。

　貴族のまとう色はといえば、従来、最も染色費がかかり、かつ最も美しいとみなされてきた赤であった。したがって右の発言は画期的なものであるといえる。もっともかつては喪の色としてしか扱われていなかった黒は、すでに一五世紀にはブルゴーニュ、次いでスペイン宮廷など、ヨーロッパ各地で好んで着られるようになっていた。イタリアでこの色の評価が高まったのも、周辺諸国の新しい流行を無視できなくなったからだといえるかもしれない。さらにフェデリコの言葉からは、両極端に走る隣国の服装をそのまま取り入れるよりは、イタリア人の感性を尊重すべきであるという作者自身の思いも読みとれる。とかく「都市」への帰属意識ばかりが強いといわれる彼らが、「イタリア人」としての誇りを前面に押し出し、その着こなしに自信をのぞかせているのである。

　アレッサンドロ・ピッコローミニの『ラファエッラ、あるいは女性の良き作法についての対話』（一五三九年）

は、イタリア人の服装におけるこのような美意識が、より具体的に論じられている。シエナの熟女ラファエッラと若妻マルガリータとの対話によって女性としてのたしなみと恋愛作法を説くこの書には、服飾品の選び方や化粧品の調合法など、当時の婦人にとって実際に役立ったと思われる情報が数多く含まれているが、ここにもカスティリオーネの論と重なり合うものがみられる。ラファエッラは、役人や聖職者が見とがめる宝石類を頭ごなしに否定するようなことはなく、「ほどよく」身につけることを勧める。その一方で首の詰まるようなタイプのカミーチャ（上衣の下につける衣服）は、「フランスかぶれの」流行だといって排除する。何事にも「中庸の道」を説き、わざとらしさを避け、さりげなさを見せるべしという…。

「優美」「中庸」「さりげなさ」――イタリアのモードはそれらの美徳をすべて兼ね備えたものなのだと、当時の識者は口を揃えて言う。そのような自負は、世界各地の服飾を図版入りで紹介したチェーザレ・ヴェチェッリオの『古今東西の服装』（初版一五九〇年）などにも垣間見える。ヴェチェッリオは、イタリア諸都市、とりわけ彼が活躍したヴェネツィアの流行を誇らしげに語り、最も頁を割いている一方で、当世のフランス男性の奇抜な服装、東欧や北欧、果てはアジアやアフリカの服装については好奇の目を持って――時としていささかの揶揄を込めて書き記しているのである。かくて次の世紀にフランス・モードの流れが本格的に押し寄せてくるまで、イタリアは「モードの中心地」を謳歌する。

（伊藤亜紀）

# 第9章　教会と聖人崇敬

## § 日常のなかのキリスト教

ルネサンス文化が芽生え、花開いた一四、一五世紀のイタリア都市社会において、教会や信仰はどのような状況にあったのだろうか。教皇権を中心に教会史を振り返るならば、この時代は、一四世紀に生じた約七〇年に及ぶアヴィニョン教皇庁時代に続き、同世紀末から一五世紀前半にかけて教会大分裂（シスマ）と公会議首位説の隆盛が見られた後、これらの危機を乗り越えた教皇が世紀後半以降に世俗君主化を進展させるという変動の時代であった。けれども、日常の信仰生活に目を向けるならば、中世の一〇〇〇年間にゆっくりと社会に浸透したキリスト教信仰が成熟し、人びとの生活文化のなかで豊かな実を結んだ時代でもあった。当時の人びとの信仰は、近代のそれとは異なり、内面と外面、聖と俗、公と私が入り交じったものであったが、こうした信仰心の昂揚が中世末のヨーロッパ各地で生じ、そして、そのおもな舞台が都市であったことは、すでに広く知られている。イタリアも決して例外ではない。というよりもむしろ、他地域に較べてはるかに高度な都市社会を築いたイタリアでは、いっそう強くその現象が現れたといってよい。

イタリア・ルネサンス社会というと、かつてはルネサンス文化の人間中心的で世俗的、異教的な要素と、来るべき宗教改革に先行する教会の危機的状況がしばしば強調されたが、ルネサンス文化がキリスト教信仰と対立するものでないことは、ルネサンス芸術の圧倒的多数がキリスト教的な主題に基づいていることを指摘するだけでも十分であろう。また、教会の危機的状況といわれるものについても、たとえば聖職者の質が前の時代に較べて劣化したということはない。聖職者批判は高まったが、それは、人びとの間で彼らに対する期待や要求が増したためでもあった。

一九八〇年代以降、イタリアのさまざまな都市について人びとの信仰心や信心業に関する実証的な研究が本格化し、当時の人びとの多様な信仰生活が具体的に知られるようになってきた。この章では、そのなかでも研究蓄積の厚い北・中部イタリアの主要都市の事例を引きながら、イタリアでとくに顕著に見られた都市と教会の緊密な関係を概観し、さらに日常の信仰生活や信心活動を紹介した後、それを具体的によく示すものとして聖人崇敬を取り上げ、この時代特有の教会と信仰のありかたを探っていくことにしたい。

## 1　都市と教会

### § 司教座の伝統

イタリアの都市を歩くと、まず目につくのは街の中心部にそびえ立つ大聖堂の姿であろう。フィレンツェやミラノの大聖堂などは日本でもよく知られているが、これらは正確には司教座聖堂《カテドラル》といい、司教がその「座」（ギリシア語でカテドラ καθέδρα）を定めた聖堂である。司教の「座」は司教が典礼用に用いる椅子を指すとともに、その権威を象徴し、「座」の置かれた教会は、司教の管轄区域である司教区のなかで最も重要な教会として重んじられた。司教座聖堂はまた、イタリア語でよくドゥオーモ duomo とも呼ばれる。こちらは「家」というラテン語ドムス domus からきた言葉で、神の「家」、教会の「家」、つまり教会堂のことを意味したが、やがてもっ

図 9-1　フィレンツェの司教座聖堂
（サンタ・マリア・デル・フィオーレ教会）

出典：*La Cattedrale di Santa Maria del Fiore a Firenze*, vol. 1, a cura di F. Gurrieri, Firenze: Giunti, 1994, p. 113.

ぱら司教の「家」、すなわち司教座聖堂を示すようになった（図９‐１）。

イタリアのおもだった都市は、ヴェネツィアなどわずかな例外を除くと、古代ローマ都市につながり、都市と司教座は古代から密接な関係にあった。もともとキリスト教は都市を中心に広まり、都市に作られた教会共同体の責任者が司教と呼ばれたが、四世紀にローマ帝国でキリスト教が公認され、さらに国教化すると、教会は次第に帝国行政システムを補完する組織となる。都市には司教座が置かれ、司教は都市の司法や行政の一端を担った。帝国の都市（キヴィタス）は、都市居住地のみならず、周辺の農村地帯も含んだ行政単位であったため、司教区もこれに合致し、司教の権限はその地域全体の聖俗両面に及んだ。また、近隣の複数の司教区はひとまとまりになって大司教管区を形成し、そのなかで主要な都市の司教が大司教として大司教管区を統括した。

ローマ帝国の崩壊後も、イタリアの都市は（本書第1章にあるとおり、古代からの単純な連続ではないにしろ）、アルプス以北の地域と比較すれば、その政治、経済的な役割を大きく失うことなく存続し、都市を基盤に生まれた司教と司教区のしくみも保たれた。司教座の多くが残存し、司教区も古代のキヴィタスの範囲を受け継いだ。

そのためイタリアの司教区は、新設ないしは再編されたアルプス以北の司教区と較べると、はるかに規模が小さく、数が多い。一五世紀末のイタリアには約二七〇もの司教区が存在したのに対し、同時代のフランスの司教区は一三〇程度、イングランド、ウェールズ、スコットランド、アイルランドの司教区はあわせて七〇足らずにすぎない。相対的に面積の広いアルプス以北の司教区には複数の都市が包含され、結果として司教座のない都市も多かったのに対し、イタリアでは、都市とは司教座の所在地を意味し、中世になって新たに発展した居住地は、どれほど規模が大きくなろうとも司教座がなければ、都市とみなされなかったのである。

このようにイタリアの都市と司教座は不可分の関係に置かれ、古代末から中世初期の司教は都市の平和と秩序を維持し、その公的代表を務めた。司教は、カロリング帝国解体後の混乱期にも都市の防衛に努力するなど、聖俗両面における都市の指導者として活動し続け、その後のコムーネの形成にも大きな影響を及ぼした。しかしながら、地域差はあるものの、一一世紀から一二世紀にかけて都市コムーネが司教に代わって世俗権力を掌握していく。司教が都市政治の脇役に転じるとともに、都市コムーネは、都市の指標である司教座、とくにそれを体現する司教座聖堂（大聖堂《ドゥオーモ》）を積極的にコントロールし始める。都市を象徴する司教座聖堂は、司教よりも都市権力によって管理されるべきものとなったのである。

## § 司教座聖堂の建設

他のヨーロッパ都市でも、都市民を主体とした司教座聖堂の建設がおこなわれたが、実質的な上級権力を欠くなか、コムーネ都市が高度に発達した北・中部イタリアでは、聖堂建設は、都市の経済的、政治的な趨勢と密接に関連するのみならず、互いに激しく相争う近隣都市間のライバル関係をも投影した。トスカーナ地方の主要都市であるピサ、シエナ、そしてフィレンツェの例を見てみよう。独特の列柱が並ぶロマネスク様式のピサの聖堂、

図 9-2　シエナの司教座聖堂（聖堂から左側に屋根のない未完の身廊部分が伸びている）

出典：著者の知人による撮影

シエナの華麗なゴシック様式の聖堂、ルネサンス建築の曙を告げる壮大な丸屋根を戴いたフィレンツェの聖堂。それぞれの建築様式は都市の繁栄期を如実に示している。

　アルノ川の河口に位置するローマ時代からの港湾都市ピサは、一一世紀から一二世紀にかけてジェノヴァとともにティレニア海の覇権を握り、他のトスカーナ都市に先んじて大きな経済発展を遂げた。大聖堂《ドゥオーモ》の建設は、一〇六四年のイスラーム軍に対するパレルモでの勝利を記念し、その戦利品を資金源にして開始されている（ちなみに有名なピサの斜塔は大聖堂《ドゥオーモ》の鐘楼である）。大聖堂《ドゥオーモ》はまさしく都市の栄光を讃えるモニュメントであった。一〇九二年にピサ司教座が大司教座に昇格したことも、当時のピサの権勢を裏書きしている。中世の大司教は管区に所属する他の司教とその司教区に対して強い影響力を及ぼすことができたため、大司教座への昇格は都市の威信を高めるとともに、周辺領域の支配を進めるうえでも利益をもたらした。後発のフィレンツェが大司教座に昇格したのは、三〇〇年以上も後の一四一九年である。

　一方、中世の主要な交通路フランチージェナ街道上に位置した内陸都市シエナは、都市が繁栄を迎えた一三世紀初頭前後に大聖堂《ドゥオーモ》の建設を始めたらしい。一二六〇年代にほぼ完成した聖堂は、一四世紀に入って拡張工事が加えられる。さらに一三三九年には、人口増加とライバル都市フィレンツェへの対抗心から、建物の向きを九〇度変えて既存の身廊を翼廊とする巨大な新聖堂の建設が都市評議会で決議された。けれども、疫病の流行や経済の退潮によって建設費の調達が難しくなり、設計の不備もあって、工事は放棄されてしまう。聖堂の脇には今も、この未完の身廊部分を見ることができる（図９‐２）。

これに対して三都市のなかで最も発展の遅かったフィレンツェが、現在の大聖堂《ドゥオーモ》サンタ・マリア・デル・フィオーレの建設を決定したのは、都市の基本的な政治体制が固まった一三世紀末のことであった。当時の都市評議会記録には、トスカーナで最も美しく立派な聖堂の建設を目指すことが明記されている。歴代の工事総監督にはアルノルフォ・ディ・カンビオ、ジョット、アンドレア・ピサーノら、当代一流の彫刻家や画家が名を連ねた。一三三九年のシエナによる新聖堂造営の決断は、まさにフィレンツェの工事が本格化した時期にあたっている。シエナと異なり、フィレンツェの大聖堂《ドゥオーモ》建設は中断を繰り返しながらも続き、一五世紀に入って天才建築家ブルネッレスキがついに、不可能とも思われた巨大な丸屋根を完成させるのである。

## ５　建設事業とオペラ

司教座聖堂の建設はまさに都市の一大事業となり、そのために多大なエネルギーが注ぎ込まれた。教会はもともと信仰の場にとどまらず、法契約や商取引の場にも用いられてきた。専用の市庁舎を持つ以前の都市コムーネは教会で集会を開き、市庁舎の誕生後も、しばしば教会の建物が都市の行政業務に利用されている。とくに司教座聖堂は、都市の式典や公開講演が開かれるなど、一種の公会堂のような役目も果たした。都市のシンボルとしてその栄光を目に見える形でアピールする司教座聖堂の建設は、宗教的な熱意のみならず、都市に対する誇りや帰属意識の発露であり、またそれらを鼓吹して都市民を一体化させるためのものであった。もっとも、信仰心と都市称揚の融合した都市のシンボル教会がすべて、司教座聖堂だったわけではない。たとえば、ヴェネツィアを象徴する壮麗なサン・マルコ聖堂は元首《ドージェ》の礼拝堂であった（一八〇七年よりヴェネツィア総大司教座となる）。また、ボローニャの中心で威容を誇るサン・ペトロニオ聖堂は、教皇権に対抗して市民が建設した、まさに市民の聖堂である。これらは、個々の都市の特殊な事情によって、通常は司教座聖堂が果たす機能を別の教会が担った例といえよう。

では、司教座聖堂の建設は実際にどのように進められたのだろうか。こうした大がかりな建設事業には、当然のことながら、莫大な資金、そしてさまざまな資材や多くの人手が必要となる。工事期間も何十年と続くのが通例であった。建設費については、聖職者が関わったり、信徒の寄進が募られたりもしたが、多くは都市が資金調達をおこない、しばしば都市が課す税金の一部が建設費に充てられた。事業の遂行には、多額の費用を支える財力とともに、マネージメントの力が欠かせない。中世イタリアの都市では、聖俗を問わず大規模な建設事業をおこなう際、物資や人材の確保、資金の調達や運用といった運営面を担い、事業全体を管理する団体を組織し、これをオペラ opera、あるいはファッブリカ fabbrica などと呼んだ。イタリア語のオペラは、広く「仕事、労働、事業、作品」を意味し、もともとは建設の仕事、事業そのものを指していたが、次第にそれを担う組織のことも表わすようになったらしい。また、ファッブリカも「建築、建物」などを意味する。

オペラは都市によっていろいろな形態をとったが、一般に独自の規約を持ち、役職者数名と、会計役、専属の公証人などで構成されている。多くの都市では、当初加わっていた聖職者が次第に排除され、メンバーは俗人の市民に限られるようになった。建設計画全体の策定はもちろん、設計案の選定や美術作品の注文、建築家や親方、職人たちの雇用なども、オペラがおこない、そのためにコンクールを開催することもあった。ブルネッレスキが手がけたフィレンツェの大聖堂《ドゥオーモ》の丸屋根設計プランも、オペラ主催のコンクールを経て決定されている。さらにオペラは、建設工事の終了後も解散されることなく、永続的に建物の維持管理を担い、改築や補修などを監督した。とくに司教座聖堂のために設立されたオペラは、しばしば市壁や要塞の建設、広場の整備といった都市の土木建設事業に携わり、あるいは都市の財務部の役割を果たすなど、都市政府の機能の一部を受け持つようにもなった。ヴェネツィアでは、もともとサン・マルコ聖堂のオペラの役職であったサン・マルコ財務官Procuratore di San Marcoが、市民の遺産の処理や管理をおこなう都市行政職に発展している。オペラは、聖俗、公私の入り交じった当時の社会に独特の団体であったといえる。

## 2　教会と人びとの信仰

### 聖職者たち

次に、当時の都市の宗教的な環境やそこで営まれた信仰生活を見ていくことにしよう。人びとは、どのような宗教環境のもとで暮らしていたのだろうか。まずは聖職者、および教会関係者たちに目を注いでみよう。

司教は、イエスから使徒に託された務めを直接的に受け継ぐとされ、管轄する司教区の教会統治の全権を有した。司教は司教座聖堂の典礼を司り、司祭の叙階をおこない、司教区全体の司牧に配慮しなければならず、さらに司教裁判の主宰や司教区会議の開催、司教区の巡察といった役務を担ったが、その実態については個々の司教によって大きな差異が見られる。司教は、貴族や有力家の出身者、あるいは教皇や枢機卿に近しい者が多く、しばしば教皇庁の外交や行政に携わるために司教区を不在にし、代わりに司教の代理が司教区の業務を担当するケースも少なくなかった。

司教区内で司教に次ぐ高位聖職者となったのが司教座聖堂参事会員である。彼らはもともと司教座聖堂の典礼を執りおこなう聖職者だったが、やがて司教を選出し（もっとも、一三世紀以降は教皇による直接任命が増大する）、その補佐役を務め、富裕な聖職禄を受けるようになる。ただし、司教と同様、司教座聖堂参事会員も自身の聖堂を不在にする者が多かった。この時代、彼らのような高位聖職者は祝祭儀礼などに参加するだけで、日常の典礼業務や司牧の務めは、もっぱら聖堂内の礼拝堂や祭壇付きの下級聖職者の手に委ねられていた。

司教区は小教区に細分され、その中心となる教区教会の主任司祭は、秘跡の授与、ミサの挙行、死者の埋葬などをおこない、教区民の司牧責任者となった。とはいえ、主任司祭職についても、司教座聖堂や他の有力教会に所属する聖職者がこれを兼任し、実務を下級聖職者に代行させることが頻繁におこなわれた。これら司教座聖堂や教区教会で典礼や司牧を代行した下級聖職者は、社会の中下層出身者で、聖職者として十分な教育を受けておらず、また、わずかな俸給と短期雇用によって教会を転々とし、経済的にも不安定な立場に置かれていた者が多かった。

こうしたなかで一般の信徒たちの信仰心によりきめ細かく応えたのは、一三世紀初頭に誕生したドミニコ会とフランチェスコ会に代表される托鉢修道会である。ドミニコ会の創立者ドミニクスは聖職者の立場から、フランチェスコ会を生み出したフランチェスコは一般信徒の立場から、清貧と説教という福音の教えに倣った使徒的活動を始めた。とくに勃興する都市アッシジの裕福な商人の子であったフランチェスコは、都市民の救済への不安や宗教的熱情を直感的に代弁したといってよいであろう。托鉢修道会の活動はまたたく間に広がり、都市と托鉢修道会は手を携えるようにしてともに発展を遂げた。一三世紀後半から一四世紀にかけて多くの都市では、中心となる司教座聖堂を囲むようにして周縁部の新市域に托鉢修道会の修道院と教会が次々に建設されたが、このような建設事業はしばしば都市政府の援助を受けておこなわれている。教会前の大広場は説教や祝祭の舞台であるとともに、日常の交流の場として人びとに親しまれ、付属学校は一般にも開放された。托鉢修道会はそれぞれの地域の聖俗両面の核となって、とりわけ近隣の農村から都市へ流入してきた新住民たちの信仰と生活を支えた。しかしながら、教皇に直属する托鉢修道会は、地元の司教の裁治権に服さず、税制面などでも優遇されたことに加え、説教以外に通常の司牧職にも進出したため、一般の在俗聖職者たちとの間にたびたび軋轢が生じることになった。

なお、托鉢修道会の活動が目立つものの、都市にはベネディクトゥスの『戒律』を守る伝統的な修道院も多く存在する。男女とも、衣食住を得るために、あるいは家門の都合や利益のために修道院に入ることはまれではなく、院内には修道誓願を立てた修道士や修道女にとどまらず、さまざまな人びとが暮らしていた。とくに女子修道院には、当時の結婚に不可欠な婚資が賄えずに修道院へ送り込まれた娘たちや、夫を失った寡婦など、社会階層も年齢も多様な女性たちが居住していた。他に、修道院に入らず、一人あるいは何人かの仲間と一緒に半聖半俗のような生活を送る女性たちもいた。

## 信徒たち

人びとはどのような信仰生活を営んでいたのだろうか。一二一五年の第四回ラテラーノ公会議で確定した、洗礼、告解、聖体拝領、堅信、婚姻、終油、叙階の七つの秘跡のうち、司祭への叙階を除く、一般信徒に直接関わりのある六つの秘跡のなかで、最も励行されたのは洗礼である。主に復活祭に一括して授けられていた洗礼は、一四世紀中頃までに子どもの生後ほぼ一週間以内に個別におこなわれるようになった。しかしながら、堅信などは一四、一五世紀になっても日常の信仰生活のなかに完全に定着したとはいえず、告解と聖体拝領は第四回ラテラーノ公会議で信徒に課せられた年一回の遵守に留まった。これは当時の人びとの独特な信仰心にもよっている。この時代、聖体は拝領するよりも見るものと考えられた。カトリックの教えでは、ミサで司祭が聖別したパンとワインがキリストの体と血に実体変化するため、聖体のパン（ホスティア）は肉眼で見ることのできる神の体として特別な信心の対象となった。朝のミサで聖体を見れば、その日一日無事に過ごせるとも信じられたのである。当時の人びとの間には、こうした「迷信」的な信仰が強く見受けられるが、聖体への信心は一四世紀以降ますますさかんになり、聖体の祝日には都市を挙げて盛大な宗教行列がおこなわれた。

信徒は居住地によって定められた小教区の教区民として教区教会のミサに参列し、小教区の墓地に埋葬されることになっていた。ただし、富裕な上層市民は、しばしば托鉢修道会教会への埋葬を望んだ。永続的な代祷によって魂の救済を確実にすることを期待したのに加え、名だたる托鉢修道会教会に一門の墓所や礼拝堂を持つことは、上層市民のステイタス・シンボルだったからである。洗礼については、どこでおこなうかは都市によって異なった。都市を一つの大きな教区とみなしていた中世初期の伝統が残存したところでは、洗礼権を占有する単独の教会かあるいは専用の洗礼堂で授洗したが、一二、一三世紀頃から教区教会（の一部）が洗礼権を獲得していた都市もあった。

都市内には多くの小教区を数えることができた。たとえば一五世紀初頭のフィレンツェ市内には七〇～八〇程度の小教区があったとされる。小教区の面積や教区民の人数は教区によって差があり、一般に都市中心部の古い小教区は小規模、少人数であったのに対し、周縁部の新しい小教区は面積が広く、教区民の数も多かった。主任司祭の選択などは、その教区教会の庇護権 ius patronatus の保有者がおこなった。庇護権はもともと、個々の教会（あるいは聖職禄）の創設者に認められた特権だが、教区民の総体、あるいは地域の有力家門といった俗人が有する場合も、司教や司教座聖堂参事会、托鉢修道会、修道院など、教会関係者が有する場合もあった。教区民が庇護権を持ち、よく団結した小教区では、前述した主任司祭職の代行を防ぐこともできたようである。小教区はまた、宗教上の機能にとどまらず、当時の人びとの生活上の基本的な地域単位でもあった。庶民の暮らしの大部分は所属する小教区か、せいぜいその近隣教区の範囲内で営まれており、この狭い地縁社会のなかで、彼らは仕事仲間や顧客を得、友人や結婚相手を見いだした。一方、庇護権を持つような有力家は、教区民にさまざまな援助や便宜を与える代わりに、小教区の生活全般に大きな影響力を及ぼしたのである。

## ∽さまざまな信仰活動

告解などを通して信徒の内面生活にまでキリスト教倫理が浸透し、個々人の教化が重視される近世以降と異なり、この時期の信仰は、単純化して言えば、具体的、物量的な性格を持ち、行為の実践に重点が置かれ、集団的、社会的な形をとった。信仰の外面性と内面性は混然とし、公と私、聖と俗が分かちがたく結びつきながら、活発な信心業が展開された。

こうした信仰のありかたを最もよく表しているのが、兄弟会 confraternita（日本語ではしばしば、信心会、同心会、兄弟団などとも訳される）である。具体的な活動は本書の第11章、第12章などで触れられているが、兄弟会は独自の規約を持った自発的な信徒団体である。托鉢修道会の影響もあり、中世ヨーロッパの各地で都市を中心にさかんに設立されたが、とりわけイタリアの諸都市で数多く見られ、一五世紀のフィレンツェには一六〇以上もの兄弟会が存在した。一人で複数の会の会員となることもまれではなく、また、会員たちは都市全域から集まり、職業も社会階層も多岐にわたる場合が多かった。兄弟会は、聖歌や宗教劇などの敬神活動をおこなう会、鞭打ちなどの悔悛活動をおこなう会、慈善活動をおこなう会などの種類に大別できるが、敬神と悔悛、あるいは敬神と慈善というふうに活動を組み合わせたり、時代によって敬神から悔悛へと活動内容を改めたりする会も珍しくなかった。さらに、告解と聖体拝領の遵守、死去した会員の葬儀や救霊のための定期的な代祷、守護聖人の祝祭の実施などは、どの兄弟会にも共通した活動であった。兄弟会はまた、教会や修道院と同様に美術作品の主要な注文主でもあった。

日常の一部として営まれた信仰活動は、世俗的な価値や楽しみと混じり合っていた。兄弟会の祝祭は娯楽でもあり、名のある兄弟会への入会は社会的なステイタスの誇示にもなった。こうした聖俗両面性は、巡礼にもいえる。巡礼は中世を通じておこなわれたが、一四、一五世紀にはとくに都市近郊の聖地が賑わいを見せた。フィレンツェでは、特別の贖宥が得られることから、毎月最初の日曜日に北市門のすぐ外にあったサン・ガッロ教会に参詣する習慣があったが、ボッカッチョの『デカメロン』やサッケッティの『三百話』などに描かれているように、これは庶民の格好の行楽となっていた。なお、説教や祝祭の詳細については本書の第10章、および第11章に譲るが、これらも聖俗双方の要素を併せ持っている。人びとは宗教的な満足を得るだけでなく、説教師の巧みな話術を楽しむために説教に通った。また宗教祝祭には、競馬などの娯楽がつきものであった。

人びとは熱心に聖人に祈りを捧げ、贖宥の獲得に努め、公開の説教や宗教祝祭に熱狂し、巡礼をおこない、さらに、さまざまな宗教施設へ寄進や遺贈をし、兄弟会の会員となって敬神や慈善、悔悛の活動をおこなった。これらの信心形態は中世につねに存在したものだが、一四、一五世紀ほど信徒たちが大規模かつ能動的におこなったことはない。聖職者の資質やモラルに対する批判が高まる一方で、救済機関としての教会への信頼は揺らいでいないのである。信仰心の昂揚は時に、白衣の人びとの大集団が都市から都市へと宗教行列をおこなった一三九九年の「ビアンキ《白い人びと》」のような運動を突発的に引き起こすこともあったが、この時期のイタリアに大規模な異端の活動は見られない。一般の信仰活動は日常の社会生活の一部としておこなわれ、一五世紀後半にはほぼルーティーン化するのである。

## 3　聖人崇敬

### § 聖人と聖遺物

こうした人びとの生活に根ざした信仰のよりどころとなったのが、聖人や聖遺物である。古代から聖人として崇敬されたのは、まず信仰のために命を落とした殉教者、さらに厳しい修行の生活を送った隠者や修道者、初期の司教たち、預言者や使徒のような聖書の登場人物などであったが、中世を通じて何らかの形で人びとの尊崇を集めた人物が死後に聖人とみなされる現象はやむことがなく、その数は増加の一途をたどった。教会は列聖手続きの整備などに努めて聖人崇敬を統制し、さらにアッシジのフランチェスコのケースのように、教会の一体化を促すために新たな聖人像を創出することもあったが、聖人崇敬はしばしば信徒主導で進められた。

たとえば、『デカメロン』の冒頭第一話は、極悪人のチェッパレッロ氏が聖人になった話である。臨終の際、最後の悪行とばかりにおこなった嘘八百の告解によって、彼は清らかな生涯を送った高徳の人物と誤解される。教会でチェッパレッロ氏の葬儀が終わるや否や、大勢の人びとが遺骸の手足に口づけをし、着衣の切れ端を手に入れようとして殺到した。翌日から早くも参詣者が押し寄せる。灯明とともに捧げられた祈りに応え、たくさんの奇跡が生じ、ロウ細工の像が次々に奉納された。こうして、チェッパレッロ氏は聖人として崇められることになる。

これは架空の話だが、当時の人びとがどれほど聖人に熱狂し、いかに聖人を生み出したかが想像できる。人びとが聖人に最も期待したのは奇跡であった。一神教のキリスト教では神学上、聖人は神ではなく、天上にあって地上の人間の祈りを神に執り成す仲介者にすぎない。奇跡は、執り成しを受けた神が恩寵によって生じさせるのである。けれども、一般の人びとはそのような区別に頓着せず、神よりもむしろ親しみやすい聖人に向かって熱心に祈りを捧げ、奇跡によって病気や怪我が治癒し、天災から免れられるよう、来世での救いが得られるよう願った。そして願いが叶うと、チェッパレッロ氏に捧げたように、感謝のしるしにロウ細工の像を奉納したのである。

聖人崇敬はまた、聖人の遺骸、その衣服や持ちもの、触れたものなど、目に見える具体的な物品を崇敬の対象とする聖遺物崇敬を生み出した。人びとは、聖遺物そのものが奇跡を引き起こすと考え、魔除けやお守りのように扱った。教会堂内には諸聖人に捧げられた祭壇や礼拝堂が数多く設けられ、聖遺物が安置された。修道院や教会はもちろん、王侯貴族や都市政府も競うようにしてさまざまな聖遺物を入手した。アッシジのフランチェスコの臨終が近づいたとき、都市政府は彼に護衛をつけたが、それは近い将来聖遺物となるにちがいないその肉体が奪われないように配慮したためであったという。中世末になると過激な争奪戦は少なくなったものの、聖遺物の贈答や売買は頻繁におこなわれた。こうした聖遺物には偽造も多く、一三五二年にフィレンツェ都市政府がテアーノの女子修道院から譲り受けた聖女レパラータの右腕は木と石膏でできたまがいものだった。ちなみにフィレンツェでは、一四一一年に同じ都市政府が対立教皇ヨハネス二三世から洗礼者聖ヨハネの頭部を購入しようとし（これは果たせなかった）、また一四五四年には毛織物業組合が、キリストが磔にされた十字架片などに大金を投じている。当時の人びとは聖遺物の偽造も十分承知していたが、それでも聖人や聖遺物に加護を求めたのであり、都市権力もそうした期待に応えなければならなかった。また、聖遺物は都市の政治的なステイタス・シンボルとしても重要だった。一四、一五世紀の都市では、聖人や聖遺物への崇敬が公私にわたって大々的におこなわれ、いわば社会慣習として定着していたのである。

## § 都市の守護聖人

聖人のなかでも、特定の場所や団体、職業、あるいは洗礼名や願いごとなどに応じて、神にそれぞれ特別な執り成しをするとされるのが、守護聖人である。守護聖人は、庇護を受ける者が代償として庇護者（パトロン）に身を委ねて仕える、古代ローマ社会のパトロネイジ関係に発する。中世になると都市にも守護聖人が定められ、都市民の特別な崇敬の対象となった。都市の守護聖人はさまざまな経緯を経て生み出された。最も一般的なのは、初期の司教が死後に司教座の守護聖人となり、都市コムーネの発展とともに、都市の自由と独立を象徴する都市の守護聖人へと変じていったケースである。前述したように、イタリアでは都市と司教座は密接な関係にあり、古代末から初期中世の司教は都市を代表する存在であったため、司教が都市の守護聖人となるのは自然な流れともいえた。

ラテン教父として名高い四世紀のミラノ司教アンブロシウスがミラノの守護聖人となったのも、その一例であろう。アンブロシウスは死後すぐに信徒から厚い崇敬が捧げられ、ほどなくミラノ教会のシンボルとなったが、都市と明確に結びつけられたのは、ミラノ大司教が市政の実権を握り、ザリエル朝の皇帝たちと対抗した一一世紀の頃である。アンブロシウスは外敵から都市を守る守護者としてクローズアップされ、さらに一一世紀から一二世紀にかけてコムーネが台頭すると、コムーネは自身の権力の正統性をアンブロシウスに求め、その名において権力を行使した。こうして都市ミラノとアンブロシウスは一体化する。

一方、ヴェネツィアとその守護聖人である福音記者マルコとの関係は、伝説によれば、エジプトのアレクサンドリアで殉教したマルコの遺骸を八二八年に二人のヴェネツィア商人が故郷に持ち帰ったことに始まる。しかしながら当初マルコは、ヴェネツィア公《ドゥクス》の権力と結びついた聖人であり、地域住民の間ではむしろ聖テオドロスが崇敬されていた。マルコの遺骸を納めるために造られたサン・マルコ聖堂はヴェネツィア公《ドゥクス》の私的礼拝堂であった。公《ドゥクス》はビザンツ帝国の属州軍司令官職にその名称を発し、八世紀頃から自立的な権力を誇っていたが、コムーネの成長とともにその権力のなかに組み込まれ、次第に自らの権限を厳格に規定された元首《ドージェ》（「ドージェ doge」はラテン語「ドゥクス dux」がイタリア語化したもの）へと変化していく。そして興味深いことに、マルコの遺骸は一〇世紀後半に火事で一旦行方不明になった後、まさに都市の実権がヴェネツィア公《ドゥクス》からコムーネへ移行する過渡期にあたる一一世紀末に奇跡的に再「発見」される。遺骸に再び光が当てられたのは、生成期のコムーネにとって公《ドゥクス》の権力を象徴する聖マルコが必要だったからであろう。以後、聖マルコは都市コムーネと結びつき、この聖人の名によって和睦や同盟条約が結ばれた。そして、共和制の確立とともに、聖マルコはヴェネツィアの都市そのものを象徴する存在となるのである。ミラノやヴェネツィアに限らず、都市コムーネ黎明期にはいまだ曖昧な権力の正統性を保証するため、対外的な文書にはしばしばコムーネとともに守護聖人の名が加えられた。都市政府の役職者が就任時に守護聖人の聖遺物に宣誓する慣習も広く各地で確認できる。守護聖人は抽象的な都市権力を目に見える形で示したのである。

　こうした各都市に固有な守護聖人以外にも、一三世紀以降、神への最大の執り成し手である聖母マリアへの崇敬が托鉢修道会の説教などによって伸長し、多くの都市が聖母を守護聖人に加えるか、あるいは特別な崇敬の対象とすることを公言した。また同じ時期には、新しいタイプの聖人たちも登場している。これらの聖人は一般に地域社会に密着したつましい身分の俗人で、女性も多く含まれていた。そのなかには、公式の列聖なしにローカルなレヴェルで崇敬され、そのまま都市や農村の新たな守護聖人となった者もいる。一二三四年に教皇グレゴリウス九世によって列聖の権利が教皇のみに限定されたものの、教会は、公式の列聖と無関係に崇敬されるこうしたローカルな聖人たちを、ある程度容認せざるをえなかったのである。

## §「都市の宗教」

都市の守護聖人の姿は、あるいは都市旗に描かれ、あるいは都市ごとに発行された貨幣に刻まれて、さらに絵画や彫刻作品となって、広く内外に喧伝され、都市を表象した。中世のドル貨にもたとえられるフィレンツェのフィオリーノ金貨には、一二五二年の発行開始から一貫してフィレンツェの守護聖人である洗礼者聖ヨハネの肖像が刻印されている。ヴェネツィアでは、聖マルコを象徴する有翼のライオンの図像が多用されるようになり、ヴェネツィア支配領域のいたるところに、このライオン像が掲げられた。

古代ギリシアのポリスのように、都市権力が信仰に決定的な影響を及ぼし、都市への帰属意識、あるいは一種の「愛国心」が信仰と渾然一体となった宗教のありかたを、一般に「都市の宗教 Civic Religion」と呼ぶが、中世キリスト教世界においても、とくにイタリア都市社会にはこうした「都市の宗教」的な性格が顕著に見られる。都市政治の複雑な歴史のなかで作り出されてきた守護聖人はその最たる例であろう。一二世紀以降、都市は守護聖人の崇敬に積極的に介入し始め、一三世紀には都市がイニシアティヴを握り、いわば公的行事の一環としてロウソクや旗の奉納、宗教行列などの崇敬儀礼がおこなわれた。都市には、同業組合、兄弟会、病院、教区教会など、自身の守護聖人を持つ団体が数多く存在したが、こうした諸団体の聖人崇敬も次第に都市権力の管轄下に置かれ、一部は都市政府の直接的な崇敬行為のなかに組み込まれた。さらに都市は、その発展の過程で他にもさまざまな聖人崇敬を取り込んでいった。たとえば、重要な戦勝をあげた日には、その日を祝日とする聖人に感謝の祈りが捧げられ、その後も都市政府が定期的に崇敬儀礼を主宰し、都市の栄光の記憶を想起した。都市が関与するこれらの聖人崇敬の内容は、寄進するロウソクの量や参加メンバーなど、すべて都市条令によって詳細に規定された。さらに、クリスマスや復活祭、聖体の祝日、聖母マリアの諸祝日なども考え合わせるならば、都市の公的な行事暦にはおびただしい数の宗教行事が並んでいたことになる。都市の宗教儀礼は信心業であると同時に、政治的にも大きな意味を持っていた。司教座聖堂と同様、都市の一体性を強化し、都市を賛美する役割を果たしたのである。ただし、これらを都市権力が一方的に上からおこなう政治コントロールとしてのみとらえることはできないだろう。社会の上下層を問わず当時の都市民の多くは、守護聖人の執り成しや聖遺物の数が増えるほど、それらの加護によって都市の繁栄や平和をよりよく享受できると考えた。個人の救いだけでなく、共同体全体の平和が強く願われたのである。

「都市の宗教」はまた、一定の周辺領域を支配していた都市が領域内の従属共同体と結んだ支配関係を補強する働きもした。従属共同体もそれぞれ守護聖人を有しており、支配都市は従属共同体が自身の守護聖人の崇敬を維持することを原則として認めたが、代わりに従属共同体の代表は支配都市の守護聖人の祝祭につねに参加する義務を負った。都市条令や同盟条約によって、代表の人数や服装、捧げるべき寄進物の種類などが定められ、違反した場合には厳罰に処された。この方式は、一四世紀後半から一五世紀前半に形成された領域国家の支配関係においても踏襲される。とりわけフィレンツェやヴェネツィアのように共和制下にあった強力な支配都市では、洗礼者聖ヨハネや聖マルコは、従属する都市や農村に対する支配のシンボルともなったのである。

## 新たな時代へ

一五世紀後半にミラノ、ヴェネツィア、フィレンツェ、教皇領、ナポリを中心とする地域的な枠組みが確定し、かつ君主制が多勢を占めるとともに、「都市の宗教」は積極的な意味合いを持たなくなる。たしかに一六世紀以降も都市の守護聖人への崇敬や祝祭は変わらずに存続し、外見上は以前にも増して盛大におこなわれることもあった。けれども、それはもはやコムーネ共和制の原理に基づいた政治性を失って慣習化し、社会の規律化を促進する装置であった。また「都市の宗教」を通して、世俗権力は支配領域内の教会コントロールを強めることができたが、これは宗教改革期のイタリア諸地域に相対的に安定した教会関係をもたらし、カトリック教会からあえて離反する政治的メリットを失わせる一因ともなった。人びともそれまで慣れ親しんできた信仰生活を棄てる気にはならなかったのである。

一方で別の変化も訪れる。一五世紀においても、人文主義的な高い教養を持った上層市民のなかには聖書や神学の本格的な研究をおこない、内面的な信仰を追求する者もいたが、その影響は知的エリートのサークル内に留まっていた。これに対して一六世紀に入ると、印刷術の普及によって一般信徒用に書かれた信仰手引書などが大量に出回り、中下層の人びとにもカトリックの基礎的な教理が知られるようになる。近世カトリック教会は、こうした書物を通した教化などによって、人びとのより個人的、内面的な信仰生活に介入してくるのである。

（三森のぞみ）

# 第10章　説教と民衆

## 1　都市、広場、説教

イタリアに限らず西欧中世都市を見る楽しみの一つは広場である。まがりくねった細道を通り抜けて突然目の前に広がる空間は、遠い異国から来た旅人に強烈な印象を与える。シエナのカンポ広場、ボローニャのマッジョーレ広場、ヴェネツィアのサン・マルコ広場など、暗い路地の向こうに突如広がるこの空間は、まずその明るさと広さで人を驚かす。しばらく歩いて目が慣れてくると、今度は広場のさまざまな姿が見えてくる。正面にそそり立つ大聖堂や市庁舎、屋台を広げる商人たち、芸を披露する大道芸人、大声で議論する男たち。広場はなにもない空間であり、それゆえどのようにでも使える。広場は元来多目的である。

しかしおよそ五百年前、広場にはわれわれの想像からはすこしずれた用途があった。一年のある時期、広場は神の言葉を宣べ伝える場となったのである。図10－1を見てみよう。これはシエナのカンポ広場で、おそらく一四二七年、当時の人気説教師ベルナルディーノ・ダ・シエナが説教している姿である。ベルナルディーノは、広場の中央に立てられた説教壇の上から四〇日あまりの間シエナ市民に向かって熱弁をふるい、その語りに市民は聞きほれた。当時の説教は教義の解説にとどまらず、話題は商業倫理、夫婦生活、性道徳、平和の大切さ、贅沢と倹約など社会生活全般におよんだ。とすれば、もし説教の声を今聞くことができるとすれば、その声を通じて当時の社会をリアルに体験することが可能であろう。そして中世後期イタリア都市が特異なのは、まさにこの説教の声を聞くことができるという点である。

といっても録音技術などない時代のことであるから、それは文字どおりの声ではない。語りを忠実に記した文字記録である。筆録説教と呼ばれるこうした記録が一四、一五世紀のイタリア都市には多く残されており、それらを通して現代のわれわれも、生きた声で表現された都市生活の細部に分け入ることができる。本章は、広場で発せられた説教の声から中世後期イタリア都市社会の一端をのぞいてみる試みである。

すでに述べたように説教の話題は多岐にわたり、すべてにふれることはできない。ここでは市民生活に関わりの深い三つの主題に焦点を合わせることにしよう。すなわち家族と性、平和、公益質屋（モンテ・ディ・ピエタ）である。家族と性は市民生活の内奥に、平和は都市政治に、公益質屋は経済に深く関わり、それぞれ市民生活に密着した内容であったからである。またこれらの説教はたんなる言葉にとどまらず、市民の行動を促し、現実を動かす力をもっていたからである。ソドミー（男色）を弾劾する説教によって都市政府はソドミー取締官を設

図10-1　シエナのカンポ広場で説教するベルナルディーノ・ダ・シエナ

出典　シエナ、大聖堂美術館（Opera del Duomo）

置し、平和説教は敵対する党派を和解へと導き、説教師の説く公益質屋の構想は貧者救済の恒久的な施設を生み出した。こうして中世末期イタリア都市の説教は、いわば都市生活に深く埋め込まれ、組織化された活動であった。その姿をよく示してくれるのがこの三つの主題なのである。以下、舞台となるのはおもに一五世紀、ローマ以北の北・中部イタリア都市である。

## 2　家族と性

行くな、去るな、待て。きっとお前たちが一度も聞いたことのない話が聞けるぞ。

ベルナルディーノ・ダ・シエナは、上述の一四二七年カンポ広場での説教でこう叫んだ。彼は何を語ろうとしているのであろう。聴衆はなぜ背を向けて帰り始めたのであろう。ベルナルディーノは今、公の場では語られることのなかった話題に踏み込もうとしており、その気配を察した聴衆は羞恥のあまり帰りかけたのである。「お前たちが一度も聞いたことのない話」とはすなわち夫婦間の性の問題である。

禁欲の宗教キリスト教は、性モラルに厳しく、夫婦間でも生殖目的以外の性行為を認めなかった。しかしこのモラルは通常、告解という内密の場でひそかに教えられるのみであった。フィレンツェの名家の奥方に請われて『家政の規範』を著したドミニコ会説教師ジョヴァンニ・ドミニチも、同書中で性については「羞恥と恐怖をもって記すため、多くを記さない」といっている。しかし、ベルナルディーノはその一線を乗り越えようとしているのである。「行くな、去るな」とは、説教師の決意と聴衆の拒否が出会ったドラマチックな一瞬を表現している。それでは、説教師は夫婦間の性という微妙な問題をどのように語ったのであろうか。

説教師はまず、配偶者は互いに相手に対して性行為を要求する権利と、それに応じる義務があるとする「夫婦間の義務」にふれる。ついで夫婦間の性的関係の目的から始まり、方法、時間、場所、はては頻度にいたるまで話は及ぶ。ベルナルディーノはとりわけ、生殖を妨げるような「自然に反する」方法を強く非難した。

母と罪を犯すよりもっと重い罪がある。……妻と自然に反するやりかたで交わる者のことだ。

妻はそのような場合には夫の誘いを断じて拒否し、強要された場合には「そんな罪を犯すより死を選べ。お前がそれで殺されてしまっても、魂は必ずすぐに栄えある永遠の生命に入ると確信しなさい」という。このように夫婦間の関係についてベルナルディーノが語っているのは、夫よりもむしろ妻に対してであるが、さらに説教対象にはその娘も含まれていた。彼は母親に向かって娘の性教育を説き、娘を夫婦間の性を扱う自分の説教に連れて来るよう求めている。娘を監督するという母親に与えられた伝統的な役割を、ベルナルディーノは性的な事柄にまで拡大している点が注目される。

夫婦間の「自然に反する罪」とともに、ベルナルディーノによって激しく非難されたのが男性間の性的関係である。これは旧約聖書の故事（ソドムの市）にならってソドミー sodomia, sodomy と呼ばれた。ソドミーは都市の男性のライフサイクルに大きく影響されており、とくに未婚の男性に顕著で、一八歳以上の成人男性が一二歳から二〇歳位までの少年を相手におこなう場合が多かった。男性の結婚年齢が高かった当時のトスカーナ都市において、二〇代独身男性の欲望はしばしば逸脱して少年に向かったのである。少年愛は古代のアテナイと同様、中世末期イタリア都市の性文化とさえいってよいものであった。

ベルナルディーノがとくに目を光らせたのは、第一に男色者に誘惑される危険のある少年たちとその親たちであった。両親にはソドミーをテーマとした説教に息子を参加させ、その服装や交友関係に気をつけるよう求めた。

ベルナルディーノは親に向かって「息子に薄手のシャツ、体の中ほどまでの胴衣、房飾りのついた服」を着せ、「娘として外に遣ってはいけない」という。こうして少年たちの性を混乱させるような露出度が高く、さまざまな装飾が施された服装を強く非難した。第二に、夫婦間の性的関係の場合と異なり、都市民全員に向けて警告する。彼はソドミーを感染力の強い病のイメージで語り、「男色者のことばを聞いたら、皆地面につばを吐け……お前たちの吐いた水は彼らの火を消すだろう。だから皆思いっきりつばを吐くのだ！」と呼びかける。それに応じて聞き手がつばを吐く音は「雷鳴のように思われた」と筆録者は書き記している。ここからは、広場の聴衆を一体化させながら罪に対する嫌悪を高めてゆく彼独自のレトリックがうかがえる。

こうした性的問題のなかでも、夫婦間の性に関しては、この後も一般に説教されることはなく、ベルナルディーノの説教は例外的な事例といえる。もっとも、説教師がこの問題を放棄したわけではなく、一六世紀に至るまで多くの版を重ねた『結婚生活の規範』において、フランチェスコ会説教師ケルビーノ・ダ・スポレートは、「聖なる新たな星であり、我らの父ベルナルディーノ」にならって、夫婦間の性的関係を論じる正当性を訴えて体系的に論じている。

しかし性を別にすれば、夫婦や親子の関係についての教えは、むしろ説教で好んで取り上げられたテーマであった。教会は聖書や神学者の見解にもとづいて夫婦の霊的平等を認めたが、現実社会において夫が有する妻子への権威は暗黙の前提として受け入れていた。そこで説教師は夫に次いで妻、その下に子どもたちというピラミッド型の家族像を描き、夫婦関係と親子関係を中心に、ときには夫婦の両親や親族、あるいは家に仕える奉公人たちとの関係も含めながら論じた。

ピラミッドの頂点に立つ夫には妻子の扶養のみならず霊的・道徳的指導も任されている。説教師は夫が妻子や奉公人など自身の保護下にある者たちをミサや説教に参加させ、少なくとも年に一回は告解と聖体拝領をおこなわせるよう求める。ケルビーノ・ダ・スポレートは上述の『結婚生活の規範』において、夫に対して、家の者たち全員を説教に行かせられない場合は自分が説教に行き、その内容を家で語り聞かせるよう求め、さらに俗語の宗教書を所有して家族に読み聞かせることを奨励している。この「宗教書」には説教の筆録も含まれていた。

一方、妻に期待された役割は、年長の夫に従いながら家事全般を切り盛りして子どもを生み育てる「よき主婦」たることであった。ベルナルディーノ・ダ・シエナはこういう。

　よき主婦とは家内のあらゆることに目を配るものなのだ。穀物倉を清潔に保ち、ごみが入らぬようにする。……塩漬け肉の塩と保存に気をつける。……亜麻を紡ぎリネンを織るすべを知っている。……女たち、頭を垂れよ！家を治めるのは女なのだ。

しかし説教師は家政の大切さを説くばかりでなく、それを信仰と両立させる道を示した。喜捨や断食、祈り、さらにミサや説教への参加といった日々の宗教行為に関して、夫に反対された場合、妻はどうすべきか。ジョヴァンニ・ドミニチは、上述の『家政の規範』において、夫の権威と教会の権威のバランスをとりながら、行動の指針を与えている。つまり、妻は長時間の祈りや平日に教会に行くことを夫に反対された場合は夫に従うべきであるが、祭日には反対されても教会に赴くべきであるとしたのである。

次に、親子関係について見てみよう。説教師は子どもたちの実際的な養育はおもに母親に任せ、子どもたちには両親への敬意を説いている。とくに父親は権威で家族を統率するのであるから「笑ってはいけない。……父親はけっして子どもにいい顔をしてはいけない」（ベルナルディーノ・ダ・シエナ）。しかしながら、子どもの養育に関しても性差に基づく相違が目立つ。息子の場合は父との精神的つながりが強調される。「君は子どもを欲しなければならない、彼らが君の名声を継ぐように」とドミニチがフィレンツェでの説教で聞き手の男性に語った際、子どもとは家を継ぐ息子のことであった。彼はまた『家政の規範』において、息子を都市社会の一員に養成するという視点から、読み書きの学習、良き仲間との交際、侮辱の赦しなど、さまざまの助言を与えている。一方、娘の養育は、当時の説教では、もっぱら母親に結びつけられている。娘は戸口や窓辺といった外部との境界に近づかないように注意され、家の内部に留まって家事を学ぶべきであった。娘の監視は母親の役目とされ、現実同様に説教においても父親と娘とのつながりを見出すことは困難である。

こうして説教師の語りを追ってみると、家族と性では説教師の意図するところが大きく異なるのがわかる。家族のあり方について説教師のいうところは、語りの巧みさを別にすれば、当時の一般市民が抱いていた家の理想と大きく変わるところはない。それは家長の権威の下に統率された家父長的・霊的家族観であり、説教もこれを追認し強化しようとしている。これに対し、性の語りは現実の動きに介入し、キリスト教道徳の観点から好ましくない行動を矯正しようとする意図が明らかである。都市政府の側もこの呼びかけに応じて、ソドミーを取り締まる政策を取ることがあった。既成秩序の追認・強化と反道徳的行為の矯正という二つの態度に、説教が都市と関わる二つの接点が示されている。しかし説教と都市との間にはさらに直接的な関わり方もあった。次にはそれをみてみよう。

## 3　都市と平和

シェイクスピアの名作『ロミオとジュリエット』は、北イタリアの都市ヴェローナが舞台である。話の筋はよく知られているであろう。ここに描かれる有力家門同士の争いは、ヴェローナに限らず、中世イタリア都市では日常茶飯事であった。物語では両家を和解へ導いたのは恋人たちの悲劇的な死であったが、現実の都市政治では対立を克服し「平和」を回復する道はいくつもあった。党派の抗争が中世イタリア都市の抜きがたい宿痾であったように、「平和」を回復する道も一種の政治文化として都市生活のなかに定着していたのである。その一つが説教である。説教師はいかにして平和を説いたのであろうか。そもそもなぜ説教師が平和を呼びかける役を担ったのであろうか。

平和説教を求められたベルナルディーノ・ダ・シエナは、シエナ市民にこう語りかけている。

私が君たちに説教するとき、私が話しているのではない、聖霊が私に語らせる。君たちは私からではなく、すべて神から受け取っているのだ。

すなわち都市の外から招かれた説教師は、都市の党派抗争から距離を置くことが可能であり、神の権威にもとづく第三者として仲裁に適任とみなされたのであった。そもそも西欧中世都市において、世俗権力に属さない聖職者、とりわけ司教が紛争解決に貢献したことが知られている。一三世紀に説教を重視する托鉢修道会が誕生すると、平和の訴えはフランチェスコ会やドミニコ会といった托鉢修道会の説教師を通じてなされるようになった。一五世紀イタリア都市に特徴的なのは、説教師の活動が都市生活とさらに深く関わるようになり、説教が紛争解決の選択肢の一つ、平和回復のプロセスの一部として定着した点である。

平和説教は、都市の方が求めた。

この哀れな都市とその民衆にどれほどの破壊があったか、それゆえ神の慈悲をおおいに必要としていることを、あなたはご存知でしょう。……あなたがお越しになり、この緊迫した状況下でわれわれをお見捨てにならないように、繰り返し、繰り返し、お願い申し上げる次第です。

党派争いの激化するアッシジの都市当局が一四九三年に説教師ベルナルディーノ・ダ・フェルトレに説教を依頼した書簡からは、都市の緊張状態と説教師への期待が伝わってくる。

それでは、説教師はどのように党派争いを諫め、平和を訴えたのだろうか。再びベルナルディーノ・ダ・シエナの説教に耳を傾けることにしよう。

どうして私がやって来ることになったのか、君たちはわかっているのか？

前述の一四二七年シエナでの説教でベルナルディーノはこう聞き手に問いかけ、説教の目的を明らかにする。

私は彼ら〔元シエナ司教であった枢機卿と教皇〕の命でここにやって来たのだ。私は自ら進んでここにやって来たのだ。君たちがこれらの党派を、これらの不和を捨て去ることを願って。

この四五回にわたる連続説教の第一の目的は、まさに党派争いの撲滅と都市の平和にあったのである。

自分が党派に属すことを公言する者どもは悪魔の手の内にあると言おう。おぉ！　おぉ、市民の人びとよ、お偉方よ、わが身を振り返るのだ。

ベルナルディーノは聖書や神学者の言葉を引用しながら党派争いが神の教えに背く大罪であるとし、党派間の復讐の連鎖を断ち切るように説く。党派心を抱くことから、党派への所属を言葉で表明すること、党派の印を携帯する行為にいたるまで、すべての段階が強く非難される。さらに日常生活に即したさまざまな例えが登場する。アザミの棘が季節に応じて徐々に成長して大きく硬くなるように、火打石から出た火花がやがて大火となりうるように、党派心は憎悪や敵対心を募らせるのだった。また「母親の腹にいる子どもは引き出され、女たちの体は踏みにじられ、子どもたちは壁にたたきつけられた」と、党派争いで市民が残虐に殺戮される情景が細部まで描写される。その一方で、桃の皮のむき方を見ただけで「あいつはグェルフィだ、ギベッリーニだ」と、人びとが些細なことにまで党派性を持ち込むさまが面白おかしく語られる。こうして聞き手は説教師の語りに、時に恐怖におびえ、時に笑い興ずる。深刻なテーマのときでさえ、いや深刻なテーマであればこそ、恐れのみでなく、笑いが聞き手の注意力を喚起するために有効であることを、名説教師ベルナルディーノは諸都市での経験から知り抜いていた。

このように党派争いの罪は重点的に説教されたが、興味深いことに説教からは具体的な党派の名前や党派争いの構図はいっさい浮かび上がってこない。中世シエナの政治は一方でグェルフィとギベッリーニとの対立、他方で豪族と上層市民、そして民衆との間の対立がみられ、これら諸勢力の動きを反映して政権が移り変わるという党派性の強いものであったが、ベルナルディーノはシエナの政治状況に無知だったのだろうか。説教師と都市当局の関係を説教から探ってみよう。

「善く生きることを欲している者たちがいると聞いたので、私は君たちの市庁舎で説教をおこないたい。政府の皆に説教したいのだ」とベルナルディーノは説教中に政府向けの説教を予告、数日後には「私の市民たちよ、神のお恵みにより、われわれは善き業をなした。私は昨日政府のお歴歴に必要な事柄を語った」と、政府向け説教が首尾よくおこなわれたことを報告している。次いで、政府の首脳陣が任期を終えて新政府が発足すると、「おぉ！　今朝、彼らが新しい政府の職に就任した。彼らが君たちの都市を統治するのだ。……彼らがなすべきことについて語るのはよいことだ」として、正しい統治方法について説教している。これらの説教内容から、ベルナルディーノがシエナの支配層と連絡を保ち、実際には都市の政治状況を把握していたであろうことがうかがえる。説教では特定の個人を名指ししないというルールに従って、党派を非難する際には一五世紀のイタリアではすでに実質を伴わないグェルフィとギベッリーニという党派名を使い、当時のシエナに存在した諸党派の名前も、そこに属する家門の名前もあえて語らなかったのである。ここには、都市政治に関わる限度を意識した説教師の慎重な姿勢をみてとることができる。

さて連続説教の最後には、クライマックスである和解の儀式がくる。ベルナルディーノは聞き手の男女に対して、和解のためにそれぞれ別の教会に行くように求める。

この説教の場から出発して、女たちはサン・マルティーノ教会へ行くのだ……そこで君たちが憎しみを抱いていた女たちと出会ったら、和解し、なすべきことを残さぬようにしなさい。次いで、君たち、男たちにも同様のことを言おう。聖母マリアに和解を捧げるために大聖堂に行きなさい。聖母が平和をお守りくださり、君たちが心中に憎悪を抱くことで生まれるさまざまな危険から君たちを見守ってくださるように。そこで憎んでいた者たちと出会った時には和解しなさい。

こうしてベルナルディーノは、キリスト教的理念に基づいて都市の一体性を可視化させ、都市の調和を試みたのであった。

ベルナルディーノ・ダ・シエナの説教は平和の語りを逐語的に追うことのできるまれなケースである。他方、年代記からは、説教から和解にいたるプロセスを別の面からたどることができる。ペルージャの年代記から一四四八年に説教師ロベルト・ダ・レッチェがおこなった四旬節説教のようすを見てみよう。

三月三日、日曜日、ロベルト修道士が広場で説教。……男も女も夜中の五時、六時から場所取りをしていた。説教は四時間ほど続いた。〔ロベルトは〕聖なる平和について説教をおこない、十字架を示して人びとをおおいに泣かせた。人びとは半時間ほど泣き叫んだ、「イエスよ、お慈悲を」と。その後、和解をおこなわせるために街区ごとに四人の市民を選出させた。

ロベルトは説教によって都市全体を熱狂させ、その興奮がさめやらぬうちに住民たちを平和へと導いていく。彼の説得によってその後、一部抵抗を伴いながらも多くの教会から有力家門の旗が取り除かれたのであった。

遍歴説教師はときに現地聖職者をもまきこんで、都市全体の和解手続である平和の誓約を実現させた。説教師ジャコモ・デッラ・マルカは、一四四四年に中部イタリアの都市リエティを訪れて説教をおこなった。当時のリエティでは、一部有力市民が党派争いによる長年の追放を経て帰国を果たしたものの、いまだ待望された融和は実現していない状態であった。ジャコモは到着後、数日間の説教でよい成果を得たようだ。おそらくは市の有力者の求めにより、進んで調停者となっている。司教館広間での政府関係者の集会に出席し、その場で有力者向けに説教をおこなったのである。説教の後、出席者たちはジャコモと司教たちが開いたミサ典礼書に手をおいて教会への従順と平和に暮らすことを誓約する。さらに、翌週もジャコモは同じく司教館広間での全体集会に臨席して改革を賞賛、改めて教会への従順と平和の勧めを説いている。こうしてジャコモは和解の成果に満足し、次の説教地に向けて出発したのであった。

以上のような平和説教のあり方には、当時の説教に共通のいくつかのパターンが表れている。まず説教師はつねに外から招かれ、説教の後は次の目的地に向けて去っている点に注意しよう。都市の部外者、遍歴途上での説教というのが平和説教に限らず当時の托鉢修道会説教師の特徴であった。都市が説教師を招き、都市政治の一部を彼らに委ねて問題解決を図るという手法は、一五世紀イタリアでは一つの政治文化として定着していた。平和の回復、経済の改革（公益質屋の設立）、風紀の取り締まり（ソドミーの禁止、奢侈禁止令）において説教師の介入はとくに有効であった。こうして都市は説教師を巧みに利用した。他方説教師もまたこの機会を利用して、彼らがめざす「キリスト教的社会」の形成へと市民を誘ったのである。都市と説教師は、双方が交わる領域と限度をよく意識して相手に接した。説教師は平和が回復され公益質屋が設立されると去っていったし、党派争いを非難しても対立党派を個別に攻撃することはしなかった。市政改革への関与も一定範囲内にとどまる。広場での説教は、こうして聖と俗が一時的に節度を守って交わる場でもあった。その意味でも托鉢修道会士の遍歴説教は一五世紀イタリアの政治文化であったといえよう。しかし、ときに説教師が一線を越えて権力を握り独裁者と化すことがある。サヴォナローラ支配下のフィレンツェがその例であり、ここにサヴォナローラというカリスマ的説教師がもつ一五世紀政治文化における特異性が浮かび上がってくるであろう。

## 4　公益質屋（モンテ・ディ・ピエタ）

すでにみたように当時の説教は遍歴説教であることが特徴であり、その痕跡は今日も各地に残されている。たとえば図10-2のような紋章らしきものをみかけることがある。中央円中の文字（ＹＨＳ）はイエスの略号（YH[E]

S〔US〕であり、その周囲に太陽をシンボライズした炎が上がっている。これはベルナルディーノ・ダ・シエナが自ら考案し、説教の初めに聴衆に示して祈りを求めた標章である。教会や市庁舎の壁に添えられたこの標章は、かつてベルナルディーノがこの地を訪れて説教したことを記念しているのである。さらに図10－3のような標章を見かけることがある。三つの山の上に十字架が立つこの奇妙な標章は、説教師の勧めに応じて市民が設立した公益質屋を表している。一五世紀後半の遍歴説教師、とくにフランチェスコ会厳修派の説教師たちは、訪れた町で公益質屋の必要性と有用性を強く訴えた。説教と質屋がどうして結びつくのか素人には想像しにくいが、両者が結びつくところに中世末期都市経済の興味深い一面が隠されているのである。

図10-2　ベルナルディーノ・ダ・シエナの標章

出典　シエナ、国立絵画館（Siena, Pinacoteca Nazionale）

説教師たちが説いた公益質屋は「モンテ・ディ・ピエタ」と呼ばれる。「モンテ」とは「山」の意であり、市民が拠出した資金の山をさす。他方「ピエタ」とはこの場合貧民を救済するキリスト教的隣人愛のことである。つまりモンテ・ディ・ピエタとは貧民を救済するために低利で貸し出す質屋であり、その資金は市民たちが隣人愛の精神から拠出した。ではこの時期なぜ説教師がモンテの必要性を説き、それを受けて市民たちが設立に動いたのか。それをみるためには、少しさかのぼっ

図10-3　モンテ・ディ・ピエタの標章
出典　レッジォ・エミーリア、ビポップ・カリーレ銀行（Reggio Emilia, Bipop-Carire s.p.a.）

て一四世紀以後、北・中部イタリア都市で民衆向け消費者金融がどのような状態にあったかを概観しておく必要がある。

モンテ出現以前、民衆向け小口金融はどの都市でもユダヤ人が一手に握っていた。これらのユダヤ人は土着のユダヤ人ではない。教会がキリスト教徒の利子取得禁止を強化していくなかで、キリスト教徒ができない金融を担当させるため都市が外部から招致した者である。招かれたユダヤ人は都市と「協定」を結び、それに従って営業した。「協定」によればユダヤ人金融の利率は一五〜三〇パーセント程度、ユダヤ人には納税の義務があり、都市からの貸付要求に応じなければならず、さらにユダヤ人マークなどの衣服規制に服す義務があった。こうした条件と引き換えにユダヤ人は、ユダヤ教の祝日の休業、シナゴーグの保有など独自の文化伝統の維持を認められた。

こうして都市は金融業という不可欠の業種を確保するかわりに、ユダヤ人という異質な要素を抱え込むことになった。独自文化の保持を認められた彼らは都市にとって他者であり、都市はそれを承知で彼らを利用し共存する道を選んだのである。さらにユダヤ人金融は小口の消費者金融であり、顧客の多くは貧民であった。ここから貧民を高利で苦しめる無慈悲な金貸しというイメージが生まれる。このような民衆の漠たる反ユダヤ感情を巧みにとらえて形を与えたのが、フランチェスコ会厳修派の説教師たちであった。彼らは高利の弊害を除去し、ユダヤ人という異文化を排して、彼らの説く愛と徳に満ちた「キリスト教的社会」を建設する一つのプランを示した。それがモンテ・ディ・ピエタである。

説教師がモンテの構想を示し、市民がそれに応じて設立に奔走するようすをベルナルディーノ・ダ・フェルトレを例にとってみてみよう。彼は独力で二二ものモンテを設立に導いたモンテ設立運動の最大の立役者である。彼が一四九三年パヴィアでおこなったモンテ説教の筆録が残っており、これを通じて説教師がいかに市民に働きかけたかを詳細に追うことができる。

一四九三年、パヴィア市当局によって四旬節説教に呼ばれたベルナルディーノは、復活祭が過ぎても同市にとどまりモンテの設立を呼びかける説教をおこなった。彼はモンテの具体的なプランをこう語る。貧者は多く、金は少ない。そこで「貧者がユダヤ人の餌食にならないようにするには」、金を集めて困っている者を助けるようにすべきだ。集めた金は「信用できる人物」の手に委ねる。貸与に際しては証文ではなく質をとる。質は貸与金の返済時に受け取ることができる。つまりモンテは質貸しという形態をとるべきだという。それでは建物の賃貸料や職員の給与などモンテの運営費はどうするのか。ベルナルディーノはそれは受益者つまり借手が負担すべきだとする。職員が愛の精神で無償奉仕してくれれば結構だが、現実にはそれはきわめて困難だという。

> 金を払ってよく働いてもらうほうがましだ。……無給で何もしてくれない者より、有給できちんと働いてくれる者の方がいい。ただより高いものはないのだ。

運営費を借手が負担するとは、いいかえれば借手は利子を払うべきだということである。ここに一つの大きな問題が立ちはだかる。教会は金銭貸借にともなう利子取得を厳しく禁じており、その理由はスコラ学者たちによって精緻に理論化されていた。ベルナルディーノのモンテ構想はこの禁令に正面から違反することになる。そこで彼がおこなったことは、同じスコラ学の論理を用いてモンテの取得するプラスアルファは教会の禁じる利子には当たらない、と論証することであった。スコラ学独特の精緻をきわめた論理をここで逐一たどる余裕はない。ここでは、この理屈が「婆さんにもわかる」ようにと彼が語った例え話を紹介するにとどめよう。倉に穀物を蓄えている女のもとに貧者がやってきて、一袋貸してほしいと懇願する。女は求めに応じて貸し与える。ところが貧者はみずから袋を担ぐことができないので、誰かに家まで運んでもらわなければならない。運んでくれた者には運び賃を払わなければならないが、これは当然貧者が負担すべきものである。ベルナルディーノは借手がモンテに支払うプラスアルファもこれと同じで、教会の禁じる利子ではなく手間賃だというのである。こうしてベルナルディーノはモンテ設立の前に立ちはだかる最大のハードルを乗り越えた。

ただしプラスアルファの取得を正当化したといっても、それは利益追求が目的ではなく運営費確保のためであるから、利率は最小限に抑えられた。各地のモンテの記録をみると、モンテの利率は平均五パーセント程度である。ユダヤ人金貸の利率よりはるかに低く、ここに貧者救済のための公益質屋というモンテの理念が具体化されている。

しかしもう一つ大事な課題が残されている。貸し出しに用いる資金をどのようにして集めるのか。ベルナルディーノは財に余裕のある市民がこれを自発的に拠出すべきだという。貧民救済のために愛の精神から拠出された金は、貧者を経済面で救うだけでなく、拠出者の霊をも救うことになる。ベルナルディーノはモンテへの寄付と救済の関係を為替手形にたとえてみせる。モンテへの寄付という「施し以上に確実な天国行きの手形はない」。

死者の道づれは憐れみだけだ。この世からなにをもっていけよう。先に送った者だけがそれを〔天国で〕受け取るのだ。送れ、送れ、為替手形で。

拠出者は現世でモンテに払い込んだ金を、天国で救済という形で受け取る。醵金と救済を、送金と両替という為替の機能にかけあわせた卓抜な比喩である。

この説教を聞いたパヴィア市民は早速その日からモンテ設立に動き始め、わずか一月あまりの間に評議会で設立を決議し、役員を選出し、規約を作成し、募金活動をおこない、モンテの入る建物まで確保してモンテを始動させた。一四九三年のパヴィアは説教から開業にいたるまでのプロセスを詳細にたどることのできるまれな例だが、他都市の場合もほぼ同じ経過をたどったとみてよい。こうして一四六二年にペルージャに最初のモンテが設立されて以後、一世紀の間に二〇〇ものモンテが各地の都市に設立された。これらのモンテのうち、あるものはその後の有為転変のなかで消えていったが、かなりのものは近代化のなかで形を変えながら今日もイタリアの地方銀行として立派に機能している。遍歴説教師の言葉はたんなる言葉にとどまらず、イタリア経済に消しがたい刻印を残したのである。各地の地方銀行の入口などにひっそり置かれている図10‐3の標章は、遍歴説教師の言葉と都市経済との関わりを五〇〇年後の今も証しているのである。

## 5　説教を聞く、書く、読む

ここまでベルナルディーノ・ダ・シエナを中心に、一五世紀イタリアの説教師たちの語りを追ってきた。ここまでの主役は説教師である。しかしいうまでもなく、説教は聞き手なしにはありえない。一五世紀イタリアの遍歴説教師は、荒野に叫ぶ預言者ではなかった。説教の全体像に迫ろうとするとき、われわれとしては説教のもう一人の主役たる聴衆の存在を忘れることはできない。最後にこの点にふれておこう。もっとも聴衆はこれまでの叙述のなかに、すでに影のように姿を現している。たびたび引用してきた筆録説教の書き手は聴衆であり、彼らが筆録してくれたからこそ今日のわれわれも一五世紀の生きた声に接することができたのである。筆録者はどのような人びとだったのだろうか。そもそも彼らはなぜ筆録したのであろうか。

筆録を残した人びとは、大きく聖職者と俗人に分けられる。聖職者が筆録する理由ははっきりしており、自らが別の機会に説教するための素材として著名な説教師の語りを記録したのである。これに対し、俗人が筆録する理由はさまざまであった。ある者は自分が後で読み返し、語りを思い起こしながら信仰を深める手段として筆録した。ある者は筆録をもとに家族に聖なる教えを説き、さらに友人間で筆録を回し読みすることもあった。筆録を借りた者は、しばしばそれを自分で書き写した。こうして説教の声の後には、文字による新しいコミュニケーションの回路が広がっている。一五世紀イタリアでは、説教の言葉の力は、広場で発せられた声だけでは測りえず、それが文字となり読書を通じて人びとの心に静かに浸透していく過程をも視野に入れて、初めて理解しうるものとなる。

筆録者はとくに教養高い人びとというわけではなかった。一四二七年にシエナでベルナルディーノの語りを記録した人物は毛織物剪毛工であり、当時の社会ではむしろ下層に属する。社会層の上下を問わず、多くの人びとがこうしてペンを握り説教を書き記した。このことは当時のイタリア都市社会において、書くという行為が市民の間で珍しくなかったことを意味している。ごく普通の人びとが日記を書き、家計簿をつけ、家の過去をたどり、手紙をやり取りし、ときには創作に手を染めることもあった。俗人による説教の筆録は、当時のイタリア都市社会において広く定着した文字文化の一つの表れなのである。

このことは、視野をイタリアの外に広げるといっそうはっきりする。俗人筆録説教という史料群がまとまって残されているのは、中世末期のヨーロッパではイタリアだけである。今日説教史料として残されているものの大半は、説教師が説教案文として、あるいは他の説教師のための模範としてラテン語で書いたテクストであり、範例説教と一般に呼ばれているものである。範例説教は全欧各地に残されている。これに対し俗人が俗語で書き記した説教はイタリアに限られた現象である。この対照に、高い識字率と深く浸透した文字文化という中世末期イタリア都市社会の特徴があざやかに示されているといえよう。

（大黒俊二・木村容子）

# 第11章　人びとのきずなと祭り

## 1　橋の上の大げんか

### §けんかか祭りか

海の都ヴェネツィアを描いた一八世紀の二枚の絵を見てみよう。図11-1はアントニオ・ストームの《こぶしでの戦い》、図11-2はガブリエル・ベッラの《サンタ・フォスカ橋における棍棒での戦い》である。ストームが画面の中央に据えた橋をほぼ真正面からとらえているのに対して、画面の左寄りに橋を描くベッラの視線は、橋の左前方から右岸へと向けられているといった多少の違いはあるものの、それぞれの絵に描かれている内容は非常によく似ている。すなわち、ヴェネツィアを縦横に流れる運河にかけられた橋の両端から、大勢の男たちが押し寄せ、橋のちょうど真ん中で激しい乱闘を繰り広げている場面である。

相手に投げ飛ばされたのか、真っ逆さまに運河に落ちている男たちもいれば、倒れて踏みつぶされそうな人も見える。図11-1では武器を持たずに素手で殴り合っている男たちは、図11-2では棍棒を振りかざしながら戦っているが、この棒は先端が削られて槍のようになっていることもあったらしい。当然のことながら、戦いに参加した男たちの足や手が折れ、頭を割られて血を流すといったことは日常茶飯事であり、死者が出ることさえ珍しくなかった。にもかかわらず、男たちは次から次に押し寄せてきて、けんか騒ぎは一向に収まる気配がない。しかも、周囲の建物の窓やバルコニーや屋根の上、あるいは運河に浮かべたゴンドラやボート、橋のたもとの広場などには多数のやじ馬が集まり、熱狂しながらこの乱闘の様子を凝視している。ときにはこれらの観衆のなかから、声援や罵声とともに瓦や石が投げられることもあったらしい。また図11・1の右下には、貴族と思われる

図11-1　アントニオ・ストーム『こぶしでの戦い』

出典　1730年頃、クェリーニ・スタンパリア美術館。

図11-2　ガブリエル・ベッラ
『サンタ・フォスカ橋における棍棒での戦い』

出典　18世紀後半、クェリーニ・スタンパリア美術館。

やじ馬同士が、剣を抜いて帽子を奪い合っている姿も見える。男たちの屈強な肉体がぶつかる鈍い音、あたりを飛び交う怒号や悲鳴や歓声などが、いまにも聞こえてきそうである。まさに力と力の激突というべきこの騒ぎは、そもそもいったい何なのだろうか。

この橋上の乱闘は、単なるけんかではなかった。暴動や一揆でもない。「祭り」である。

図11‐1に戻ってみよう。橋の上で激突している二つの集団をよく見ると、それぞれおそろいの帽子をかぶっていることが分かる。偶発的なけんかならば、こんな用意はできないだろう。じつは、向かって左側の赤の帽子のグループはカステッラーニと呼ばれ、おもにヴェネツィアの中心部を逆S字型に貫く大運河《カナル・グランデ》の東側に居住していた。一方、右側から押し寄せる黒の帽子をかぶった男たちは、都市の西部に住むニコロッティで、この位置関係は図11‐2にも共通している。両者は長い間の対抗関係にあり、たびたびこのような激しい衝突を引き起こしていたのである。

この「祭り」には、暗黙のルールがあった。当初は時期や場所に関係なくおこなわれていたけんか騒ぎは、一六世紀末までに、九月からクリスマスまでの間におこなわれること、広場などを避け、ほとんどが欄干のない特定の橋を舞台とすること、武器の使用禁止などの原則が定められていく。これらのルールには、衝突の時期を限定するとともに、闘いの場も、周辺の建物に被害が及びにくく、一度に大勢の人間がぶつかりあうことができない狭い橋、しかも殴りあう男たちが運河に落ちやすい欄干のない橋の上に制限することで、被害を最小限に食い止めようとする配慮がうかがえる。こうして、カステッラーニとニコロッティという都市を二分する集団間の暴力の応酬は、一定のルールを備え、観衆を集める「祭り」として様式化されていったのである。その結果、のちにはヴェネツィアを訪れた賓客を楽しませる歓迎行事としても利用されるようになり、一五七四年にはフランス王アンリ三世も観戦している。

とはいえ、わたしたちには野蛮な暴力としか映らないけんか騒ぎが「祭り」であるとは、すぐには納得しがたいかもしれない。たしかに、現代社会や日本の伝統的な祭りのなかには、「男らしさ」や「勇気」を表現する「荒々しさ」を特徴とするものも少なくない。しかしそれは、互いにこぶしや棍棒で殴り合うようなむき出しの暴力とは異なるはずである。

## 名誉を賭けた戦い

ところが、市民自らが武器をとって都市を防衛する民兵の軍事訓練に起源があるといわれる、こうした暴力的な祭りは、中世のイタリアではいたるところで開催されていた。たとえばピサでは、ヴェネツィアと同じような「橋の上の戦い」がおこなわれていたし、シエナには町を三分する地域ごとの対抗戦として、棍棒を使った模擬戦《エルモラ》があった。さらに、フィレンツェの「古式サッカー《カルチョ・ストリコ》」やシエナの競馬《パリオ》も、相当に荒々しい祭りであった。そして、これらの祭りに共通するのは、都市を構成する地域共同体の対抗戦としておこなわれるということである。祭りの参加者は、いわば地域の代表として、その力と名誉を競い合った。一方ヴェネツィアのカーニヴァルでは、「けんか祭り」の主体であるカステッラーニとニコロッティが、今度は力と技を競い合う組体操のような「ヘラクレスの怪力」というパフォーマンスを繰り広げ、訪れた人びとの目を楽しませていたのであった。

名誉を賭けた祭りの背景にある共同体の対抗意識や、その直接的な表現としての暴力の意味を理解するためには、社会全体に暴力が溢れていた中世世界の性格について考える必要がある。現代とは異なり、都市当局や君主・領主の司法権力が社会の隅々にまで及んでいなかった中世では、個人や集団への攻撃や侮辱に対しては自力で立ち向かい、自分や家族、共同体の利益と名誉を守るために、攻撃と復讐の応酬が繰り広げられた。こうした私人間の実力による紛争解決のことを一般に私戦《フェーデ》といい、イタリアでは加害に対する報復行為をヴェンデッタと呼ぶ。シェイクスピアの『ロミオとジュリエット』に描かれたモンタギュー家とキャピュレット家の果てしない争いを想起すると分かりやすいだろう。そして、このような暴力の応酬は、他の共同体の間でも頻繁におこなわれていた。だから、現実の衝突にせよ、あるいは祭りでの対決にせよ、参加者は真剣そのものであった。なぜなら、勝者には名誉と利益がもたらされ、敗者には屈辱と失脚が待っていたからである。たとえば、一五四八年におこなわれたヴェネツィアの「サン・バルナバ橋の戦い」では、カステッラーニが勝利し、敗者は「罰ゲーム」として伝統ある呼称を捨て、改名を強いられるという屈辱を味わった。その新しい呼び名が、ニコロッティなのである。

しかし、たとえ自分の所属する地域や集団の名誉がかかっているとしても、なぜケガや死の危険を冒してまで暴力そのものの祭りに参加し、それを守る必要があるのだろうか。その問いに答えるためには、中世イタリア都市社会において、地域共同体をはじめとするさまざまな集団がどのような原理で形成され、いかなる役割を果たしていたのかといった点について考えていくことが不可欠であろう。それが本章の課題である。

## 2　イタリア都市社会におけるソシアビリテ

### §人と人との結びつき――きずなとしがらみ

わたしたちの生きる現代社会は、基本的に個人単位で構成されている。けれども一方で、わたしたちは家族や親族、町内会や青年団、学校や部活動、企業や労働組合、趣味のサークルやボランティア団体といった、多様な原理や契機で結ばれた人間関係に基づく共同体のなかで暮らしていることも事実である。この点は中世社会においても変わらない。むしろ、そこではきわめて濃密な人間関係が形成され、人びとはその網の目のなかで生活していたから、共同体の果たす役割は現代とは比べものにならないほど大きかった。

このような共同体を形づくる人と人との結びつきは、日常生活を支える有用な「きずな」としてとらえられる。とはいえ、この「きずな」は、人びとの行動や思考を縛る窮屈な「しがらみ」にも容易に転化する。こうした人間関係の性質や機能を解き明かそうとするのが、「ソシアビリテ（社会的結合）sociabilité」という概念である。人びとの結びつきのあり方を解明しようとするこの考え方は、民族や階級を所与の枠組みとして重視する従来の歴史学に疑問が投げかけられるようになった二〇世紀後半以降、とりわけ注目されるようになってきた。

ソシアビリテ研究の出発点は、フランスの歴史家M・アギュロンの社会運動史研究にある。アギュロンは、一九世紀の南仏プロヴァンスにおける活発な共和主義運動の基底に、この地方に独特の濃密な人間関係があったと主張した。その後ソシアビリテは、プロヴァンス社会を特徴づけるキーワードから、どの時代や地域にも当てはまりうる一般的な概念へと発展し、ヨーロッパやアメリカのみならず日本においても広く受け入れられて、さまざまな地域や時代の研究に応用されるようになった。こうして、政治的な運動のみならず、多様な歴史的事象の背後にある政治的、社会的、文化的な人間関係や、それを通じて形成される集合的な心性《マンタリテ》の重要性が認識されるとともに、社会的結合のあり方がその社会の構造や特質を明らかにするための手がかりとして重視されるようになったのである。

それでは、中世イタリア都市に暮らす人びとを取り巻くソシアビリテにはどのようなものがあり、その特徴はどこにあるのだろうか。第一に挙げるべきものとして、家族や親族がある。中世社会における家族とは、単に血縁でつながる親子や兄弟姉妹のみならず、使用人や奴隷、従者なども含み、その血統にまつわる記憶や伝統、家名や紋章、名誉や威信を共有する成員によって強固に結ばれた集団であった。したがって『ロミオとジュリエット』のように、その構成員が攻撃され、家の名誉が汚された場合には、親族全体によって復讐がおこなわれた。このように、家族や親族のあり方もまた、その時代や社会によって規定されるソシアビリテのひとつである。ただし、中世イタリア都市社会における「家」や家族のあり方については、すでに第7章で詳述されているので、そちらを参照していただきたい。

## 地域における結びつき

都市民にとって、自分たちが暮らす地域の人びととの結びつきは、それが都市のさまざまな祭りの基礎単位となっていたように、きわめて重要なものであった。そもそも中世イタリア都市の住環境は、第8章でみたように、富裕層が住む豪壮な邸宅を除けば、一般に狭くて暗く、設備も不十分で、快適な空間にはほど遠かった。そのため人びとは、街路や広場といった外部の空間を生活の場として共有し、そこに設置されている井戸も共同で利用した。このように、毎日顔を合わせながら生活するなかで形成されてきた自生的なソシアビリテが、教区や街区といった地縁的共同体であった。そこではだれもが顔見知りで、互いに助け合いながら生活し、ときには何世代にもわたる濃密な関係を築いていた。子どもたちは地域のなかで生まれ、育ち、社会のルールを学びながら、強烈な帰属意識を育んでいくのである。

たとえばシエナでは、日常生活の基礎単位となったのはコントラーダと呼ばれる街区であった。街区《コントラーダ》は、それぞれ役員を選び、独自の政庁や規約、財産、紋章、シンボル、色などをもっていた。街区の教会では、子どもに洗礼を施し、結婚式や葬式を挙げ、街区の守護聖人への崇敬が示された。住民の地縁的な結びつきは、信仰を通じて補強されたのである。そして、扇形の美しいカンポ広場でおこなわれる競馬《パリオ》は、まさにこの街区の名誉を賭けた対抗戦としておこなわれた。競馬はシエナの守護聖人である聖母マリアにちなんだ祝日などに開催されたが、住民たちはカタツムリや鷲、一角獣や竜といったそれぞれの街区のシンボルをかたどった旗を振り、標語や歌を叫び、出場する騎手と馬の勝利を祈った。競馬は、街区の住民としてのアイデンティティを確認し、連帯感を強化する場である一方、他の街区への対抗意識を発揮する場でもある。それぞれの街区の間には、長い歴史や日常生活での利害関係に基づく対抗関係や同盟関係があった。だからこそ、敵対する街区への勝利はこの上ない満足と優越感をもたらす一方、敗北による不名誉と屈辱を味わった住民たちは、次回の雪辱を固く誓い合うのである。

さらにシエナでは、テルツォと呼ばれる三分区も設定されていた。一二世紀半ば以降、都市を支配する豪族層に対抗した商人や職人たちの軍事・行政組織として機能し始めた三分区《テルツォ》が、模擬戦《エルモラ》の基礎単位であったことはすでに述べた。そしてこの三分区のうえに、シエナという都市共同体が存在したのである。競馬のような盛大な祭りは、各街区の結束と対抗意識を強化する一方で、同じ場所で同じ祭りに参加することによって、都市共同体の一体性をも演出した。また都市を取り囲む市壁や、信仰や行政の中心をなす大聖堂や市庁舎は、第2章でも述べたように、都市の繁栄や市民の誇りを象徴する共同体のシンボルとしても機能した。こうしてシエナでは、いくつもの地縁的なソシアビリテが重層的に形成され、住民たちの帰属意識は、なによりもまず生活に密着した街区に向けられる一方で、三分区や都市といったより高次の共同体へのベクトルをもあわせ持ち、市民としての一体感と他都市への対抗意識が発揮されたのである。

こうした構造は、他の多くの都市にも共通してみることができる。たとえばフィレンツェでは、都市を四つ（かつては六つ）に分ける街区《クワルティエーレ》と、一六の行政区《ゴンファローネ》(旗区)が設定され、さらにその下に六二の教区があった。古式サッカーが街区対抗でおこなわれていたことはすでに述べたとおりである。大学都市ボローニャでも同様に、都市の政治・軍事・徴税の基礎単位として四つの街区《クワルティエーレ》があり、さらに各街区は、それぞれ二五〜三〇程度の教区に分けられていた。しかも人口の多い教区には、それぞれの事情に応じてモレッロやクワルティロロと呼ばれる下位区分もあった。

一方ヴェネツィアでは、都市全体が六つの街区《セスティエーレ》に分けられる一方、相互に橋で結ばれたそれぞれの島が、ほぼひとつの教区として日常生活の基盤となっていた。また、冒頭で紹介したカステッラーニとニコロッティの対立は、都市成立期における「陸の住民」と「海の住民」としての自意識に起源を持ちつつ、時代とともに境界を移動させながら形成された地縁的な結びつきとして意識されていたともいわれている。このように、都市社会において重層的に存在していた地縁的なソシアビリテは、都市の軍事や行政、あるいは信仰や祝祭と密接に関わりながら、住民の生活空間として、その思考や行動を強く規定していたのである。

## 職業による結びつき

同じ地域に居住する人びとの結びつきとならんで、同じ職業に従事しているもののつながりもまた、市民の日常生活において重要な意味を持っていた。ヨーロッパ史においてギルドと総称される組織はその典型であり、イタリアでは同職組合《アルテ》と呼ばれていた。

同職組合とは、成員の相互扶助を目的とする自発的な仲間団体のことである。各成員の宣誓を通じて結成されたこの組織は、もとは仲間の葬送儀礼と密接な関係があったといわれ、仲間の親方やその家族の葬儀にはすべての構成員が参加しなければならないことが規約に定められた。また残された寡婦や子どもたち、あるいは困窮したメンバーに救いの手を差し伸べ、その面倒をみることも同職組合の重要な役割であった。疫病の流行や災害、戦争などが頻発する社会にあって、こうした相互扶助は同職組合のもっとも基本的な機能のひとつだったのである。

職縁的な共同体としての同職組合は、古代ローマ時代の都市の手工業者団体《コレギウム》との関連が指摘されているが、その起源は明確にはわかっていない。しかし、いわゆる「商業の復活」にともなって発展してきたヨーロッパ都市では、一一世紀前半頃から遠隔地商業に従事する大商人のギルドが設立され、ピアチェンツァで一一五四年、ミラノで一一五九年、フィレンツェで一一八二年に大商人の同職組合に関する記録が残されていることから、遅くとも一二世紀後半にはイタリアでも成立していたと思われる。この同職組合を構成する富裕層は、法律家や公証人、医者などの専門職の同職組合の成員とともに、都市の経済や政治の実権を握ってエリート層を形成した。

大商人につづいて、手工業者や小商人もギルドを結成した。たとえばフランスでは、一二世紀半ばから王や領主によってパン屋や肉屋、魚屋、居酒屋などのギルドに規約が与えられている。イタリアでも、都市人口の増大や職業の多様化、都市コムーネの発展にともなって、パン屋や鍛冶屋、大工、毛織物工など、都市の経済構造に合わせて多様な業種の同職組合が設立され、一二世紀末までにさまざまな文書史料に登場するようになった。同職組合の展開過程や性格には都市により違いもあるが、一般にこれらの同職組合は、同じ職業に従事するものの親睦や結束を深める相互扶助的な仲間団体としてのみならず、その業界を統轄する自治的な機能や、過当な競争を排除し、構成員の利益を守る役割をも担っていた。多くの同職組合では、親方だけが正式な構成員となり、独自の規約を定め、役員を互選し、成員間のトラブルを調停して裁決を下す独自の裁判機構を持っていた。また、都市内での営業権を独占して組合員以外の自由な開業を認めず、生産や販売を調整して競争を規制する一方、営業時間や祝祭日を指定し、製品の質や価格を厳しく管理して不正を防止した。さらに、雇用できる徒弟や職人の数、修行に必要な期間、親方となるための試験や親方権の継承などについても規定し、技術の維持・伝承を図るとともに、自分の工房を営む親方数を管理したのである。

たとえば、一三八四年に定められたヴェネツィア近郊の大学都市パドヴァの毛織物商組合の規約では、まず役員の選出や職務について決められたうえで、この職に従事しようと望むものは誰でも、一〇リラを会計係に支払って同職組合に加入すること（第二八条）、仲間の葬儀に参列しているものは、死者が埋葬されるまで、手にロウソクを持って教会にとどまっておくこと（第三九条）、羊毛を盗むなどの悪い評判が立った職人や親方との関わりを禁止すること（第四七条）、同職組合の規約に定められた祝日を遵守し、違反者は罰金として五ソルドを支払うこと（第九二条）などが定められ、業界内の秩序と名誉を保つとともに、仲間の葬儀などを通じて連帯意識を形成していたことが看取できる。

## §同職組合を通じた政治参加

このように、同職者の利益保全と相互扶助のためにつくられた同職組合は、一三世紀に都市の実権を握る支配層と同職組合を構成する小商人・手工業者層が対立し、後者による政治参加要求が高まりをみせるなかで、次第に政治的な武装組織としての役割を果たすような場合が現われてきた。しかもその過程で、必ずしも職業上の関係を持たない複数の小さな同職組合が、組織として一定の力を確保するために一つに結合するなど、同職組合の統合や再編も進められた。また、都市の平民層が新たに都市の実権を握った政治機関を樹立したときには、同職組合を基礎単位としてその機関の構成員を選出することも多く、その場合には同職組合の成員であることが政治参加のための事実上の前提条件ともなっていたのである。

たとえばフィレンツェでは、一二五〇年に樹立された「最初のポポロ政権」がすぐに打倒されたのち、一二八二年には武装組織に変容していた同職組合を権力基盤として、再び小商人・手工業者層が権力を掌握し、同職組合成員の代表者であるプリオリからなる政治機関を設立した。ただし、プリオリの選出は同職組合ではなく街区《クワルティエーレ》ごとにおこなわれた。また一二六六年から三次にわたって、既存の同職組合は九つの大組合と五つの中組合、そして七つの小組合に再編され、序列化された。このうち大組合には、国際市場で活躍する遠隔地商人や金融業者、毛織物工業の織元、法律家や公証人などの同職組合が含まれ、旧来の都市貴族層の一部と融合しつつ、新たな支配層を形成して権力を掌握した。一方、中小組合に属する小商人や手工業者層は、政治参加権は認められるものの実質的な発言力は著しく制限された。また毛織物労働者のように、大商人層と利害が対立する下層の労働者には固有の同職組合の結成が認められないことも多く、政治参加権を奪われたまま大商人層に従属させられた。

ボローニャでも、一二二八年という比較的早い時期におこった民衆蜂起に際して、その権力基盤となったのはやはり同職組合であった。しかしボローニャでは、武装組織としての機能は同職組合《アルテ》ではなく地域を単位とするアルメに与えられ、この同職組合とアルメに基づいて平民政権が樹立されたところに特色がある。一方、国際商業都市ヴェネツィアでは商人の同職組合は結成されず、海外貿易に従事する大商人層を核として法的身分としての貴族層が創出され、政治参加権を世襲的に寡占化するとともに、その利益は国家により保護された。手工業者層は職種ごとに五二もの同職組合を結成したが、それらは国家による厳しい統制と管理のもとに置かれ、政治参加権や独自の裁判権も認められず、他都市と比べてその機能は大きく制限されたのである。

## § 信仰による結びつき

これまでみてきた地縁的な結びつきや職業的な結びつきは、キリスト教信仰と結びついてさらに補完され、強化されることが多かった。たとえば、成員やその家族の結婚式や葬儀に参列し、洗礼を受ける子どもの名付け親になることなどもそのひとつである。また、クリスマスや復活祭、あるいは都市の守護聖人に関わる重要な祝祭には、地域共同体や同職組合が教会にロウソクや供物を捧げたり、都市を練り歩く行列に参加したりした。さらに中世ヨーロッパでは、特定の守護聖人に帰依する人びとによって、相互扶助と慈善を目的とする組織も数多く結成された。これが兄弟会である。

第9章でも論じたように、兄弟会は、設立の契機、会員の構成や規模、活動内容などはじつに多様であったが、一般的に女性をも含むさまざまな階層から集まった会員が、対等の立場で物質的・精神的な相互扶助や慈善活動をおこなうことを目的としていた。同職組合の成員や家族が、その職業の守護聖人に捧げられた兄弟会を設立している場合もあれば、改悛した売春婦や死刑囚のための慈善活動を目的とするもの、あるいは甚大な被害をもたらしたペストの流行に際して、罪の許しと病苦からの解放を願ってつくられたものなどがあった。とりわけイタリアでは、一二六〇年代から「鞭打ち兄弟会」が相次いで設立され、磔刑に処されたキリストの苦難を追体験するため、粗末な衣装を着て自分の背中を鞭打ちながら市中を行列してまわった。ヴェネツィアでは、兄弟会のことをスクォーラと呼ぶが、そのなかには鞭打ち兄弟会の流れを汲み、数百人もの会員を誇る六つの大兄弟会《スクォーラ・グランデ》と、小規模で多彩な活動や契機をもつ小兄弟会《スクォーラ・ピッコラ》があった。また、都市に滞在するアルバニア人やギリシア人などの外来人によって結成されたものもある。たとえば、ダルマツィア人によって設立されたサン・ジョルジョ・デリ・スキアヴォーニ兄弟会の建物は今も残っており、社交の場として機能し続けている。

## § 兄弟会の機能

こうした兄弟会は、なによりも信仰や敬虔を示すことが活動の第一の目的であった。たとえば、守護聖人の祝日にはミサが挙行され、亡くなった会員の葬儀や魂の救済のために祈りを捧げることが会員の義務であった。残された家族を援助することも重要である。フィレンツェのサン・ドミニコ兄弟会やサン・ザノビ兄弟会では、会員の葬儀に際して遺族への金銭的な援助が定められ、棺を覆うための布も貸与された。

さらに、女子の結婚に際して嫁資の援助をおこなう兄弟会も各地でみられる。第7章で述べたように、中世イタリア都市社会では、結婚に際して新婦が高額の嫁資を持参する慣行があり、娘を抱える家にとって嫁資の工面は深刻な問題であった。そのため、慈善活動に対する兄弟会の支出のなかで、嫁資の貸与は大きな割合を占めることとなった。たとえばヴェネツィアのサン・ロッコ大兄弟会では、嫁資の貸与は慈善関係の支出の約四〇パーセントを占め、使徒ヨハネに捧げられたサン・ジョヴァンニ・エヴァンジェリスタ大兄弟会では、その割合はさらに大きかったという。このように会員間の相互扶助、とりわけ嫁資の援助や困窮した会員への援助もまた、兄弟会の大きな役割のひとつであった。

また、キリスト教的な慈愛の精神に基づき、「キリストの貧者」と呼ばれた巡礼や病者、障害者、孤児、改悛した売春婦などへの慈善活動も積極的におこなわれた。フィレンツェでは、オルサンミケーレ兄弟会やブオノミニ・ディ・サン・マルティーノ兄弟会のように、貧困層への施しを目的とする兄弟会が設立されていた。ヴェネツィアでも貧者のための兄弟会が多数設立され、なかにはサンタ・マリア・デッラ・ジュスティーツィア兄弟会のように、囚人の死刑執行に同伴するための団体もあった。そして多くの兄弟会では、貧者への施しが定期的におこなわれていた。たとえば、フィレンツェのサン・パオロ兄弟会の一四七二年の規約では、日曜日のミサごとに五〇個のパンを配布することが定められている。ただし、その対象となる貧者は「まずそれを必要としている兄弟（＝会員）たち」、次に「真の貧困状態と高貴さとを兼ね備えている」隣人たちであり、没落した市民や寡婦など都市社会の「恥を知る貧者」に配布されるのは、わずかにその残りの部分だけであった。

このように兄弟会の慈善活動は、困窮する会員の援助が優先されるとともに、あくまで喜捨を通じた自己と家族や仲間の霊的な救済を目的とする中世的な救貧観に基づいておこなわれていたのであって、社会問題としての貧困の解決を目指すものではなかった。そのため、援助を必要とする貧者の数や経済状態には関係なく、もっぱら兄弟会の経済力などに応じて慈善のための予算やパンの数量が限定され、その活動は不十分な水準にとどまらざるをえなかった。ここに、近・現代における社会保障や福祉、あるいは近年広がりを見せているボランティア活動との大きな違いがある。

また兄弟会の支出は、慈善活動以外にも、会員の親睦のための宴会や会館の建設、集会場となっている教会や礼拝堂の装飾にも向けられ、絵画や彫刻、ステンドグラスなどがさかんに寄進された。いわば兄弟会は、ルネサンスの芸術活動を支えるパトロンとしても機能していたのだが、この点については次章で詳述しよう。

さらに都市の社会層を縦断する形で会員を集めた兄弟会は、会員間の平等を原則としながらも、職業や社会的ステイタスの違いを越えて、異なる階層に属する人びととの垂直的な結びつきを形成する場ともなった。このような結びつきは、都市の有力者と市民の間に形成された一種のパトロネイジ関係とみなすことができる。たとえば、ロレンツォ・デ・メディチは、フィレンツェの七つの兄弟会に加入し、そこで結ばれた会員にさまざまな恩恵をもたらすことで、自己の政治基盤の強化を目指したと考えられる。兄弟会は、こうして政治的なソシアビリテの形成の場としても機能したのである。

## 3　祭りとソシアビリテ

### ソシアビリテの機能

これまで、都市社会における代表的なソシアビリテとして、地域共同体と同職組合、兄弟会を取り上げてきた。このほかにも、第6章で考察した中世の大学の基礎にあるのは、学生と教授の人的結合関係であったし、また同世代の貴族の子弟で結成され、祝祭を華やかに演出したヴェネツィアのコンパニーア・デッラ・カルツァのような同年齢集団も、ソシアビリテのひとつとしてとらえることができる。このように、中世イタリア都市社会ではさまざまな結びつきが形成され、人びとはそのきずなとしがらみに幾重にも取り巻かれながら生活していたのであった。

そして、たとえそれぞれのソシアビリテは地縁や職業、あるいは共通の守護聖人への帰依といった多様な原理で結ばれたものであったとしても、それらが果たした役割には共通点も多かった。たとえば困窮した会員への相互扶助は、どのソシアビリテにおいても重視されている。このことは、公権力による社会保障や福祉などが欠如している一方、戦争や都市の権力闘争、頻発する疫病や飢饉、あるいは都市経済の収縮などによってもたらされる窮状や貧困に、人びとがいかに対処しようとしていたのかを雄弁に物語っているといえよう。とりわけ、農村と比べて死亡率が高かった都市社会にあって、強固な「家」共同体を作り上げ、相互に婚姻関係を結んで結束を強める富裕な人びととは異なり、人口の多数を占める職人や労働者は、家族や親族による援助をあまり期待できなかったから、これらの共同体が果たす役割は非常に大きかった。だからこそ、人びとはこうした結びつきを重視し、自分の属する共同体への帰属意識を培っていたのである。

そして、共同体の外部に対する強烈な対抗意識は、内向きの強固な帰属意識の裏返しであったといえるだろう。それが顕著に発揮される場が祭りであった。また、共同体の活動の場となる建物や教会を、著名な芸術家に依頼して飾ることもまた、成員の富や名誉や威信を誇示する手段となった。こうして、共同体の名誉やそれを守るための手段のひとつとしての暴力は、私たちの生きる現代社会とは異なる実体的な意味を与えられていたのである。しかも、共同体の結びつきを確認し、強化する場としての祝祭に参加することは、共同体の一員として認められ、受容される通過儀礼としての意味もあった。男たちが危険を顧みずにけんか祭りや競技的な祭りに挑む理由は、まさにこの点にあったといえるだろう。

しかもこうした祭りは、すでに述べたように、地域共同体をはじめとするソシアビリテごとの対抗戦として、都市を分断するばかりでなく、まさにその祝祭の時空を共有することで、都市共同体としての一体性を創出し、それを華麗に演出する場でもあった。都市もまた、そうしたソシアビリテのひとつなのである。しかも、中世の祭りでさかんにおこなわれた行列には、都市のお偉方を先頭に、そろいの衣装をまとった同職組合や兄弟会の構成員たちが参加していた。そこでは、都市とそれを構成する多様な要素の富や名誉や威信が誇示される一方で、厳然と存在する集団間の序列もまた可視化されたのである。

しかしながら、これらのソシアビリテも時代とともに形や機能を変えていく。とりわけ一四世紀以降甚大な被害をもたらしたペストの流行、有力商社や銀行の倒産を引き起こした経済の収縮、あるいは特定の個人に権力が集中するシニョリーア制の確立といった、都市社会の経済的、政治的な変化は、既存の社会的結合関係の弱化と変容をもたらしたことが指摘されている。フィレンツェでは、同職組合を基盤とする政治制度が次第に形骸化する一方、メディチ家をはじめとする有力家門に連なる、明確なかたちをもたない「友人関係《アミチーツィア》 amicizia」が次第に重要な意味をもつようになってきた。いわば有力者との「コネ」がものをいう社会となったのであり、制度上は単なる一市民にすぎないメディチ家が権力を掌握できたのは、まさにこうした明確なかたちをもたない曖昧な人間関係を通じて、自らの党派に広く恩恵を与えることができたからであった。

## §都市空間の光と陰

最後にもう一度、祝祭の場面に戻って本章を締めくくろう。

単調で厳しい中世都市における日常生活のなかで、華やかな祝祭はまさに非日常的な時間と空間を創出するものであった。そのリズムは、基本的には教会暦にしたがって刻まれ、節制と禁欲の日常と、飽食と歓喜の祝祭が交互に訪れた。たとえば冬から春にかけて、クリスマスやカーニヴァル、復活祭という祝祭と、その間に設定されている改悛と節制の四旬節が、いわゆる「ハレ」と「ケ」のリズムをつくりだす。そして、カーニヴァルのような祝祭では、ときに権力を握る支配層や聖職者に辛らつな風刺が向けられ、「愚者の説教」のような日常の社会的役割を逆転させる「さかさまの世界」が現出した。これらの現象は、一見すると日常生活を規定する規範や秩序を破壊するもののように思われる。

しかしながら、すでにみたように、さまざまな祭りの基本にあるのは、まさに日常の世界において大きな役割を果たしていた社会的な結合関係であった。したがって、非日常的な時空間であるはずの祭りにおいても、それを律しているのは日常生活の秩序や規範である。「さかさまの世界」とはその否定ではなく、単なる裏返しの姿にすぎなかった。だから、祭りが終われば、すぐにもとの日常が復活する。祭りが日常生活の基盤となるソシアビリテの確認と強化の場であったことは繰り返し述べてきたが、そこで発揮される様式化された暴力は、祭りの非日常性のなかでのみ許されていた。だからこそ都市政府やエリート層も、それを黙認し、ともに楽しんでいたのである。このように考えると、祭りとは日常生活のなかで蓄積した不満やストレスを浄化し、日常生活を再生させる役割を果たしていたといえるだろう。そして、祭りにつきものの暴力は、いわば退屈な日常を一度破壊し、「リセット」するためのエネルギーだったといえるかもしれない。

ただし、こうした華やかな祝祭が演じられる都市社会のなかには、ともすれば見失いがちな暗い陰の部分があったことを忘れてはならない。中世イタリア都市に暮らす人びとにとって重要な役割を担った強固な社会的結合は、すでに指摘したような他の共同体に対する対抗意識のみならず、そうしたソシアビリテに参加することができない人びと、あるいは多くの都市民からみれば異質な慣習や規範に基づく独自の共同体を形成せざるをえなかった人びとに対する強烈な差別意識や排除をもたらした。たとえばそれは、喜捨に頼って生きる貧者やハンセン病者や障害者であり、卑賤視された娼婦や異教徒としてのユダヤ人であった。都市の少数者《マイノリティ》や周縁民《マルジノー》として位置づけられるこうした人びとに対しては、社会不安の増大にともなって容赦のない差別や迫害が加えられることも少なくない。共同体における内向きの強固な結合と、外向きの排他性や攻撃性はまさに表裏一体のものであり、さまざまなソシアビリテを基盤として構成される都市社会の周縁部には、差別されながら生きる人びとの姿が見え隠れしているのである。

（藤内哲也）

# 第12章　都市の文化と芸術

## 1　芸術パトロネイジの種類

都市社会と文化・芸術を結ぶものはパトロネイジである。パトロネイジは英語で「ペイトロニジ」、フランス語で「パトロナージュ」といい、「パトロネイジ」は和製英語である。しかし一般に流布しており語感もいいので、本章ではこの語を用いることにする。ちなみにイタリア語では芸術パトロネイジを「メチェナティズモ」、社会的政治的パトロネイジを「パトロンチーノ」と区別しているが、英語では両者を区別しない。

芸術パトロネイジは、パトロンの種類によって都市政府、同職組合、兄弟会などの「公的パトロネイジ」と、君主、教皇、貴族、市民などの「私的パトロネイジ」に区分される。しかし、厳密な区分ではなく、半ば「公的」で半ば「私的」という性質をもつ場合もある。また宗教建築や宗教画などの「宗教的パトロネイジ」と、邸宅や肖像画などの「世俗的パトロネイジ」に区分されることもあるが、これもやはり厳密な区分ではない。宗教建築や宗教画にパトロンの家の紋章や肖像のような世俗的要素が含まれる度合いが多くなっていくからである。この四様のパトロネイジは並立しながらも、全体の流れとしては、「公的パトロネイジ」から「私的パトロネイジ」へ、「宗教的パトロネイジ」から「世俗的パトロネイジ」へと比重が移っていく。この変化がルネサンスという時代の特徴である。

本章では、共和国のフィレンツェとヴェネツィア、世俗君主国のミラノ、ナポリ、マントヴァ、フェッラーラ、ウルビーノ、宗教君主国のローマをとりあげて、芸術パトロネイジの諸相を紹介してみたい。

## 2　フィレンツェ

毛織物業で繁栄したフィレンツェの公的パトロンの代表格は、同職組合である。同職組合は政治基盤だったので、支配階級の市民は必ずどれかの同職組合に属していた。そして毛織物製造組合は大聖堂、毛織物取引商組合は洗礼堂、絹織物業組合は捨児養育院といった具合に、それぞれの同職組合が資金を出し合って公共建築を造営管理し、都市の壮麗化に貢献したのである。

同職組合同士がプライドを競い合う格好の舞台となったのが、オルサンミケーレ聖堂である。造営管理権をもっていた絹織物業組合が、一四の壁龕を同職組合の守護聖人像で飾ることを提案したのだ。洗礼堂の門扉を制作中の彫刻家ギベルティは、大組合である毛織物製造業組合のために《聖ステパノ》、毛織物取引商組合のために《洗礼者聖ヨハネ》、両替商組合のために《聖マタイ》のブロンズ像を制作した。ドナテッロは小組合である武具甲冑師組合のために《聖ゲオルギウス》、麻織物業組合のために《聖マルコ》の大理石像を制作した。同じ大きさならば、ブロンズ像は大理石像のほぼ五倍の値段である。財力を誇る大組合は高価なブロンズ像を、財力の劣る小組合は安価な大理石像を注文したことがわかる。

私的パトロンの巨人として歴史に燦然たる名を残しているのが、大富豪の銀行家メディチ家である。一四三四年に市政を掌握したコジモ・デ・メディチは、サンタ・クローチェ聖堂、サン・ロレンツォ聖堂、サン・マルコ修道院、フィエーゾレの大修道院の再建事業に合計一七万八〇〇〇フィオリーノの巨額を投じた。一個人としては驚異的な高額であるが、金貸しのやましさが宗教的パトロネイジを背後から後押ししたといえよう。またコジモが建てたメディチ邸にはドナテッロの《ダヴィデ》と《ユディットとホロフェルネス》、ウッチェロの《サン・ロマーノの戦い》三部作が飾られ、メディチ邸の礼拝堂にはゴッツォリの壁画《ベツレヘムへ向かう東方三博士の旅》が描かれた。この壁画にはコジモ、ピエロ、ロレンツォのメディチ家三代の肖像が行列のなかに挿入されており、一族の世俗的名声を後世に伝えようとする意図がうかがえる。

カレッジにあるメディチ荘には、『プラトン全集』の翻訳者で『プラトン神学』の著者でもあるマルシリオ・フィチーノ、『スタンツェ』の詩人ポリツィアーノ、『人間の尊厳について』の哲学者ピーコ・デッラ・ミランドラなどが集まり、プラトン・アカデミアを開催した。そのカレッジのメディチ荘にはヴェロッキオの《ダヴィデ》や《イルカを抱く童児》が飾られていた。アカデミアの常連ロレンツォ・ディ・ピエルフランチェスコ・デ・メディチが所有していた作品には、ボッティチェッリの有名な《春》と《ヴィーナスの誕生》があるが、この古典の主題にはアカデミアで論じられた新プラトン主義思想の影響が認められる。

メディチ党派の有力市民も重要なパトロンである。メディチ銀行ブリュッへ支店長トンマーゾ・ポルティナーリは、フランドル人画家ヒューホ・ファン・デル・フースに《羊飼の礼拝》を注文してフィレンツェに搬入し、メディチ銀行総支配人フランチェスコ・サセッティは、ギルランダイオにサンタ・トリニタ聖堂サセッティ礼拝堂を装飾させた。ロレンツォ・デ・メディチの母方の叔父ジョヴァンニ・トルナブオーニは、ギルランダイオにサンタ・マリア・ノヴェッラ聖堂の中央礼拝堂（トルナブオーニ礼拝堂）を装飾させた。これらはいずれも宗教画には違いないが、注文主であるパトロンの肖像が大きく描き込まれた世俗的要素の濃い宗教画である。

銀行家ジョヴァンニ・ルチェッライはメディチ家につぐ大パトロンである。レオン＝バッティスタ・アルベルティにルチェッライ邸やサンタ・マリア・ノヴェッラ聖堂のファサードを設計させたが、そのファサードには「パオロの息子ジョヴァンニ・ルチェッライ、一四七〇年」というラテン語の銘文を堂々と刻み、地上における個人の名声を永遠化している。

古典文化の影響で自宅に肖像彫刻を飾る習慣も復活した。ドナテッロ作《ニッコロ・ダ・ウッツァーノ》、ギベルティ作《ロレンツォ・デ・メディチ》と《ジュリアーノ・デ・メディチ》、アントニオ・ロッセリーノ作《フランチェスコ・サセッティ》と《マッテオ・パルミエーリ》、ベネデット・ダ・マイアーノ作《ピエトロ・メッリーニ》と《フィリッポ・ストロッツィ》などである。

一四九四年にメディチ家が追放されたあとに、レオナルド・ダ・ヴィンチの《モナリザ》やミケランジェロの《ダヴィデ》が制作されたが、芸術家はより高額な報酬を約束してくれるパトロンに惹きつけられていく。そのパトロンのいるところがローマであり、ときにはフランスであった。こうしてフィレンツェに発祥したルネサンス美術はイタリア各地へ、そしてヨーロッパ各地へと拡散していくのである。

## 3　五つの君主国

### § 君主家系間の結婚ネットワーク

共和国の芸術パトロネイジは都市を舞台に市民が都市の称揚のためにおこなったが、君主国の芸術パトロネイジは宮殿を舞台に君主が君主個人の称揚のためにおこなった。そのため君主国の美術は、宗教画よりも肖像画や神話画のような世俗画の比重が大きい特徴がある。

一五世紀にはミラノはヴィスコンティ家とスフォルツァ家、ナポリはアンジュー家とアラゴン家、マントヴァはゴンザーガ家、フェッラーラはエステ家、ウルビーノはモンテフェルトロ家が支配した。ミラノとナポリは人口一〇万規模の大都市であるが、他の三都市は二万五〇〇〇ほどの小都市である。小都市にもルネサンス文化の花が開いたのは、群雄割拠するイタリア半島のなかで君主が傭兵隊長を兼ねたからである。たとえば、高名な傭兵隊長でもあるウルビーノの君主フェデリコ・ダ・モンテフェルトロは、ミラノから平時に年六万ドゥカート、戦時に年八万ドゥカートを受け取り、ヴェネツィアからは中立を守る約束だけで八万ドゥカートを受け取った。その高収入を芸術パトロネイジへと向けたのである。そういう点で、一五世紀は傭兵隊長の世紀ともいえる。ただし、一六世紀以降の支配者の変転と都市の衰退により芸術品は四散し、一五世紀当時の栄華を想像することは容易ではない。そこがフィレンツェ、ヴェネツィア、ローマと違うところである。

ここでとりあげる五都市は、君主家系間の結婚のネットワークで複雑に結ばれていたが、それが文化の伝播に一役買ったことは疑いない。ミラノのロドヴィーコ・スフォルツァはフェッラーラのベアトリーチェ・デステと結婚し、フェッラーラのエルコレ・デステはナポリのエレオノーラ・ダラゴーナと結婚した。マントヴァのジャンフランチェスコ・ゴンザーガはフェッラーラのイザベッラ・デステと結婚し、ウルビーノのグイドバルド・ダ・モンテフェルトロはマントヴァのエリザベッタ・ゴンザーガと結婚した。結婚ネットワークはイタリア内にとどまらず、ナポリのベアトリーチェ・ダラゴーナは、ハンガリー王マーチャーシュのもとに嫁いでイタリア文化を東欧の地にまで伝えている。

## ミラノ

ヴィスコンティ家のミラノ支配は、大司教オットーネ・ヴィスコンティと皇帝代官になったマッテオ・ヴィスコンティによって一三世紀末から一四世紀初めに確立した。一三九五年にはジャン＝ガレアッツォ・ヴィスコンティが皇帝からミラノ公の称号を得て、名実ともにミラノの君主になった。ジャン＝ガレアッツォはミラノの強大化をはかってフィレンツェやヴェネツィアを脅かした。この時代に同家は最大領域を獲得し、ミラノは織物、金工品、武具甲冑の製造で繁栄した。彼の最大の建築事業は、一三八六年に着工したゴシック様式のミラノ大聖堂の造営である。ジャン＝ガレアッツォの長男ジョヴァンニ＝マリアが暗殺されると、次男フィリッポ＝マリア・ヴィスコンティが公位を継ぎ、父の事業を継続したが、彼の死をもって直系男子の血統が絶えた。

一四五〇年に武力でミラノ公位を奪ったのは、フィリッポ＝マリア・ヴィスコンティの庶出の娘と結婚していた傭兵隊長フランチェスコ・スフォルツァである。彼は友人のコジモ・デ・メディチと結んでヴェネツィアを牽制し、メディチ銀行ミラノ支店の開設を認めた。またフィレンツェ人建築家フィラレーテを招聘してマッジョーレ施療院を建設させるなど、フィレンツェ風の都市整備に力を入れた。

フランチェスコの長男ガレアッツォ＝マリアが一四七六年に暗殺されると、実権は次男ロドヴィーコ・スフォルツァ通称イル・モーロに移った。彼は外交政策を転換してヴェネツィア、ローマと結び、ナポリ、フィレンツェに対抗した。そしてフランス王シャルル八世のナポリ侵攻を手引きしたが、逆に一四九九年にフランス王ルイ一二世に追放され、一五〇八年、フランス軍に捕われたまま没した。

政治家としては評判の悪いロドヴィーコ・スフォルツァだが、芸術のパトロンとしては偉大だった。大聖堂とスフォルツェスコ城をほぼ完成に導いただけではない。ブラマンテに多くの聖堂を建立させ、レオナルド・ダ・ヴィンチには《最後の晩餐》を描かせ、父の顕彰碑として巨大な《フランチェスコ・スフォルツァ騎馬像》を注文した（未完）。レオナルドがミラノで八面六臂の活躍ができたのは主君ロドヴィーコのおかげであり、パトロンと同時に宮廷芸術家がこの都市を去ったのは、両者の強い絆を物語っている。一四九一年に一五歳でフェッラーラから嫁いだベアトリーチェ・デステも深い学識を有する美貌のパトロンであったが、二二歳の若さで世を去った。

## ナポリ

ナポリは一二六六年のフランス人シャルル・ダンジューからアンジュー家の支配が続いたが、一四四二年にナポリを征服したアラゴン王アルフォンソからアラゴン家の支配に移った。アルフォンソ王の支配領域はアラゴン、カタルーニャ、バレンシア、シチリア、サルデーニャ、南イタリアに及び、当時のヨーロッパではフランス王国につぐ大きさであった。

アルフォンソ王は一四五五年にローディの和を結んで半島の平和と安定に貢献し、ナポリをルネサンス文化の中心地の一つにのしあげた。多くの学校、城砦、別荘を建立したほかにも、ロレンツォ・ヴァッラやポンターノなど多くの人文学者を庇護した。彼の芸術パトロネイジにはスフォルツァ家の場合と同様に、自己の統治の正統性を訴える目的があった。また二五万ドゥカート以上を費やして、アンジュー家の古城を五本の円筒形の塔をもつヌオーヴォ城に改築し、内部をピサネッロに装飾させた。アルフォンソ王の宮殿はヨーロッパ屈指の豪華さを誇るものだった。

アルフォンソの死後は庶子フェッランテがあとを継ぎ、ナポリを訪問したロレンツォ・デ・メディチをヌオーヴォ城で歓待した。フェッランテが死去した一四九四年に、アンジュー家の血をひくフランス王シャルル八世が王位継承を主張してナポリに侵攻した。これがイタリア戦争の始まりである。

## マントヴァ

マントヴァはゴンザーガ家が一三二七年から一六二七年まで支配した。皇帝から一四三三年にマントヴァ侯、一五三〇年にマントヴァ公の称号を得たため、ゴンザーガ家の宮殿は、現在、パラッツォ・ドゥカーレ（公爵宮殿）の名で呼ばれている。

ジャンフランチェスコ一世は、傭兵隊長としてはヴェネツィア側に仕えてミラノ公ジャン＝ガレアッツォ・ヴィスコンティの侵略を撃退したことで知られるが、パトロンとしても宮殿に隣接してサン・ジョルジョ城を増築した。

その子ロドヴィーコ三世は、人文学者ヴィットリーノ・ダ・フェルトレから教育をうけた学識ある君主であり、傭兵隊長、政治家、パトロンとしても高名である。レオン＝バッティスタ・アルベルティには古代風のサン・セバスティアーノ聖堂、サンタンドレア聖堂を造らせた。一四六〇年にはマンテーニャを宮廷画家として雇い、宮殿の客間である「夫婦の間」をフレスコ画で飾らせた。その壁画にはミラノ公フランチェスコ・スフォルツァの妃からの手紙を手にするロドヴィーコ自身と妃バルバラ、次男のフランチェスコ枢機卿などの家族、人文学者ヴィットリーノ・ダ・フェルトレ、さらに皇帝フリードリヒ三世やデンマーク王クリスチャン一世まで描かれている。

ロドヴィーコの孫フランチェスコ二世は、マンテーニャに《カエサルの凱旋》を描かせたが、フェッラーラから嫁いだ妃のイザベッラ・デステのほうが芸術のパトロンとしては有名である。彼女は一四九〇年に一六歳でマントヴァに到着すると、すぐに宮廷の花形になった。マンテーニャに《パルナッソス》を描かせ、レオナルドやティツィアーノにも肖像画を描かせた。また彼女の周囲には、ベンボ、カスティリオーネ、バンデッロ、アリオストなどの文人も集まった。

フランチェスコ二世とイザベッラ・デステの子フェデリコ二世は、イタリア戦争中に傭兵隊長として教皇クレメンス七世の軍隊を率いる一方で、皇帝カール五世の指揮官にも任命されるという矛盾した苦しい立場に置かれたが、皇帝から一五三〇年にマントヴァ公の称号を与えられた。絵画の趣味はよく、コレッジョに《ダナエ》《イオ》《ガニュメデス》《レダ》などの神話画を描かせたほか、愛人のための離宮パラッツォ・デル・テをジュリオ・ロマーノに改築・装飾させた。

## §フェッラーラ

フェッラーラは一二六七年以降、エステ家が支配した。一五世紀にはニッコロ三世と三人の息子、レオネッロ、ボルソ、エルコレが統治し、居城のエステ城を中心に芸術パトロネイジを展開した。

人文学者グァリーノ・ダ・ヴェローナから教育をうけたレオネッロ・デステは、ヤコポ・ベッリーニに肖像画を描かせたほか、ピサネッロに多数のメダルを作らせた。メダルの鋳造はローマ皇帝を連想させるものであり、共和国よりも君主国で流行した習慣だった。

ボルソ・デステは一四七一年に最初にフェッラーラ公の称号を手に入れた人物である。何事にも豪華趣味で、彼が所蔵する豪華写本の聖書は二二〇〇ドゥカート以上もする、一五世紀イタリアで最も高価な書物の一冊であった。彼が精力を傾注したのは、マントヴァのゴンザーガ宮殿に刺激をうけたスキファノイア宮殿の造営である。そのなかの「月暦の間」には、フランチェスコ・デル・コッサらが、神話の神々、黄道十二宮の象徴、ボルソの宮廷生活を描いた。

エルコレ・デステは教養のない軍人であったが、周囲に学者や芸術家を集める偉大なパトロンであった。彼の子どもたちは、枢機卿となったイッポリトを別にすれば、当時の有力者と結婚して強力なネットワークを築いた。すなわち、一四九〇年にイザベッラ・デステはフランチェスコ・ゴンザーガと結婚、一四九一年にベアトリーチェ・デステはロドヴィーコ・スフォルツァと結婚、一五〇二年にアルフォンソは教皇アレクサンデル六世の娘ルクレツィア・ボルジアと結婚した。長女イザベッラ・デステと次女ベアトリーチェ・デステの二人は人文学者バッティスタ・グァリーノに教えをうけて教養ある美貌の宮廷人として育ち、ルネサンスで最も有名な女性パトロンとなる。

アルフォンソ・デステはもっぱら政治と軍事に明け暮れ、華やかな宮廷生活は美貌の妻ルクレツィア・ボルジアに任せた。ボルジア家の政略の道具として翻弄された彼女は、三度目の結婚でやっと幸せをつかんだ。教養あるルクレツィアは、枢機卿で文学者のピエトロ・ベンボと文通し、『アゾラーニ』を献呈されている。

アルフォンソ・デステの書斎を飾っていた絵画作品には、ヴェネツィア派のジョヴァンニ・ベッリーニの《神々の饗宴》、ティツィアーノの三部作《バッカスとアリアドネ》《バッカス祭（アンドロス島の人々）》《ヴィーナスへの奉献》などの傑作があった。

## §ウルビーノ

ウルビーノはフェデリコ・ダ・モンテフェルトロの時代に最盛期を迎える。彼は庶出の生まれだったが、マントヴァのゴンザーガ宮廷でヴィットリーノ・ダ・フェルトレに学問を学び、ニッコロ・ピッチニーノに武術を学んで、一四四四年に伯爵、一四七四年にウルビーノ公の称号を得た。傭兵隊長としても有名で、ヴェネツィア、教皇、ナポリのアラゴン家に仕え、フランチェスコ・スフォルツァやコジモ・デ・メディチの友人でもあった。リミニのシニョーレで傭兵隊長のシジスモンド・マラテスタとは終生の宿敵であった。

フェデリコは戦争で得た大金を惜しみなく聖俗の建築にそそいだが、なかでも豪華なパラッツォ・ドゥカーレ（公爵宮殿）が傑出している。その精緻な寄木細工の書斎には、一四八二年までに一一〇〇冊以上の蔵書が納められた。彼は戦争をしているとき以外は、書斎にこもってラテン語写本を読みふけるほどの教養人であった。絵画のパトロンとしてはピエロ・デッラ・フランチェスカに多くの肖像画を描かせたことで知られる。右目を負傷していたため、《フェデリコ・ダ・モンテフェルトロの肖像》や《ブレラの祭壇画》のように肖像は左からの横顔で描かれることが多い。

フェデリコの子グイドバルドは、エリザベッタ・ゴンザーガと結婚して優雅な宮廷生活を送ったが、一五〇八年に継嗣のないまま死去すると、教皇ユリウス二世の甥フランチェスコ＝マリア・デッラ・ローヴェレが公国を継承した。

グイドバルドが注文した絵画作品にはティツィアーノの《ウルビーノのヴィーナス》があるが、これはおそらくグイドバルドの結婚記念画であろう。グイドバルドの宮廷を不滅にしたのは、一五二八年にヴェネツィアで出版されたカスティリオーネの著書『宮廷人』である。これは、一五〇六年のウルビーノ宮廷を舞台にした礼儀作法書であり、イタリア語から英語、フランス語、スペイン語、ラテン語に翻訳されて、ヨーロッパ各地の宮廷に大きな影響を与えた。

（松本典昭）

## 4　ヴェネツィア

「海の都」ヴェネツィアは、中世初期にフン族やゲルマン諸族の襲撃を逃れて潟湖のなかに移り住んだ人びとのコミュニティに起源を持っている。ヴェネツィア人はやがて東地中海に進出し、東方とヨーロッパの中継貿易で繁栄をきわめた。このような国際貿易に従事する商人たちが世襲の貴族階級をつくりあげ、彼らだけが参政権を持つ共和制は、ナポレオンの侵攻によってヴェネツィアが独立を失う一八世紀末まで維持された。

支配階級である貴族《ノービリ》 nobili は、ヴェネツィアで最も重要な文化のパトロンだった。彼らは、私生活におけるパトロネイジだけでなく、政府官職を通じて公的なパトロネイジもおこなった。また、中近世のヨーロッパで屈指の人口規模を誇ったヴェネツィアには、現在もおびただしい数の聖堂が残っているが、それらの建設や美化も貴族たちの富に大きく依存していた。

貴族のなかには、あまり豊かでない者や本当に貧しい者もいたが、いっぽう非貴族のなかにも、裕福な人びとが存在した。彼らの多くはヴェネツィア共和国の市民権を持ち、市民権を持たない多くの庶民《ポポラーニ》popolaniとは法的にも明確に区別された。「準貴族」とも定義しうる市民《チッタディーニ》cittadiniは、貴族とともに国際商業に従事したり、官僚や外交官として政府を支えたりした。市民もまた文化的パトロネイジをおこなったが、貴族に比べれば、控えめだった。

ヴェネツィアの文化遺産のなかで第一に挙げられるのは、サン・マルコ聖堂である。九世紀、二人のヴェネツィア商人がエジプトのアレクサンドリアから聖マルコの遺体を持ち帰ると、時の元首《ドージェ》ジュスティニアーノ・パルテチパツィオは、これを安置するための礼拝堂を自邸の隣に建てさせた。現存するサン・マルコ聖堂は一一世紀に建てられたものであるが、ギリシア十字型の平面と金地モザイク装飾を持つ典型的なビザンツ様式建築であり、ヴェネツィアと東方世界との文化的な結びつきをよく示している。

サン・マルコ聖堂の管理運営は政府の公的パトロネイジのもとにおかれていたが、その他の聖堂は、貴族や市民の私的パトロネイジ、あるいは兄弟会《スクオーラ》の半公的パトロネイジの対象となった。ほとんど例外なく、聖堂には家名を冠した礼拝室があり、美しい祭壇画や彫刻や墓碑などで飾られている。このような礼拝室は、多額の使用料を教会に払うことのできる裕福な家が私費を投じ、芸術家を雇ってつくらせたものである。また、礼拝室以外にも、聖堂のいたるところに個人が奉納した絵画や彫刻、墓碑などがある。このような例の枚挙には暇がないが、一例を挙げておくと、サン・フランチェスコ・デッラ・ヴィーニャ聖堂には、グリマーニ家やバルバロ家など、有力貴族八家系の私的礼拝室があり、とくに、ヴェロネーゼの祭壇画《キリストの復活》のあるマリピエロ家の礼拝室、ピエトロ・ロンバルドの浮彫りパネルで構成されたジュスティニアン家の礼拝室は、美術的にも高い価値を持っている。一六世紀にこの聖堂が改築されたとき、彼らパトロンたちは、財政的な援助を与えただけでなく、建築家（サンソヴィーノとパッラーディオ）の採用にも深くかかわった。

聖堂には、個人的な礼拝室だけでなく、兄弟会《スクオーラ》の礼拝室や祭壇も見出される。ヴェネツィアでは、同職組合が政治的にも文化的にも大きな力を持たなかったかわりに、兄弟会が集団的パトロネイジの重要な担い手となった。たとえば、サンタ・マリア・フォルモーサ聖堂の中央祭壇は、一六世紀末に聖秘蹟の兄弟会によって新しくつくりかえられた。同聖堂には、ほかに聖母マリアのお清めの兄弟会など四つの兄弟会が礼拝室を持っていた。一六世紀にヴェネツィア全体で二〇〇以上を数えた兄弟会のなかには、独自の会館を持つものもあった。代表的なのは、カルパッチョの壁画のあるサン・ジョルジョ・デリ・スキアヴォーニ兄弟会、ティントレットの連作が広間を埋め尽くすサン・ロッコ大兄弟会などである。また、兄弟会は都市のさまざまな祝祭に参加し、典礼のために音楽家を雇う兄弟会もあった。兄弟会会員の大部分は市民や庶民だったが、貴族も少なからず参加していた。貴族は、経済的貢献を通じて、兄弟会のパトロネイジ活動に大きな影響を与えた。

ヴェネツィアの貴族たちの富は、伝統的に海上貿易にもとづいていた。彼らが運河沿いに競って建てさせた邸宅の多くは、オリエント風の趣を持つ商館建築である。一二世紀に起源を持つダ・モスト館やファルセッティ館などには、サン・マルコ聖堂と同様に、ビザンツ文化の影響が色濃い。一四世紀になると、ヴェネツィア独特のゴシック様式が発展し、一五世紀にかけて、コンタリーニ家の「カ・ドーロ（黄金の家）」に代表されるような優美で繊細な透かしアーチを持つ館がつぎつぎと建てられた。

しかし、一五世紀にヴェネツィア共和国の領土がイタリア本土に拡大すると、資本を商業から本土の土地に移す傾向が広まった。地主化した貴族や富裕市民は贅沢にふけるようになり、より多くの富が芸術に注がれるようになった。屋敷を美術品や家具調度品で飾り、高価な衣服をまとい、楽団や劇団を雇って宴会を催したりすることが、ステイタス・シンボルとして追求されるようになったのである。また、絵画やメダル、古代彫刻などの収集は、所有者の教養を示すものとみなされた。なかでも、ジョルジョーネやティツィアーノのパトロンでもあったガブリエーレ・ヴェンドラミンのコレクションの素晴らしさは、ヴェネツィアのみならずヨーロッパ中に知れわたっていた。

広大な本土領の獲得はまた、政治的にも文化的にも、東から西への方向転換をヴェネツィアに促した。領土問題や同盟や和平をめぐる外交折衝の機会が増え、貴族やその秘書をつとめる有力市民が、フィレンツェ、ミラノ、ローマなどに派遣された。彼らは、これらの都市で新しい文化――ルネサンス――に触れ、それをヴェネツィアにもたらす役割を果たした。ヴェネツィアのおもな人文主義者には、政府の使節としてフィレンツェに長く滞在したフランチェスコ・バルバロやベルナルド・ベンボなどを挙げることができる。彼らの周辺では、アカデミアや、それに類した知識人のサークルが生まれ、哲学・文学・自然科学など、さまざまな面でヴェネツィア文化の中核となった。一五世紀後半から一六世紀にかけて、ヴェネツィアはヨーロッパ最大の出版業の中心地であったが、それを支えたのもアカデミアの活動だった。有名な出版業者アルド・マヌーツィオは、ピエトロ・ベンボ（先述のベルナルドの息子）やエラスムスを含むアカデミア員の協力によって、古典の注釈など、すぐれた書物を世に出した。また、貴族フェデリコ・バドエルが主催したアカデミア・ヴェネツィアーナは、独自の印刷所と販売網を持ち、とくに数学や物理学の本を出版した。

一五〇〇年前後は、いっぽうにおいて、ヴェネツィアが多くの苦難を経験した時代でもあった。ヴェネツィアの誇りであった東地中海の覇権と東方貿易の半独占状態は、オスマン帝国の海上進出と大航海時代の到来によって脅かされ始めた。また、一五〇九年のカンブレー同盟戦争では、本土領の大半を一時的に失うという屈辱を喫した。いずれも即座にヴェネツィアを衰退させることはなかったものの、経済大国、軍事大国としてのヴェネツィアの威信は大きく傷つけられた。この威信を回復することが、一六世紀ヴェネツィアの重要な政治課題となる。それは文化政策にも顕著に表れた。とりわけ、サン・マルコ広場周辺の再整備を通して、政府はヴェネツィア共和国の偉大さを可視化しようとした。こうして生み出された古典主義様式の建築群（造幣局、図書館、新旧の財務館《プロクラティエ》など）は、ルネサンス的な都市景観をヴェネツィアに与えた。また、サン・マルコ聖堂の鐘楼の足元につくられた小開廊《ロッジェッタ》のレリーフ装飾、元首官邸《パラッツォ・ドゥカーレ》の内部装飾などは、綿密な図像プログラムにもとづいて制作され、ヴェネツィア共和国の栄光を賛美するシンボルに満ちている。

## 5　ローマ

古代ローマ帝国の首都として栄えたローマは、中世に著しく荒廃した。とくに、教皇庁がアヴィニョンに移されている間（一三〇九～七七年）に、この「永遠の都」は廃墟同然になってしまった。しかし、再びローマに教皇が立ったのち、アヴィニョンとローマにカトリック世界を二分した教会大分裂（一三七八～一四一七年）が収束すると、ローマの再生プロジェクトが開始された。この事業に本格的に着手したのは、自らも人文主義者だった教皇ニコラウス五世である。彼の計画は、ヴァティカン宮殿――教皇の在所をラテラーノからヴァティカンに移したのも彼である――の拡充やサン・ピエトロ大聖堂の改築からローマ市街のインフラ整備にいたる壮大なものだった。彼の存命中に実現されたものはわずかだったが、ローマの再整備は、彼の後継者である歴代の教皇たちにより、その後約二〇〇年にわたって続けられることになる。

ヴァティカン宮殿は、現在のヴァティカン美術館を中心とする建築複合体であるが、教皇の居室、教皇庁組織のための施設、図書館など、教皇庁のさまざまな用途のために建てられたものであり、度重なる増改築を経て現在のような姿になった。いくつもの施設のなかで最も有名なのは、教皇選挙がおこなわれるシスティーナ礼拝堂であろう。この礼拝堂の名称は、これを建てさせたシクストゥス四世にちなんでいる。彼は、ボッティチェッリ、ギルランダイオ、ペルジーノら、当代一流の画家たちをローマに招き、礼拝堂の壁画を依頼した。ミケランジェロの手による天井画《天地創造》は、シクストゥス四世の甥にあたるユリウス二世の命令によるものである。荒々しい性格で怖れられたユリウス二世がいやがるミケランジェロに無理矢理この仕事をさせた話はよく知られているが、彼が確かな審美眼を持つすぐれたパトロンだったことは疑いない。まだ若きラファエッロを抜擢し、《アテネの学堂》をはじめとする壁画を宮殿に描かせたのも彼だった。ミケランジェロは、天井画の完成から約二〇年後、パウルス三世の要請で再びシスティーナ礼拝堂で筆をとり、傑作《最後の審判》を描いた。

サン・ピエトロ大聖堂の改築は、ローマ再生の核心だった。改築前の大聖堂は、キリスト教を公認したコンスタンティヌス帝が自ら礎石を据えた由緒ある建物だったが、築後一〇〇〇年以上を経て、すっかり老朽化していた。一五世紀の教皇たちもあれこれと対策を講じたが、一六世紀初頭に教皇の座についたユリウス二世が英断を下し、全面的な改築が実行に移されることになった。教皇権力の強化に全霊を傾けたユリウス二世は、かねてから宮殿内ベルヴェデーレの中庭の仕事を任せていた建築家ブラマンテを大聖堂改築プロジェクトの責任者に任命し、一五〇六年、以後一二〇年間に及ぶ大工事が始まったのである。

大聖堂は、どの都市においても、その都市の威信をかけた象徴的建造物である。当時、キリスト教最大の聖堂はミラノ大聖堂だったが、それは、のちにミラノ公となるジャン＝ガレアッツォ・ヴィスコンティが一四世紀末にこの巨大な聖堂の建設を思い立ったとき、それまで最大だったフィレンツェ大聖堂を上回る規模を目指した結果であった。したがって、ローマだけでなく全キリスト教世界の中心となるべき新サン・ピエトロ大聖堂は、規模でもデザインでも、他のすべての聖堂を凌駕しなければならなかった。ルネサンス建築を完成の域に高めたとされるブラマンテが考えた新サン・ピエトロ大聖堂の平面プランは、正方形とギリシア十字と円を組み合わせた、きわめて理知的なものだった。しかし、大聖堂の建設は人間の寿命よりもはるかに長い時間を要した。ブラマンテの死後、彼の助手だったラファエッロが主任建築技師となり、その後、ペルッツィ、アントニオ・ダ・サンガッロ・イル・ジョーヴァネ、ミケランジェロ、ヴィニョーラ、デッラ・ポルタ、マデルノがあとを継ぎ、現在われわれが目にする世界最大のキリスト教建築が完成したのは、ようやく一六二六年のことだった。工事はそれぞれの建築家がそれぞれの修正を加えながら進められたが、最も決定的な影響を残したのはミケランジェロである。また、大聖堂の内装と広場の整備は、一七世紀にベルニーニによっておこなわれた。これらの芸術家たちの登用が、各時期の教皇の個人的なパトロネイジによるものであったことは、言うまでもない。

ユリウス二世の後任教皇レオ一〇世は、フィレンツェのメディチ家の出身だった。偉大なパトロンであったロレンツォ・デ・メディチ（通称イル・マニーフィコ）を父に持つ彼は、幼い頃から美と知識に囲まれて育った。彼は、ラファエッロをはじめとする芸術家たちへのパトロネイジをユリウス二世から引き継いだが、旧知のミケランジェロに関しては、ローマよりも地元フィレンツェで使うことを好み、サン・ロレンツォ聖堂新聖具室（実質的なメディチ家の霊廟）の仕事を強制的におこなわせた。

教皇にとって、ローマの美化は最も重要な課題だった。教皇は全カトリック世界の宗教的指導者であると同時に、教皇領という国家を治める君主でもあった。その両面を兼ね備えるがゆえに、世俗の君主たち以上に、教皇は自らの権力と絶対性を可視化する必要に迫られていたのである。しかし、それには途方もない費用が必要だった。その確保のために教皇たちが訴えた手段は、贖宥状と聖職の売買である。この「悪徳」に手を染めたのは、当然ながら、とりわけ芸術に情熱を傾けた教皇だった。ルターの教会批判によって宗教改革の口火が切られたのがレオ一〇世の在位中（一五一七年）だったことは、偶然ではない。そして、次のハドリアヌス六世が即位後一年半で没した後、レオ一〇世の従弟ジュリオ・デ・メディチがクレメンス七世となって四年目の一五二七年、ローマは皇帝カール五世の軍隊――兵士の多くは新教徒だった――によって蹂躙《じゅうりん》されてしまうのである。

「ローマ劫掠《サッコ・ディ・ローマ》」事件によって再び荒廃したローマの再建に尽力したのは、パウルス三世である。彼はミケランジェロを重用し、ローマ市議会のあるカピトリーノ丘の整備、システィーナ礼拝堂や自ら建てさせたパオリーナ礼拝堂の壁画などを任せ、一五四六年にはサン・ピエトロ大聖堂の主任建築技師に任命した。パウルス三世はまた、トレント公会議を召集したり、イエズス会を認可したりするなど、カトリックの勢力挽回にも貢献した。

教皇や枢機卿たちは、私的なパトロネイジも活発におこなった。ローマ市内には、パウルス二世の邸宅ヴェネツィア館、リアリオ枢機卿（シクストゥス四世の甥）の邸宅として建てられ、のちに教皇庁書記局として使われたカンチェッレリア館、パウルス三世の邸宅ファルネーゼ館、ユリウス三世の別荘ヴィッラ・ジュリアなどが、またローマ近郊には、ティヴォリにあるイッポリト・デステ枢機卿（フェッラーラ公アルフォンソ一世の息子）の別荘ヴィッラ・デステ——噴水庭園で有名である——、カプラローラにあるアレッサンドロ・ファルネーゼ枢機卿（パウルス三世の孫）の別荘ヴィッラ・ファルネーゼなど、贅をつくし趣向を凝らした館が現在も数多く残っている。

## 6　芸術パトロネイジの特質

中近世において、文化、とりわけ芸術が成立する枢要な条件は、パトロン、すなわち、芸術作品や建築物を注文し、その制作費用を負担する人びとの存在であった。文化のあり方はパトロンのあり方によって規定され、パトロンのあり方は社会のあり方によって規定された。よって、共和国と君主国の間、また、同じ共和国でもヴェネツィアのような特殊な海港都市とフィレンツェの間、同じ君主国でも王や公が治めるところと教皇が治めるローマの間には、さまざまな差異が認められたし、同じ場所でも時代の変化による差異が生じたのである。

しかし、すべてのパトロネイジには、ある共通した特質があった。それは、個人であれ集団であれ、君主であれ政府であれ、パトロンの社会的な立場を明示する機能を持っていたことである。パトロンたちは、自らの趣味のためというよりはむしろ、権力を誇示し威信を高めるため、あるいは地位を正当化するために、パトロネイジをおこなった。イタリア・ルネサンス文化の輝きは、各都市、各君主、各集団、各個人が、鎬《しのぎ》を削るようにして自己主張をした結果であり、それを可能にした社会的活気の表れだったのである。

（和栗珠里）

# 第13章　イタリアの宮廷社会

## 1　宮廷とは

### § 宮廷の機能

宮廷とはなんだろうか。それは、場所ではなく、君主とその一族および彼らに仕える人びとからなる人間集団を示している。その核は複数存在するが、それは君主だけではなく、君主の妃、皇太子、君主の弟たちなどのそれぞれに、専用の宮廷役職者がいるからである。

宮廷には、君主やその一族のプライヴェートな側面とパブリックな側面が混在する。プライヴェートな側面としては、宮廷は君主の「家」としての機能を持つ。衣・食・住といった人間なら誰でも必要とする基本的な必要を満たすためであり、また人としての君主一族が生活する場でもある。しかし宮廷は、君主の居場所であるがゆえに、パブリックな側面を免れることはできない。宮廷は国の政治・経済・文化の中心であり、外国からの大使も宮廷に伺候する。政府機関とは異なり、記録も残されないあいまいな世界である宮廷は、しかしながら近世のヨーロッパにおいて、さまざまな決定権を持つ重要な機関でもある。宮廷はまた、君主を物理的にも精神的にも外界から守るという役目を持つと同時に、君主と外界を仲介する役目も持つ。人やもの、そして情報も、ある時は宮廷に阻まれ、ある時は宮廷を通して君主へと伝わっていくのである。宮廷の機能としてもう一つ重要なことは、君主の威信を示す場を提供することである。宮廷内では宮廷に集まる国内外の社会的エリート層に対して、祝祭などの機会に宮廷が外に出るときは一般市民に対しても、宮廷があるからこそ君主は自らの威信を示すことができるのである。

## §宮廷についての研究

本格的な宮廷研究は、エリアスの『宮廷社会』（一九六九年）に始まる。ルイ一四世時代の宮廷を研究したエリアスは、宮殿の構造と宮廷社会の関連性、宮廷儀礼の役割などに着目し、宮廷を単なる奢侈や芸術の世界ではなく、一つの完結した価値観を持った世界として扱い、歴史研究の対象とした。現在では、各国で宮廷研究が進み、エリアスが扱わなかった宮廷役職者の問題や宮廷の日常生活などの点も着目され、イタリアの宮廷についても、多くの研究がおこなわれるようになった。

もっとも日本では、イタリアの宮廷といっても、あまり知られていないかもしれない。おそらく、最初に思い浮かべられるのは、ルネサンスの宮廷として名高いウルビーノの宮廷であろう。都市国家が発展した北・中部イタリアでは、中世において宮廷は発達していなかった。その点でアルプス以北の国々とは対照的である。しかしアルプス以北でも本格的な宮廷の発展は、一六世紀以降である。この頃になると、宮廷の移動は少なくなり、宮廷機構や宮廷内のヒエラルヒーも明確になり、儀礼も定まって、ヨーロッパの宮廷の規格化が進む。そしてこの時期には、イタリアの多くの都市国家も君主国となり、やはり近世的な宮廷を発展させることになる。その先駆的存在だったのが、ルネサンスの宮廷として名高いウルビーノである。ウルビーノ公フェデリコ・ダ・モンテフェルトロとその息子グイドバルド・ダ・モンテフェルトロの時代に最盛期を迎えたこの宮廷は、他国に先駆けて豪華な宮殿を作り、多くの貴族を宮廷人として雇用した。宮廷の様子は、カスティリオーネの『宮廷人』にも描かれている。しかしウルビーノの宮廷については、史料が少なく、詳細はわかっていない。しかも公国の衰退によって、一六世紀にはその宮廷も衰退してしまうのである。

しかし宮廷は、ウルビーノだけではない。ローマ、フェッラーラ、マントヴァ、フィレンツェ、パルマ、そしてトリノには、宮廷が存在していた。本章では、これらの宮廷の社会と文化がどのようなものであったのかを見ていこう。

## 2　近世イタリアの宮廷

ここでは、まず近世イタリアにはどのような宮廷があるのか、そしてどのような背景を持っているのかを見ていこう。

最初にあげるべきは、やはりローマであろう。長い伝統を持つローマ教皇の宮廷は、とくに一五世紀以降、教皇の君主的側面が強まるに連れて、発展してきた。近世以前から儀礼や宮廷職も発展していたローマ教皇の宮廷は、ヨーロッパの宮廷に大きな影響を与えたといわれている。ローマにはまた、枢機卿の宮廷がある。これも教皇の宮廷とともに発展したもので、枢機卿によって差はあるが、大きなものは、小君主の宮廷をも凌駕するほどの役職者を抱えていた。

ローマを除けば、近世イタリアでもっとも古い伝統を持つ世俗の宮廷は、フェッラーラのエステ家の宮廷であろう。一三世紀にはすでにシニョリーア体制を確立したエステ家は、一四五二年に皇帝からモデナ・レッジョ公の称号を、一四七一年には教皇からフェッラーラ公の称号を獲得した。しかしアルフォンソ二世が嫡子を残せなかったため、後継者を嫡子に限っていた教皇からフェッラーラ公の称号を剥奪され、一五九八年にモデナに遷都することを余儀なくされる。以後エステ家は、一七九六年まで、モデナ・レッジョ公として、モデナに宮廷をおくことになる。

次に古い宮廷といえば、マントヴァのゴンザーガ家の宮廷である。ジャンフランチェスコ一世が神聖ローマ皇帝ジギスムンドから一四三三年にマントヴァ侯の称号を獲得し、その後一五三〇年にはフェデリコ二世が公の称号を獲得した。しかし一六二七年に直系の子孫が絶えたため、フェデリコ二世の三男から分かれた分家出身のヌヴェール公カルロ一世が継承することになった。その後一七〇八年にオーストリアに併合されるまで存続する。

残りの三つの宮廷は比較的新しい宮廷である。まずトリノのサヴォイア家の宮廷であるが、宮廷としての伝統は長いが、もともとサヴォイア家の宮廷はアルプスの向こう側のシャンベリーにおかれていた。しかしシャンベリーは、フランスと神聖ローマ帝国の争いに巻き込まれ、一五三六年にサヴォイア公国はフランスに占領されてしまう。一五五九年のカトー・カンブレジ条約によって、公国はサヴォイア家に返還されたが、サヴォイア公エマヌエーレ・フィリベルトは、フランスからの危険があるシャンベリーからアルプスを超えたトリノへと一五六三年に遷都したのである。

最後の二つの宮廷は、宮廷としての伝統もない。まずフィレンツェのメディチ家の宮廷であるが、これは一五三二年にフィレンツェが共和国から君主国へ変わったため、君主となったメディチ家の宮廷が誕生したものである。もともとは一市民であったメディチ家による宮廷ということで、ヨーロッパ規模で見ても異色の宮廷といえるだろう。メディチ家は一五三二年にフィレンツェ公の地位を皇帝から認められたが、その後一五五七年にはシエナ公の称号も獲得し、さらに一五六九年にはトスカーナ大公の称号も得る。メディチ家の宮廷は、一七三七年に直系の子孫が絶えるまで続き、その後、トスカーナ大公国はロートリンゲン家の支配下に入ることになる。

最後にあげるのは、パルマのファルネーゼ家の宮廷である。パルマはもともと教皇領だったのだが、一五四五年に時の教皇パウロ三世が教会国家から分離し、自らの一族ファルネーゼ家の君主を頂く公国としたものである。当初宮廷はピアチェンツァに置かれたが、強引な中央集権化に対して反発した封建貴族たちが最初の公爵ピエル・ルイージを暗殺し、ピアチェンツァもミラノによって占領されてしまった。一五五〇年にスペインが再びファルネーゼ家の当主にパルマ公の称号を認め、首都はパルマにおかれることになった。一五五六年にはピアチェンツァ公の称号も認められるが、危険なピアチェンツァに首都が移動することはなく、一七三一年に直系の子孫が絶え、スペイン・ブルボン家にとって代わられるまで、ファルネーゼ家はパルマ・ピアチェンツァ公として、パルマに宮廷をおくことになる。

ローマとトリノを除くと、フェッラーラとマントヴァが多少古いとはいえ、どの国ももともとはコムーネに発する伝統を持ち、フランスやイギリスのような中世からの伝統を持っていない。その点で近世のイタリアの宮廷は、アルプスの北の大国の宮廷とは異なる特色を持つことになるだろう。

## 3　宮廷の構造

### ❦宮廷の大きさ

ローマの教皇の宮廷では、すでにレオ一〇世の時代に約七〇〇人が宮廷職にあったという。一方枢機卿の宮廷は、一六世紀の前半で四〇人から三五〇人までとかなりの格差がある。平均すると、一〇〇人から一二〇人くらいの人数が宮廷職についていたとされる。

フェッラーラの宮廷では一五六五年に四七七人が、マントヴァでは一五九五年に五二九人が宮廷職についていた。一方トリノはかなり少なめで、一五六八年に一五七人、カルロ・エマヌエーレ一世の時代に増加するが、それでも二四一人（一五八一年）しかいない。もっともトリノの宮廷の場合、君主に仕える者の数のみが判明しており、公妃の宮廷はサヴォイア公の宮廷からはまったく独立していたため、公妃に仕える者たちが含まれていない。フィレンツェの宮廷は、一五六四年には一六八人と少なめだが、一六二一年には四五七人、一六七〇年には七一九人と一七世紀にはいるとかなり大きな宮廷となる。パルマも一六世紀末までは小さな宮廷だったが、ラヌッチョ一世（在位一五九二〜一六二二）の時代に急増して三五〇人以上となる。どこの宮廷でも、一七世紀になると人数が増加し、大きくなっていくが、これはヨーロッパ全般にいえることである。

## §宮廷職

中世末期のブルゴーニュ公の宮廷は、多くのヨーロッパの宮廷に影響を与えたといわれているが、宮廷職を侍従職、厩舎職、家政職の三つに分類するブルゴーニュ型の分類法をとっているのは、イタリアではトリノの宮廷のみである。そのほかの宮廷は仕事内容によって分類されており、とくに三つに分けられてはいない。役職名などはイタリア全体でほぼ同じであり、イタリア型の宮廷職といえるものが存在していた。もっともローマ教皇の宮廷は、教皇という特殊な長を頂くため、他の宮廷にはない役職もあるが、枢機卿の宮廷は、他のイタリア型とほぼ同じである。ここではフィレンツェの宮廷を例に、宮廷の構造を見ていくことにしよう。

フィレンツェの宮廷職は、仕事内容から大きく分けて、執事、侍従、食、家政、厩舎・狩猟、女官・乳母、芸術家・職人の七つのカテゴリーに分類される。第一に挙げられる執事は、宮廷全体を統括する。執事を補佐する副執事や執事補佐がつくこともある。執事はその仕事上、宮廷における君主の代理人であり、一部の高位の宮廷人を除いたその他の宮廷人の雇用や解雇、給料の決定権を持っている。

宮廷執事に次ぐ、あるいは同程度の権威を持っているのが、君主の間（君主の私室や謁見の間も含む一連の部屋）で働く侍従職などについている者たちである。部屋侍従と呼ばれる者たちは、一六二六年のフィレンツェの宮廷では二二人おり、侍従長が彼らを統括していた。彼らの役割は、つねに君主の間の近くにいて、君主と宮廷の仲介役となることであった。謁見者を取り次ぐのは彼らの仕事であったし、君主の命令を最初に聞くのも彼らであった。侍従たちはみな貴族や有力市民であり、彼らが君主の周りにいることによって、君主の威光は増したのである。ただ特別侍従と呼ばれる者だけは、寝起きも君主の側でおこない、つねに君主の個人的な用務を受ける役割を担っていた。そのほかの者たちは、何人かが組になって、交代制で仕事をおこなっていたようである。また侍従たちは、大使や使節として、外交的な役割を果たすこともあった。

侍従たちの役割は基本的に儀礼的なものであって、実際的な仕事は出自の低い部屋侍従補佐がおこなっていた。彼らは給料こそ安いが、君主の寝室に入ることができ、君主と親しく接することができたため、君主のお気に入りになることもできた。一七世紀のメディチ家の大公たちには、とくにお気に入りの部屋侍従補佐を一人選ぶ慣わしがあった。コジモ三世は、彼のもっともお気に入りだった部屋侍従補佐に「彼の心の奥底の秘密」まで打ち明けたという。トリノの宮廷でも、やはり部屋侍従補佐は特別に気に入られることが多く、より地位の高い役職や名誉を受けて、社会的上昇を果たす者もいた。

儀礼的な職ではないが、君主と直接接することができる重要な役職として、書記たちがいる。彼らは公私にわたって君主の手足となって活動する者たちであった。君主と政府機関の橋渡しをするのも彼らの仕事である。政府機関は君主のコントロール下に置かれていたので、書記たちを束ねる第一書記は実質的には総理大臣のような役割を担っていた。一方で芸術作品の収集など、君主の個人的な依頼を受けて活動するのも彼らであった。また職を求めてやってくる芸術家や知識人と応対するのも彼らの仕事であり、まさに君主の手足として活動していたのである。一六二六年のフィレンツェの宮廷会計簿には、一二人の書記が登録されている。このほかに、君主の側で働くことができる人物として、宮廷司祭、侍医、床屋、宮廷が移動する際に宿泊や食事の手配などをおこなう行幸係官、小姓などがいる。小姓とは、宮廷で部屋侍従や従者の補佐的な役割をしながら教育を受ける貴族や有力市民の子弟である。教育や訓練のために宮廷に来ているため、報酬は与えられていなかった。

執事、侍従に次ぐ第三のグループは、食に関わるものである。そのなかで貴族や有力市民のみが担う役職は三つある。すなわち、メニューからテーブルセッティングにいたるまで食全般を管理する食事監督役、テーブルで肉やパンを切り分ける切り分け侍従、水やワインを注ぐ献酌侍従である。その他の役職は、より実質的な役割を担っており、また君主一族に直接接することはない。食器係は、銀器などの高価なものも含む食器の管理やテーブルセッティングを担当する。ワイン係は君主一族の食事の際にワインを準備するが、ワイン貯蔵室の係は別におり、こちらはもっぱら貯蔵室の管理をする。食事のための買出しや保管にも専門の役職がある。購入係は食料に限らず、購入全般を担当する役職である。購入されたものは、保管係の管理下におかれる。料理のためにはもちろん料理人が雇われていたが、君主一族専用の料理人は特別料理人と呼ばれ、給料も高かった。また君主一族ではなく、宮廷役職者が食事をする食堂 tinello を担当する役職もあった。

第四のグループである家政全般の責任者は、家政監督長で、この下に会計・事務がおかれていた。しかしこのグループのなかで重要なのは、調度・衣装部である。この部署では、絵画やタペストリーといった高価なものも含む家具調度と君主一族の衣装や宮廷人の制服などの衣類が管理され、宮廷の各部屋の調度を整えたり、清掃したりする役目を負っていた。一七世紀になると、この部門の長は家政監督長よりも高位に位置づけられ、貴族や有力市民がつく役職となった。

第五のグループは、厩舎や狩猟を担当する。もっとも高位の者は主馬長であるが、これは外国の貴族が就くことの多い一種の名誉職だったようである。その下に厩舎長がおり、こちらが実質的な監督責任者であった。厩舎にはこのほかに、御者や馬丁、ラバ係などがいる。狩猟関係では、鷹匠、鷹飼育係、猟犬係などの役職があった。また厩舎にも狩猟にも関係のある役職として獣医がいる。

第六のグループは、君主一族の女性に仕える女官や一族の子どもの面倒をみる乳母といった女性たちで構成される。最後の第七のグループは、芸術家や職人である。画家、彫刻家、音楽家から道化師、タペストリー職人などが、宮廷に雇われていた。

## § 高位の宮廷職の出身

すでに宮廷職のところで見たように、君主一族に接触する可能性のある儀礼的な役割をもった職は、貴族や有力市民層が担っていた。西欧では、このような高位の宮廷職には貴族が就くのが一般的であったが、都市国家の伝統を持つイタリアでは、有力市民層も宮廷人になった。もっとも、封建貴族と有力市民の割合は、各国の歴史や政治情勢によって異なっている。

君主制の伝統の長いフェッラーラやマントヴァ、そしてトリノでは、貴族の数も多く、高位宮廷職には貴族が多かった。一方フィレンツェでは、市民だったメディチ家が君主になったため、有力市民層が反発し、一六世紀には外国人貴族が高位の宮廷職に就くことが多かった。フィレンツェ市民が高位の宮廷職に就くようになるのは、一六世紀末からである。フィレンツェと同じく新たに宮廷を作ったパルマでは、君主がパルマと関係のない外国人だったため封建貴族層が反発し、高位の宮廷職に就く者は、有力市民層が多かった。封建貴族が増加するのは一六世紀の後半以降である。

宮廷の構造が特殊なのは、ローマである。教皇は世襲制ではないため、教皇が変わるたびに宮廷のメンバーも変化した。しかも高位の宮廷人は基本的に聖職者であるため、女性が存在しないという点で、異色の宮廷である。俗人も宮廷にいなかったわけではないが、彼らはおもに軍事的役割を担っていた。

## 4　宮殿と都市

### §宮殿

近世ヨーロッパの宮廷は、中心となる宮殿を首都である都市のなかに持っていることが多く（ヴェルサイユ宮殿は例外的な存在である）、イタリアの宮廷も同様である。ローマのヴァティカン宮殿、フェッラーラのエステ城（別名サン・ミケーレ城）、マントヴァの公爵宮殿、フィレンツェのピッティ宮殿（図13‐1）、パルマのピロッタ宮殿、トリノの王宮は、すべて市内にある。

宮殿は、君主の間を一種の聖所とする構造になっている。宮殿に廊下は存在しない。訪れる者は、部屋から部屋へと移動しなければならず（図13‐2を参照）、次の部屋へと移動するには、身分や君主の寵愛という宮廷内のステイタスが必要になる。最深部である君主の間を訪れることができるのは、ほんの一部の者のみである。その君主の間は一連の部屋からなっており、究極の聖所である寝室以外には、謁見室や控えの間、礼拝堂などがある。君主に仕える者たちは、その側の小さな個室や中二階（あるいは中三階）などに控えている。

男性の部屋と女性の部屋も分かれている。君主とその妃はそれぞれが一連の部屋を持っており、宮廷で働く者たちも、居住空間は厳格に分けられている。君主とその妃あるいは皇太子とその妃の寝室のみは、行き来ができるようになっているが、必ずしも隣り合っているわけではない。ヨーロッパの他の宮廷と同様、君主夫妻は別々の生活を営んでいたのである。

## § 宮廷と都市

都市内に宮殿があれば、当然都市は影響を受ける。まず、宮殿が作られる場合、その周囲は一種の区画整理が

図 13-1　ピッティ宮殿

出典　筆者撮影。

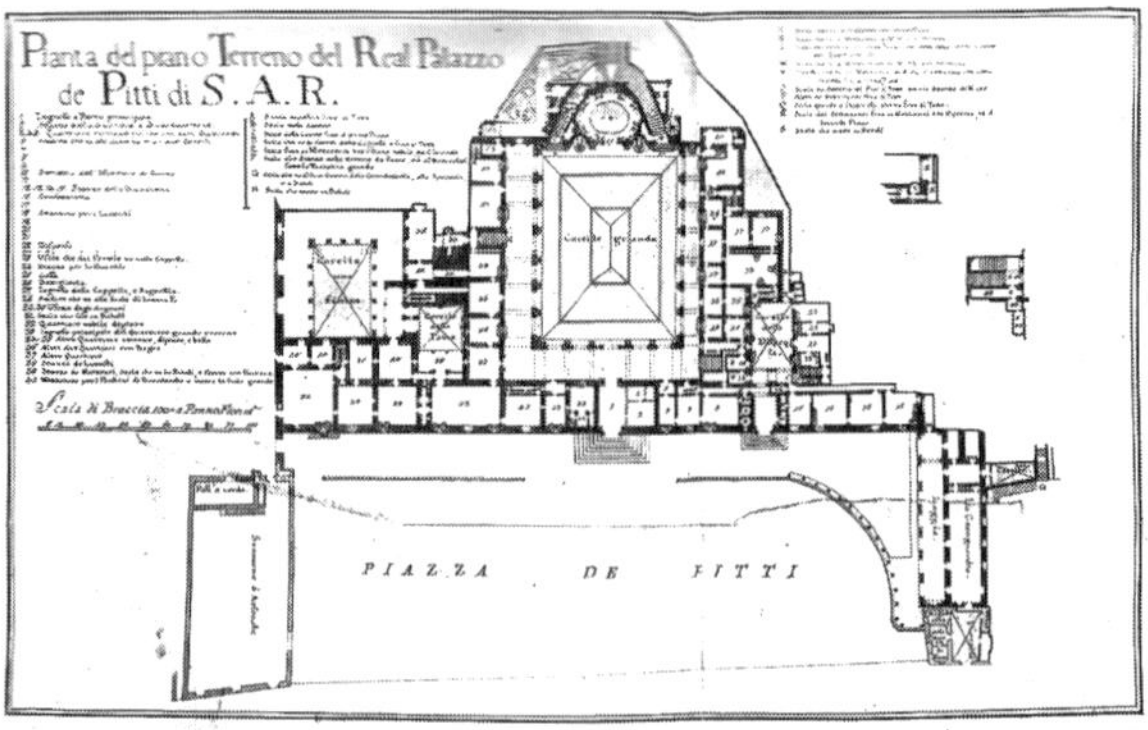


図 13-2　ピッティ宮殿平面図（18 世紀）

出典　D. Mignani, "Le scuderie", in *Vivere a Pitti*, Firenze, 2003, Fig. A.

なされ、貧しい者の家などは取り除かれる。フィレンツェのピッティ宮殿が作られたとき、宮殿前に大きな広場を作るために、多くの家が壊された。フィレンツェ公コジモ一世は、ピッティ宮殿から役人たちの庁舎であるウフィツィ（現ウフィツィ美術館。「ウフィツィ」は複数の「オフィス」の意）を通ってヴェッキオ宮殿（「旧宮殿」を意味する）をつないで、新旧の宮殿を君主が安全に行き来できるように、いわば空中通路である「ヴァザーリの回廊」を作った。この回廊はヴェッキオ橋の上を通っていたが、この橋の一階部分には肉屋が連なっていた。一六一六年にはその臭いのために肉屋は立ち退かされ、金細工師の店が入るようになった。

また宮廷では、位の高い者から低い者まで多くの者が働いている。宮廷は大量の雇用も創出するのである。実際、一七世紀のフィレンツェでは、全世帯数の八～一〇パーセントが宮廷となんらかの関係を持っており、一五〇〇人が直接的あるいは間接的に宮廷と関係のある職に就いていたという。しかし、都市内の宮殿の場合、彼らすべてに宮殿内の部屋を与えることは不可能である。宮殿のなかに住居を持っているのは、君主の信頼する高位の宮廷役職者の一部か、侍女や乳母といった宮殿に常駐することが求められる役職についている者たち、そして教育を受ける立場にある小姓たちだけであり、多くの者は、宮殿のそばに住み、通ってくることになる。そのなかでも高位の宮廷役職者は、自らの邸宅を宮殿の近くに作ることになる。宮殿は国の中心であり、したがってその周辺の土地はいわば特権的な区画を形成するのである。宮殿の周囲には貴族の邸宅ができ、それによって都市の概観も変わっていく。それは、君主も意識していた。フィレンツェの君主コジモ一世は、一五五一年一月二八日に新しい家の建築を促進するための法を発布したが、これはまさに新しい君主国家の首都としてのフィレンツェの美観と自らの権力の誇示を考えてのことであった。

## 5　儀礼と名誉

### ❦儀礼

宮廷でおこなわれる儀礼は、三種類に分けることができるだろう。第一に即位式や葬礼といった国家儀礼、第二に宗教儀礼、第三に日常的な宮廷儀礼である。ギーゼイは『儀式と君主権力』のなかで、祝祭（スペクタクル）も国家儀礼の一つとして数えているが、結婚などの祝祭の場合、君主が関わらない、あるいは君主も観客の一人となる行事も多い。結婚式のみが一種の宗教儀礼であり、その他のスペクタクルはプロパガンダ的な要素を含む宮廷芸術として後述することにする。

第一の国家儀礼であるが、イタリアの宮廷の多くは、フランスなどと異なり、即位式や葬礼の定式やそれを支える理論――王は生身の自然的身体と不可視の政治的身体の二つを持つという「王の二つの身体」のような――を持たない。ローマ教皇だけは、その空位期間を理論づけるために、個人としての教皇と教皇の地位を引き離そうとする試みがなされた。また一六世紀半ばのフェッラーラやフィレンツェでは、君主やその一族の葬礼に際して、フランスなどと同じように、死んだ者に似せて作られた人形を利用したというが、明確な理論づけはされなかった。ともあれ、即位式や葬礼は君主の威信を示すために、壮麗におこなわれた。

第二の宗教儀礼としては、クリスマスや復活祭などの重要な祝日が、ローマに限らずどこの宮廷でも、盛大に祝われた。宗教儀礼は単に宗教的な意味を持つばかりではなく、国家と君主の偉大さを演出するため、そして君主を聖なるものに近づけるためのものでもあった。たとえば聖体の祝日は、他のヨーロッパのカトリック諸国と同様に、一六世紀末から盛大に祝われるようになった。天蓋に覆われた聖体は宮廷のおもなメンバーによって担がれて市内を行列する。聖体の天蓋は、君主の上にある天蓋も神聖なものであり、君主も聖性を持っていることを示すのである。また、それぞれの国に独特な宗教儀礼もある。たとえばキリストの遺体を包んだとされるトリノの聖骸布や、フィレンツェのサンティッシマ・アヌンツィアータ聖堂のなかにある天使によって描かれたとされるマリア像などがある。これらの聖遺物は一般には非公開にされ、国家の祝祭がおこなわれるときや、君主によって選ばれた人のみが見ることができるようになった。これは、フランスやイギリスの国王のように聖性をもたないイタリアの君主が、自らに聖性を帯びさせるためにとった手段である。

第三に、日常的な儀礼を見ていこう。日々の宮廷の活動は、儀礼で満ちている。宮殿のなかは、誰がどこまで入ってもいいのか厳密に決められていたし、目上の者に呼びかける際に使われる尊称も、ランクによって決まっていた。とくに一七世紀以降になると、儀礼は厳格になり、細かく規定されるようになる。ここでは日常的な儀礼の例として、フィレンツェの宮廷における謁見について見ておこう。

トスカーナ大公フェルディナンド二世は、謁見室に続く二つの控えの間を持っていた。トスカーナ大公の臣下は誰でも謁見することができたが、控えの間によって区別がつけられる。最低のレヴェルは、第一の控えの間にも入れない者たちである。第一の控えの間には、宮廷に仕える高位の宮廷人や軽騎兵、高位の官職保有者やそれと同等の地位と考えられる外国人が入ることができる。しかし彼らは第二の控えの間で待つことはできない。第二の控えの間はより謁見室に近いため、彼らはそこを通り抜けなければならないのだが、足早に通り過ぎることを期待されている。第二の控えの間こそが真の控えの間であり、非常に高位の宮廷人や力のある君主国から派遣された大使、有力市民の家の当主などが、ここで謁見まで待機することができる。

いざ謁見の際も、謁見者のランクによって待遇が異なる。謁見者を案内するのは大執事か侍従長であるが、大執事に案内される者の方がランクが高い。またかなりランクの高い謁見者には、謁見中に椅子が準備される。その椅子に肘掛がついていれば、最高のランクである。一方、謁見者が誰であれ、君主はつねに天蓋の下の一段高い所にいる。謁見者が外国人だった場合には、さらにこの後の歓待の方法も、ランクによって細かく分かれている。このように、イタリアの宮廷でも日々おこなわれる謁見の際に厳格な儀礼があり、宮廷生活を支配していたのである。

## §名誉の社会

宮廷社会を理解するためには、名誉 onore の概念を避けて通るわけにはいかない。宮廷社会における名誉は、人びとの地位を決定する。宮廷人は名誉を求めて争い、それが失われることを恐れるのである。では宮廷における「名誉」とは、どのようにして獲得されるのだろうか。

まず、君主の側にいる権利を持つこと、これは最大の名誉である。君主の寝室に入る権利は、宮廷人なら誰でも望むことだろう。すでに見たとおり、宮廷は厳格な儀礼社会であり、宮廷人はヒエラルヒーを形成していた。その頂点に君臨する君主にアクセスできる権利は、名誉以外の何ものでもない。しかも君主は名誉の分配者である。宮廷職だけではなく、封土や称号、土地、年金、君主自身が描かれたメダルや肖像画を、君主は臣下たちに与える。重要なのは直接的な物質的利益ではない。君主が描かれたメダルや肖像画を賜ることは、物質的な利益を超えた名誉のシステムにおける利益を受けることなのである。そして一度名誉を受ければ、それが物質的な利益につながる可能性もある。

しかし君主がつねに名誉のシステムを容易に操作できるわけではない。臣下たちは名誉を求めて争う一方で、不当と思われる名誉の分配には不満を抱く。君主が容易に操作できない権利の例として、優先権が挙げられるだろう。優先権とは、儀式や行列の際により名誉ある場所にいる権利である。この権利は国際的な問題にも発展する。それは、大使たちが集まる大きな宮廷で、優先権を競い合うからである。フランスとスペインは長い間ローマの宮廷を舞台に優先権を争い続けたし、フィレンツェとフェッラーラは、フィレンツェがトスカーナ大公の称号を獲得して、優先権を勝ち取るまで、神聖ローマ帝国の宮廷で論争を続けた。一五三〇年にボローニャでおこなわれたカール五世の皇帝戴冠式では、フェッラーラとジェノヴァとシエナの大使の間で優先権をめぐる論争がエスカレートした結果、つかみあいの喧嘩にまでいたったこともある。

しかし、名誉への道は一つではない。とくに、都市国家の伝統を受け継いでいるイタリアの近世国家の場合はそうである。中央、地方を問わず都市の高位官職に就くことは近世になっても名誉であり、それは官職が君主によって与えられる恩恵である場合でも、そうでない場合でも変わらなかった。また軍隊に入ることも、名誉への道の一つである。とくに封建貴族層はヨーロッパ各地の軍隊で一旗上げようと努力した。騎士団も重要である。国際的なマルタ騎士団は、近世国家に仕えるのとは別の名誉への道を準備し、時には国家に仕えるのをよしとしない者たちが一族の栄光を守るための道となった。一方、サヴォイア公国のサンティッシマ・アヌンツィアータ騎士団やトスカーナ大公国のサント・ステファノ騎士団は、中央のエリートと地方のエリートを統合させ、団長である君主との忠誠の絆を強化する重要な装置であった。そしてこの騎士団の一員となることもまた名誉への道の一つだったのである。

## 6　宮廷文化

最後に宮廷文化について考えてみよう。君主はその国内の最大のパトロンであり、優秀な芸術家や職人たちをその宮廷に抱えている。それは、自らの楽しみのためであり、また自らの威信を示すためでもあった。

もっとも君主の威信を示すのは、やはり宮殿であろう。宮殿の増改築はどこの宮廷でもよくおこなわれた。臣下や大使たちが訪れる宮殿内部の装飾も大切である。壁や天井には入念にプログラムされたフレスコ画が描かれ、貴石を使った家具が置かれ、彫刻が飾られた。宮殿の外に広がる庭園もまた重要である。グロッタ（人工的に作られた洞窟）や彫刻が配され、幾何学的に整えられた庭園もまた、君主の威信を示すものであった。

宮廷で雇われている芸術家や職人たちは、多くの場合、芸術監督官の下に置かれた。近世においては、現在のような芸術家と職人の区別はなく、画家や彫刻家も、武具製造者や仕立屋と基本的に同じ扱いであった。むろん、高名な画家や彫刻家には多くの報酬が払われるが、すぐれた職人にも同じように高額の報酬が支払われた。当時のイタリアでもっとも高額の報酬を受けていた芸術家・職人は、タペストリー職人である。タペストリー製造の技術は、当時フランドル人しか持っていなかったため、タペストリーを自国で製造するためには、高額な報酬を払って彼らを招聘するしかなかった。実際、一五五三年のフィレンツェの宮廷では、執事に次いでタペストリー職人がもっとも高額の報酬を得ていたのである。このほかにも、フィレンツェのメディチ家礼拝堂にその究極の形をみることになる貴石細工や公や公妃を飾る宝飾品などの職人たちも、決して軽視されることはなかった。

画家や彫金師は、肖像画やメダルの作成によって、君主のイメージの形成に貢献していた。彫刻家もまた重要である。彫刻は宮殿や邸宅内部だけではなく、屋外にもおかれ、すべての人びとの目にさらされるため、より多くの人びとに向けて、君主のメッセージを発信することができた。フィレンツェでは、一六世紀半ばには君主制のモニュメントとして《メドゥーサの首を持つペルセウス》や《ネプチューンの噴水》がヴェッキオ宮殿の周りに作られた。三代目のトスカーナ大公フェルディナンド一世は、フィレンツェのみならず国内の各地に自らもふくむ三代にわたる大公の騎馬像や立像を配置させた。都市空間は、君主称揚の場に変えられていったのである。

宮廷文化のなかでもっとも重要なのは、君主や一族の結婚などを祝うための祝祭であろう。それは現代にはほとんど痕跡を残さない、はかないものであるが、プロパガンダの点では、おそらく最も重要なものである。宮殿のようなある程度永続的なものとは異なり、祝祭は、それがおこなわれる時点での政策やメッセージを、的確に発信できるからである。

祝祭はいくつかの要素に分けることができる。最初におこなわれるのは入市式とパレードである。結婚の際には、妃となるものが最初に都市内に入るときに、入市式がおこなわれ、その後市内をパレードするのが通例である。このとき市門やパレードが通る道には、凱旋門がいくつも作られ、君主と妃、そして一族の繁栄を称えることになる。市内のどこを通るかは、市民に向けての重要なメッセージでもあった。君主制になったばかりのフィレンツェでは、かつての共和国の政庁であるヴェッキオ宮殿の前を通らないことで、君主制の現実を市民に告げたのである。

祝祭は一日で終わるものではない。君主の結婚のような重要な出来事を祝う場合、祝祭は数ヵ月にわたって続けられ、さまざまな出し物がおこなわれる。出し物には、劇場での演劇やインテルメッツォ（幕間におこなわれる一種のショー）、舞踏、馬上槍試合、模擬海戦、バレエなどがあった。フィレンツェでは、現在では庶民の祭りとしておこなわれている「古式サッカー」を、貴族たちが祝祭の時におこなっていた。近世には君主たちが自らの威光を示すために、より壮観で大規模な祝祭をおこなおうとしていた。そのために、大きな常設劇場が作られるようになり、そこでは機械仕掛けで人を吊り上げたり、場面を転換させたりできるようになり、壮大な構想のインテルメッツォや演劇がおこなわれた。しかし常設劇場が作られたために、君主の祝祭の一部は民衆の目から届かないところへ移動し、エリートのためだけのものとなったのである。

## 7　宮廷と都市

宮廷社会は、独自のルールを持つ一つの社会であり、そのルールは市民や商人の世界とは異なるものであった。しかしだからといって、宮廷が都市に影響を与えなかったわけではない。イタリアの場合、どの宮廷でも、メインとなる宮殿は都市に存在しており、都市と宮廷は相互補完的な関係にあった。都市は宮廷にその役職者、彼らの住居、そして食料をふくむ日用生活品を提供した。一方、宮廷は、都市に雇用と商業のチャンスを与えたばかりではなく、都市の景観を変え、君主を称えるための芸術で都市を飾った。儀礼と名誉の概念も、都市とは無関係ではありえなかった。有力市民たちは徐々に宮廷にはいるようになり、宮廷のルールを自分たちのものとしていった。宮廷は国家の政治的、社会的、経済的、そして文化的な中心であり、都市民をもひきつけるものだったのである。

（北田葉子）

# 終章　イタリアの歴史、日本におけるその研究

## 1　イタリアをみる目

### ✿遠い国

イタリアは、日本にとり、かつては遠い国であった。明治以来、富国強兵に邁進した日本にとって、手本になる国ではなかったからである。優勝劣敗が明確になる戦争では、イタリアの軍隊に強兵という評価はなく、欧米人の書いた戦記や戦史、それに基づく映画などでも、その強兵ぶりが喧伝されたことはない。英語、ドイツ語、フランス語の辞書に比べて、かつてイタリア語の辞書は質量ともに貧弱であったが、このことは、どの国が手本であったかを雄弁にものがたる。

この事情は、歴史研究にも反映した。日本でのイタリア史研究は、イギリス、ドイツ、フランスにも大きな影響を与えたルネサンス文化を除けば、貧弱であった。第二次大戦後も、傍流のままであった。当時流行したマルクス主義史学でも、強兵の視点は後退したが、先進諸国の事例によって歴史の発展法則を検証し、それを日本が発展するための指針とするというのが目的だったから、事態は変わらなかった。一九七〇年代後半、市民を相手にイタリア史の話をしたとき、「戦争には簡単に負ける。経済状況は暗く、政治も不安定。そんな国の歴史を研

究する意味が、いったいどこにあるのですか。」と詰問した人がいた。

ここで、古代ローマ史とイタリア史との関係について、一言述べておこう。古代ローマ史の研究は、日本では、欧米の歴史研究の影響もあって活発であったが、その研究と中世以降のイタリア史の研究とがうまく接合しているとはいいがたい。イタリアの古代史は、いきおいローマの発展と衰退という視点から研究されたので、ローマによって政治的に統一された地中海世界が崩壊した時点で一応完結するという印象は否めない。他方、イタリアの中世史は、初期の研究が中・後期の研究に比べて一般に著しく手薄であるのみならず、ローマ時代の遺産が長期にわたって色濃く存在したと思われる半島南部やシチリアなどの研究が少ない。したがって、両者の接合は今後の課題であり、古代の遺産が中世の社会を形成する上で果たした具体的な役割を総体的に検討することは、今後の研究を待つしかない。とはいえ、古代のイタリアが、有形無形の豊富な遺産を中世のイタリアにもたらしたことは確実である。中世都市は古代都市に起源を持つものが多く、ローマ時代の街道や建築物が各地で使用されたのみならず、地域によって濃淡はあるだろうがローマ時代の法や制度は中世にも存続した。中世において徐々に形成されたイタリア語は、ラテン語から派生した諸言語のなかでも、母親似の長女だといってよいだろう。豊富な古代の遺産は、以後のイタリア社会の基盤の一部をなしたと思われる。

さて、いつの間にか、かつての先進後進の位置関係が、またもや変化しはじめた。一方では、一国ではなく、海や陸の交通によって有機的に結合した諸国や地域、つまり「世界」を単位とする考察がなされ、「世界」の枠組みが変化するにつれて各国の役割も変化するという認識や、発展途上国の視点から書き直された歴史記述も出現した。国家内部の民族問題なども浮上し、階級対立とは次元の異なる国家内部の対立関係も、歴史研究の課題として脚光を浴びた。また、序章にあるように、人びとの日常生活や心性などを考察する社会史の重要性が広く認識され、生活や心性など、それ自体の研究が進展する一方で、社会史的な視点が政治史、経済史、文化史にも導入され、各領域での歴史認識を深化させた。人類の歴史を総体として考察する視点も登場してきているが、そこでは研究する意味のない地域や時代は存在しない。

## §近い国

こうした動向を背景に、日本ではイタリア史研究の意味が見なおされ、次のような認識が受容されてきた。イタリアは、先天的な後進国ではなく、それを取り巻く固有の歴史的条件が、その歴史展開に個性をあたえた。中世のある時代の「世界」では、イタリアが中核としての役割を担った。イタリアで生み出された多彩な人類の遺産が、各地で以後の歴史展開の前提条件になった。イタリアの豊富な中世史料は、歴史研究にとっての宝庫であり、それに基づいて認識された歴史現象は、他国の類似現象を考察する際の参照事例となる。また、イタリアの風物に魅了され、その由来を探求したくなった、という直截な動機も増加したようである。いずれにせよ、もはや特定の視点だけが正当とされることはない。

最近、イタリアは、かなり近い国になった。イタリア・ブーム、という言葉によく出会う。第二外国語は、ドイツ語よりイタリア語の履修者が多い大学があると聞く。筆者のイタリア語初級のクラスも、ほぼ満杯になる。外国旅行でも、イタリアに行く学生が多い。ピッツァやパスタは人気があるし、イタリア・モードという言葉もあるようだ。ブームの実態は、これだけではないだろうが、筆者にはよくわからない。いまや、イタリアの印象は、貧国弱兵ではなく、味わいのある風景、気軽でおいしい食事、人生を楽しむ智恵、そして人間らしい生活、になったようである。富国に邁進し、先進諸国に追いついたあげく、バブルが崩壊して、指針を見失った日本にとり、人間らしい生活を追及するうえで、イタリアが手本になったのだろうか。この間に、イタリア史の研究者は、数が増え、それぞれの視点から研究に取り組むようになった。

さて、序章は、イタリア都市社会史研究の意義について、生き生きと魅力的に説明している。この終章では、イタリア史の特徴、日本におけるイタリア史研究の展開、そこでの都市研究のありかたについて展望してみたい。行論の都合上、序章と重複する部分があることは、読者のご寛容を乞いたい。

## 2　イタリアの歴史

### §政治的分裂

中・近世イタリアの歴史は、社会全体に大きな影響力を持つ政治の歴史をみると、二重の意味で複雑である。一つは、イタリアが諸国に分裂して、一つに統合されることも、全体の覇権を維持する強国も存在しなかったのみならず、その国家（や地域）が、イタリア以外の国家に従属することも、逆にイタリア以外に領土をもつこともあったからである。イタリア全体を単位とする政治の枠組は、一度も出現しなかった。もう一つは、大小さまざまなイタリア諸国は、それぞれの歴史展開はもちろん、研究状況にも大差があるので、ある国家の歴史展開を一般化することには大きな限界があり、同時に、イタリア全体の歴史を各国の均衡をとりながら概観することも困難だからである。

ビザンツ帝国は、ユスティニアヌス大帝の時代、二〇年にわたるゴート戦争の結果、五五五年に、ゲルマン民族の東ゴート族が四九三年にイタリアに建国した東ゴート王国を打倒し、イタリアの支配権を回復した。イタリア支配の拠点をラヴェンナに置き、そこに総督を派遣した。その後まもなく、五六八年に、ゲルマン民族のランゴバルド族が、イタリアに侵入し、ランゴバルド王国を建国した。この王国は、イタリア半島の多くの部分を支配したが、それを完全に支配することはできなかった。ビザンツ帝国は、ローマ・ラヴェンナ回廊、（半島）南部、シチリアなど、帝国にとっての重要地帯を保持したのである。イタリアは、ここで政治的に分裂し、一八六一年にイタリア（統一）王国が誕生する（ヴェネト地方が王国に併合されるのは一八六六年、ローマ併合は一八七〇年）まで、約一三〇〇年にわたり、政治的な統一は実現しなかった。

## § イタリア王国

ビザンツ帝国が弱化するにしたがい、ランゴバルド王国はローマ・ラヴェンナ回廊を侵犯し、ムスリムがチュニジアからシチリアに侵入した。教皇の救援要請を受けてイタリアに介入したフランクのピピンは、ランゴバルド王国に勝利したが、ラヴェンナ総督領はビザンツ皇帝に返還せず、教皇に贈与（いわゆる「ピピンの寄進」）した。七八一年、フランク王（後のカール大帝＝シャルルマーニュ）は、南部のベネヴェント公領などを除く旧ランゴバルド王国をイタリア王国とし、息子をその国王にした。このイタリア王国は、一八六一年に成立したイタリア（統一）王国とはちがい、イタリア半島全体を支配したわけではなく、シチリア、サルデーニャも支配できなかった。

イタリア王国は、次のような変遷をたどった。①八〇〇年、カロリング家のフランク王カールがローマで教皇より帝冠を授与され、カロリング帝国（理念上は再興された西ローマ帝国）が成立した。イタリア王国は、この帝国の一部となり、カロリング家がその王位を継承した。②八八八年、イタリアでカロリング家が断絶すると、イタリア王国は、イタリア王国の諸侯たちによって国王に選出された諸侯が支配する、独立王国となった。この「独立イタリア王国」時代は、複数の国王が選出されて相互に抗争することが多く、王権は弱体で政治秩序が混乱した。③九六二年、ドイツ王オットーは、教皇からローマ皇帝の帝冠を授与され、翌年、イタリア王として正式に認められた。以後、イタリア王国は、（いわゆる）「神聖ローマ帝国」の一部となったが、この帝国では、ドイツ王が皇帝となり、イタリア王を兼ねる、という慣習が成立した。なお、イタリア王国で神聖ローマ帝国の帝権が弱化するにしたがって、教皇が帝権から独立し、都市国家や、そこから発展した領域国家が事実上の主権を行使するようになると、イタリア王国は、次第に有名無実な存在になってしまった。やがて一五世紀後半には、「ドイツ国民（民族）の神聖ローマ帝国」という表現が出現したが、これは、イタリア国民（民族）は事実上この帝国には含まれていない、ということを意味する。この神聖ローマ帝国は、一八〇六年まで存続した。

## § シチリア王国

シチリアは、八二七年に侵入を開始したムスリムにより、八七八年、ビザンツ帝国の拠点都市シラクサが陥落し、九〇二年、全島の征服が完成した。やがてシチリアでは、ムスリム支配のもとで島内各地に諸侯が割拠する状態が出現し、一〇四四年にカルブ朝が滅亡すると、諸侯同士の抗争が激化した。一方、イタリア南部は、政治的、宗教的に分裂するなかで、ランゴバルド系貴族がビザンツ帝国からの独立運動を展開した。一一世紀初頭以降、北フランス出身のノルマン人傭兵がこの運動に参加し、一〇三〇年、そのなかの一人が現地諸侯の地位を獲得した。

一〇三五年頃にやってきたオートヴィル家の兄弟は、ノルマン人からなる独立集団の首領となったが、その抜群の戦闘能力と現地勢力の分裂とにより、南部のビザンツ領土のみならず、シチリアの征服にも成功することになる。一一三〇年、同家のルッジェーロは、武力支援を必要とした（対立）教皇から、支援と引き換えに、南部とシチリアとから構成されたシチリア王国を授封された。これにより、イタリア（とシチリア）は、西欧世界、ビザンツ世界、イスラーム世界という、三つの世界の辺境が接する状態から、イタリア王国、シチリア王国という、西欧世界に属する二つの王国が対峙する状態へと、大きく転換したのである。

## 3 都市国家とヴェネツィア

イタリア王国では、神聖ローマ皇帝（イタリア王）の権力は、聖職叙任権闘争を契機に衰退しはじめた。都市が発展した地域では、皇帝の役人に代わって、都市の「住民共同体」（コムーネ）が、都市の実権を掌握し、さらに周辺農村の支配権も獲得していく。フリードリヒ一世は、これを帝権への侵害として、都市から権力を奪回しようとしたが、ロンバルディア都市同盟との戦闘に大敗し、一一八三年、コンスタンツの和約により、同盟都市に事実上の主権を承認した。これを契機として、イタリア王国の各地に都市国家が成立することになる。とはいえ、王国の北東部、北西部では、都市が発展せず、皇帝や教皇から叙任された聖俗諸侯の支配体制が存続した。教皇も、一一世紀後半以降の教会改革を契機に、皇帝権力から独立した。しかし、その権力は、教皇が主導した（聖地）十字軍運動が失敗に終わったことを背景に、王権を強化したフランス王との対立を契機として、衰退しはじめた。その後、紆余曲折を経て、一五世紀中葉以降は回復し、教皇領も国家としての実態をもちはじめる。

かつてビザンツ帝国に帰属したヴェネツィアは、次第に独立し、この帝国を攻撃したノルマン人に対抗する海上支援と引き換えに、一〇八二年に帝国から得た商業特権を契機として、ビザンツとの商業をおおいに発展させた。さらに、一二〇四年、第四回十字軍と共同でコンスタンティノープルを占領し、ビザンツ帝国の旧領の「八分の三」を獲得した。これを契機として、東地中海の各地に獲得した海外領土と、すでに獲得していたアドリア海沿岸の海外領土とからなる、広大な海外領土が形成された。ヴェネツィアとその領土を総称して、ヴェネツィア帝国と呼ぶ歴史家もいる。のみならず、ヴェネツィアは、一四世紀末以降、イタリア王国の旧領、つまり北部内陸の都市国家地帯や諸侯支配地帯にも進出し、広大な内陸領土を形成していく。キリスト教世界の東西両帝国の接点に位置したヴェネツィアは、東帝国から海外領土を、西帝国から内陸領土を獲得したことになる。

## § シチリアの晩祷

シチリア王国は、複雑な変遷をたどるが、ごく単純化すれば、次のようにいえるだろう。ノルマン朝の断絶後、ホーエンシュタウフェン朝（王朝の出身地にちなんでシュヴァーベン朝、イタリア語ではズヴェーヴィア朝ともいう）の神聖ローマ皇帝が、ノルマン朝との婚姻関係により、一一九四年、シチリア王を兼任する事態が出現した。教皇は、教皇領の周囲を同一王朝が支配するこの状況を打破するため、シチリア王国の授封権に基づき、機会をとらえて、フランス王の弟シャルル・ダンジューにこの王国を授封した。

シャルルは、一二六六年と六八年、二度にわたってホーエンシュタウフェン朝の勢力に勝利を収め、王国を征服した。以後、一二六一年に崩壊したラテン帝国の再興などを計画し、準備のための負担を王国、とりわけシチリアに強制した。シャルルと対立するビザンツ皇帝、ホーエンシュタウフェン家の王女と結婚したアラゴン国王、シチリア島民の三者は、シャルルに対抗することで一致した。このような状況のなかで、一二八二年、「シチリアの晩祷」と呼ばれる事件がおきた。反乱したシチリア島民が、島内のフランス兵を殺戮し、紆余曲折の後、アラゴン王に島の支配権を提供したのである。他方、半島南部は、シャルルの支配下にとどまった。

以後、シチリア島を支配する（いわゆる）シチリア王国と、半島南部を支配する（いわゆる）ナポリ王国とが、一三七二年まで消耗戦を展開する過程で、両国では国王権力が紆余曲折を経ながら次第に衰退し、領主貴族の勢力が台頭した。一三〇二年、両国の国王が締結したカルタベロッタの和約では、アンジュー（イタリア語ではアンジョ）家が支配するイタリア半島南部の王国は「シチリア王国」、アラゴン家が支配するシチリアの王国は「トリナクリア王国」とよばれた。トリナクリアとは、「三つの岬」というギリシア語で、シチリアを意味する。ここでは、南部の（ナポリを首都とする）王国を「ナポリ王国」、シチリアの王国を「シチリア王国」と呼ぶ通称を使用する。この和約では、後者の現国王の死後、シチリアはアンジュー家に返還され、その代償として同王の子孫はサルデーニャ（ないしキプロス）を獲得することとされた。しかし、その死後、返還は実現せず、和約は解消した。この間に、アラゴン王は、教皇から授封されたサルデーニャ王国に遠征し、長期にわたる征服戦争の結果、その支配を実現した。

## ◆ローディの和約とスペインの覇権

一四四二年、アラゴン、シチリア、サルデーニャの三国の王アルフォンソは、すでに政治秩序が崩壊していたナポリ王国を征服した。以後、正式名称のシチリア王国（ナポリ王国）と、通称のシチリア王国（トリナクリア王国）とを一括して、単数形の「両シチリア王国 regno di due Sicilie」と呼ぶこともある。一四五四年から翌年にかけて、拡大するオスマン帝国の脅威を契機に、イタリアの五大国がローディの和約とよばれる休戦協定を締結した。ヴェネツィア共和国、ミラノ公国、フィレンツェ共和国、教皇領、そしてナポリ王国。さて、アルフォンソの死後、アラゴン王国などは嫡子が、ナポリ王国は庶子が相続したが、紆余曲折の後、一五〇四年、アラゴン王国は、ナポリ王国を支配し、その属領とした。

一四六九年にアラゴンの王子とカスティーリャの王女とが結婚し、やがて両者はそれぞれの国王になったので、両国はあわせてスペインと呼ばれるようになる。両王の娘と神聖ローマ皇帝（ハプスブルク家）の息子との結婚から生まれたカールは、一五一六年、スペインの王（一世）になり、一九年、皇帝（五世）となった。カールは、スペインの王としてシチリア王国、ナポリ王国、サルデーニャ王国を支配し、さらに一五三五年にはミラノ公国をも支配する。イタリア各地での権益をめぐり、一四九四年に開始された、フランス王家とスペイン王家との間の「イタリア戦争」では、後者が次第に優勢となった。カールは、一五二九年から翌年にかけて、ボローニャにイタリア諸国の代表者を招集し、領土の画定や君主の確定などについて決定した。一五三〇年、フィレンツェでは、メディチ家の当主が、カールの支援を得てフィレンツェの支配権を獲得した。一五三三年から翌年にかけて、カールは、再度ボローニャにイタリア諸国の代表者を招集し（ヴェネツィアは欠席）、前回の会議の決定を確認するボローニャ同盟を結成した。一五五九年、カトー・カンブレジ条約により、イタリア戦争は終結し、イタリアにおけるスペインの覇権が確立した。

カールは、すでに息子フェリペ（後のスペイン王フェリペ二世）にナポリ、シチリア、サルデーニャの三王国とミラノ公国、ネーデルランドなどを譲っていたが、この条約締結以前の一五五六年に引退し、スペイン王位はフェリペに、神聖ローマ帝位は自分の弟フェルディナンドに継承させた。フェリペは、オランダ独立戦争、無敵艦隊のイギリス遠征、フランスの宗教戦争への介入、スペインでの異端審問などに忙殺された。この間隙を縫い、イタリア諸国のなかには、スペインと対抗するフランスと連携するなどして、自国にのしかかるスペインの圧力を軽減しようとするものも出現してくる。

## 3　イタリアの都市

### § 都市国家

「都市の国」イタリアでは、古代以来、都市が社会生活の中心であり、中世にも、アルプス以北に比べて、都市は数が多いのみならず、大都市も多かった。筆者には研究の数について統計を示すことはできないが、イタリア北・中部の中・近世史の研究は、欧米でも伝統的に、都市を対象とするものがはるかに多いという印象をもつ。そこでは都市が社会生活の中心だったことのみならず、国家ごとに差異はあるだろうが、都市住民が大量の史料を作成したことも、おそらくその理由であろう。

イタリア王国の都市が発展した地域では、都市国家が成立した。都市内部の社会関係は、時代とともに変化した。都市住民が団結して、皇帝や教皇に叙任された聖俗の都市領主と、さらには周辺領域の領主や共同体と対抗した時代。住民が都市の実権を掌握し、周辺領域の支配を確立することに並行して、都市の経済活動と人口が拡大し、都市内部の利害関係が錯綜した結果、階層間の複雑な対立関係が顕在化した時代。国際的な商業環境の変動などにより、大商人層に生じた新陳代謝が、この支配階層内部に軋轢をもたらした時代。こうした変化に対応して、都市は、その都度必要な制度機構を創出し、時代の要請に立ち向かった。

## § 領域国家、シニョーレ、君主

次いで、フィレンツェやヴェネツィアのような強力な都市国家が、近隣の都市国家や封建領主を従属させた結果、領域国家が形成された。都市国家が発展し、国家の構成が複雑になると、錯綜する内部の利害関係を調停する必要から、一三世紀中葉以降、シニョーレ signore が出現しはじめた。シニョーレとは、本来は共和制的な制度機構をもつ都市国家が、独裁者の出現を回避するために諸官職に分散した権力を、内部対立が激化する戦時のような非常事態を乗り切る必要に際して、集中して委任した一人の人物のことである。この非常に大きな権力の委任は、最初は臨時かつ短期間であったが、長期化、終身化、世襲化する場合が増大した。それにともない、シニョーレは、法的には共和制の枠内の存在ではあるが、君主のような権力をもつことが多くなった。シニョーレが権力を行使する政体を、シニョリーア signoria という。やがて、皇帝や教皇から君主の称号を授与されて、君主になる者も出現してくる。シニョーレは、都市国家の内部に自生的に出現するのみならず、弱体な都市国家の場合には、外部の強力なシニョーレや君主が、その地位を獲得することもあった。シニョーレや君主の宮廷には、都市内外の有力者や貴族が参集した。

ローディの和約に登場する五大国のうち、都市国家から領域国家に発展したのは、ミラノ公国、フィレンツェ共和国、ヴェネツィア共和国である。ミラノでは、一三世紀末以降、シニョーレの地位を世襲化したヴィスコンティ家の当主が、一三九五年、神聖ローマ皇帝から公位を獲得し、ミラノ公国が成立した。フィレンツェでも、メディチ家は、一四三四年以降、シニョーレの地位をもたないままに同市の実権を掌握していたが、同家出身の教皇クレメンス七世が皇帝カール五世と同盟し、その同意を得た結果、一五三〇年、メディチ家の君主制の基礎が成立した。この和約よりはるか以前に広大な海外領土を形成していたヴェネツィアでは、団結した貴族が、内部の利害対立を緩和する社会機構を主導し、シニョーレや君主の出現を阻止することに成功した。なお、時代の趨勢となった共和制から君主制への移行は、かつては市民の自由の消滅をもたらす、政治の堕落現象とみなされたが、最近では時代状況への政治組織の対応を可能にした、一種の近代化現象とみなされるようになっている。

他方、イタリア南部、シチリア、サルデーニャでは、外部から乗り込んできた国王、さらに国王に随伴してきた貴族、あるいは土着の貴族の、多少とも強力な権力が、都市住民の政治的成長を阻害した。都市は、国王の直轄都市、あるいは有力貴族や、貴族から上昇した諸侯の支配都市となったので、住民の自治は、発展が困難であり、限界があった。

## § 都市研究の実態

では、イタリアの都市のうち、歴史研究の対象になるのは、どのような都市なのであろうか。都市史国際委員会のイタリア国内委員会が、欧米で公刊された文献を収録して一九八二年に刊行した、『イタリア都市史文献目録（一九七八年一月～一九八二年八月）』に基づいて検討してみよう（Giorgio Montecchi (ed.), *Bibliografia di storia delle città italiane* (gennaio 1978-agosto 1982), Bologna, 1982）。やや古い資料ではあるが、おおよその傾向を知る手がかりにはなるだろう。一つ一つの文献が対象とした時代は、都市ごとに重点の差異があるが、中世ないし近世が多く、古代だけを対象とした文献は収録されていない。収録文献総数は九二二（一〇〇パーセント）、うち都市について多少とも一般的に論じたものが一一三（一二・三パーセント）。

都市を（現在の）州別に分類すれば、多い順から、①トスカーナ（の都市、以下省略）、一五七（一七・〇パーセント）、②エミーリャ・ロマーニャ、一一〇（一一・九パーセント）、③ヴェネト、九三（一〇・一パーセント）、④ロンバルディア、八三（九・〇パーセント）、⑤ラツィオ、七〇（七・六パーセント）、⑥シチリア、五四（五・九パーセント）、⑦カンパニア、四四（四・八パーセント）。個別の都市では、①フィレンツェ、六四（六・九パーセント）、②ヴェネツィア、五四（五・九パーセント）、③ボローニャ、四四（四・八パーセント）、④ローマ、三六（三・九パーセント）、⑤ミラノ、三一（三・四パーセント）。個別都市では、北・中部の大都市、とりわけ領域国家の首都になる都市の研究が多いこと、州別でも、北・中部の都市の研究が多いことが明白である。

その理由は多様であろう。市民の自由が実現したとして北・中部の都市社会を高く、それと対比された南部、シチリア、サルデーニャの社会を低く評価してきた、イタリア史学の伝統。南部やシチリアなどでは、北・中部に都市国家が出現した時代以降、都市とその住民のもつ社会的な役割が、北・中部と比較して相対的に低下したこと。フィレンツェやヴェネツィアなど北・中部の都市では豊富だが、南部やシチリアなどの都市では貧弱、という史料の偏在。さらに外来王朝治下の都市については、関係史料が王朝の母国にも分散することから研究条件が不利だったのみならず、イタリア人の研究意欲を刺激しなかったこと。欧米など諸外国の研究者が、北・中部の華麗な大都市に強い関心を示すと同時に、さまざまな研究を可能にする質量ともに豊富なその史料に注目したこと。彼らにとり、未刊行史料の使用を期待される博士論文の作成では、この史料状況は無視できないようである。その結果、とりわけ北・中部の都市については、研究者の出身国ごとに特徴のあるさまざまな視点から研究ツェ史の場合のように、統一のとれた歴史像の出現を困難にすることもある。反面、外国の歴史理論が導入されやすいので、全体として研究の焦点を拡散させ、外国人の研究が多いフィレンがおこなわれ、それが内外の研究をいっそう刺激したこと。このことは、イタリアでは実証主義の伝統が根強い

## § 比較史的研究への期待

北・中部の都市、とりわけ人口の多い大都市は、それぞれに固有の政治や経済の構造をもつにいたった。そのことは、社会の構成や文化の性格にも影響した。同じ商業都市でも、ポポロが政治の実権を掌握したフィレンツェと、ポポロが政治から排除されたヴェネツィアとでは大きな差異があったし、同じ海港都市でも、政治が安定したヴェネツィアと、不安定だったジェノヴァとでは大きな差異があった。

ところで、ポポロ popolo という名辞は、よく使用されるが、場合によって意味が異なるので、ごく単純化したものであれ、説明をしておこう。一般には、庶民、平民、大衆という意味であるが、歴史的に使用される際の意味は、都市や時代によって差異がある。ポポロは、一二世紀にはフィレンツェでもヴェネツィアでも、都市の実権から排除された「庶民」を意味し、実権を掌握する「貴族」と対比されたが、一四世紀になると、事態が変化する。フィレンツェでは、実権を掌握した「平民」という意味になり、実権から排除された「豪族」と対比された。経済発展の波に乗って急成長した庶民が、一三世紀末に実権を掌握し、この事態を容認しない貴族を豪族として政権中枢機関から排除する一方で、容認する貴族は平民として自己と同一の権利をあたえた。ここでの平民は、旧庶民を主体とするが、旧貴族の一部を含み、政権中枢機関への参加権をもつ身分を意味した。平民、豪族の二身分が、成立したのである。他方、ヴェネツィアでは、一三世紀末から一四世紀初めにかけて、貴族が庶民の最上層を吸収し、自己の陣営を強化した以外、以前と変わらなかった。とはいえ、以後の過程で、非貴族（最

上層を喪失した庶民）のなかの有力者を「市民権所有者」（チッタディーノ cittadino）とし、経済特権など貴族特権の一部を与えて、それ以外の「庶民」（ポポロ）と法的に区別した。貴族、市民権所有者、庶民の三身分が、ここに成立したのである。ポポロのように、場合によって意味が変化する名辞は、ほかにも貴族 nobile、チッタディーノ、シニョリーアなどがあり、その意味の違いに留意する必要がある。

このことが示唆するのは、政治や社会の構造には都市ごとに差異があるが、その差異を理解する鍵となる用語にはしばしば同じ名辞が使用される一方で、その意味の差異が厳密に識別されてはいない、ということである。そうなった理由の一つは、都市の構造が、都市ごとに別々に考察され、比較史的な視点からの考察が十分ではなかった、ということであろう。フィレンツェもヴェネツィアも、ともに国際的な商業都市であり、大商人層が実権を掌握していた、ということでは共通する。しかし、このような差異を無視したのでは、それぞれの社会の実態は、表面的な次元でしかとらえることができない。フィレンツェが平民共和制から君主制に変化したのに対し、ヴェネツィアが貴族共和制を国家が消滅するまで維持した理由の一つは、おそらくこの差異にあるだろう。いずれにせよ、当時の人びと自身は、この差異を明確に意識していた。

## 4　日本におけるイタリア都市史研究

### §研究対象の拡大

かつて日本で、先進諸国の政治史や経済史がそれぞれの国家を単位として研究された時代、イタリアは研究の主要対象とはならなかった。戦後、イタリア中・近世の経済史は、近代経済の「最先進国」とされたイギリスの中・近世の経済史と対比されるかたちで、極言すればイタリアはイギリスではなかったという視点から研究された。イタリアの封建制度についても、アルプス以北とは対照的な側面が強調された。その経済史は、当時日本で流行した経済史が流通ではなく生産を重視したので、生産関係が欧米で研究されたフィレンツェの毛織物工業が脚光を浴びた。ただし、簿記史や金融史では、欧米の研究成果が忠実に吸収された。政治史は、その時代については当然のことながら、イタリアを単位とする一国史的な研究はなかった。政治史では、ルネサンス文化の母胎であり、研究史も豊富なフィレンツェが、代表事例として一般に採用された。

やがて、フィレンツェの事例を一般化することの限界が意識され、研究史の豊富なヴェネツィアをはじめ、ボローニャなど、他の都市も研究されるようになった。都市が多少とも広大な支配領域をもつことは、北・中部イタリア都市の特徴であるが、この支配領域についても、フィレンツェなどのトスカーナ都市、ヴェネツィア、などの事例が研究され、ヴェネツィアやジェノヴァは、その海外領土も研究されるようになった。のみならず、ほとんど研究されてこなかった南部・シチリアや、中世初期のイタリア王国の歴史も、困難な研究条件を乗り越えながら、研究されるようになった。また、もっぱらドイツ史の側から研究されてきた、神聖ローマ皇帝とイタリアの都市や国家との関係の歴史が、イタリア史の側からも研究されるようになった。

イタリア史研究の地平は着実に拡大し、イタリア各地を、イタリア全体はもちろん、地中海世界やヨーロッパ世界の一部として考察することを可能にする展望が開けてきた。イタリア各地についての偏狭な郷土史的な研究から乖離した、新しい視点が出現したといえるだろう。とはいえ、イタリア全体、あるいは地中海世界、ヨーロッパ世界の歴史展開を理解するために考慮する必要があるにもかかわらず、日本では研究がほとんどない地域や時代もまだ少なくない。

他方、中世中期以降の北・中部の都市、とりわけフィレンツェとヴェネツィアに関する研究が、欧米における研究の場合より、比率のうえでは多いと思われる。その理由は、日本では、両者がイタリアのみならず、地中海やヨーロッパの経済、政治、文化などで果たした大きな役割が、広く認知されているからであろう。また、両者は、書物や映像などを通して各種の情報に接する機会も、旅行で現地に行く機会も多いので、歴史への興味をかきたてられやすい、ということも無視できないのかもしれない。両者は、研究も史料も数が多い、ということもきわめて大きな理由であろう。ミラノ、ボローニャ、ジェノヴァの研究もあるが、両者に比べて散発的である。また、強力な近隣都市に従属した都市は、それを支配した都市よりも圧倒的に数が多いが、トスカーナについては、フィレンツェと競合し、やがてそれに従属するピストイア、ピサ、シエナなどが、散発的に研究されている。

## §　都市史研究の現状

このような都市の研究は、多種多様な視点からなされており、社会史的な研究も多い。日本では、イタリア史の研究者が増大した時期は、社会史の研究が脚光を浴び、若い研究者を引きつけた時期とほぼ重なっている。その結果、社会史の研究と関係史料が豊富なイタリア都市については、以後、日本でも社会史の研究が大きく進展した。イギリス史、ドイツ史、フランス史の場合、日本では以前から政治史や経済史の豊富な蓄積があったが、イタリア史の場合、そのような蓄積はなかった。その結果、イタリア史については、戦前からの伝統を持つ文化史はともかく、政治史や経済史より、むしろ社会史の研究が多い都市もある。ノルマン朝、ホーエンシュタウフェン朝のシチリア王国については、研究の絶対数が少ないなかで、政治史、法制史の研究が中心になっているのに対し、ヴェネツィアやフィレンツェなどについては、社会史の研究が相対的に高い比率を占めるのは、このような研究状況の反映であろう。本書の構成も、この状況が前提になっている。

イタリアを一つの単位とする政治の枠組は、中・近世には一度も成立しなかった。旧イタリア王国と教皇領とにおいて都市が発展した北・中部イタリアでは、ナポリ王国やシチリア王国とは対照的に、都市住民が事実上の国家権力を掌握するという事態が出現した。そのなかのいくつかの都市では、都市住民を担い手とする成熟した社会が出現した。そこでは、都市住民が、社会状況からの要請と主体的に取り組んでいくなかで、政治、経済、文化、日常生活などの局面で偉大な創造を成し遂げた。そこで創造されたものは、現代の日本に生きるわれわれにも、時空を超えて感銘を与え、さまざまな知恵を授けてくれる。本書は、こうした都市社会とそれを取り巻く環境について、そのさまざまな局面を考察したものである。

（齊藤寛海）

## ◉——参考文献

（本書全体または複数の章にかかわるもの）

カスティリオーネ、バルダッサール（清水純一・岩倉具忠・天野恵訳）『宮廷人』東海大学出版会、一九八七年

サケッティ、フランコ（杉浦明平訳）『ルネッサンス巷談集』岩波文庫、一九八一年

ボッカッチョ（河島英昭訳）『デカメロン』上・下、講談社文庫、一九九九年

＊　＊　＊

池上俊一『シエナ　夢見るゴシック都市』中公新書、二〇〇一年

ウェーリー、ダニエル（森田鉄郎訳）『イタリアの都市国家』平凡社、一九七一年

小川煕『イタリア一二小都市物語』里文出版、二〇〇七年

オットカール、ニコラ（清水廣一郎・佐藤眞典訳）『中世の都市コムーネ』創文社、一九七二年

オリーゴ、イリス（篠田綾子訳）『プラートの商人──中世イタリアの日常生活──』白水社、一九九七年

樺山紘一『（世界の歴史16）ルネサンスと地中海』中央公論社、一九九六年（文庫版、二〇〇八年）

亀長洋子『中世ジェノヴァ商人の「家」──アルベルゴ・都市・商業活動──』刀水書房、二〇〇一年

ガレン、エウジェニオ編『ルネサンス人』岩波書店、一九九〇年

河島英昭監修『読んで旅する世界の歴史と文化　イタリア』新潮社、一九九三年

河原温『中世ヨーロッパの都市世界』山川出版社、一九九六年

北原敦編『（新版）イタリア史』山川出版社、近刊予定

齊藤寛海『中世後期イタリアの商業と都市』知泉書館、二〇〇二年

佐藤彰一・池上俊一『（世界の歴史10）西ヨーロッパ世界の形成』中央公論新社、一九九七年

佐藤彰一・高山博・池上俊一編『西洋中世史研究入門（増補改訂版）』名古屋大学出版会、二〇〇五年

佐藤彰一・早川良弥・江川溫・服部良久・朝治啓三編『西欧中世史〔上〕・〔中〕・〔下〕』ミネルヴァ書房、一九九五年
佐藤眞典『中世イタリア都市国家成立史研究』ミネルヴァ書房、二〇〇一年
清水廣一郎『イタリア中世都市国家研究』岩波書店、一九七五年
――『中世イタリア商人の世界　ルネサンス前夜の年代記』平凡社、一九八二年（平凡社ライブラリー版、一九九三年）
――『イタリア中世の都市社会』岩波書店、一九九〇年
――『中世イタリアの都市と商人』洋泉社、一九八九年
清水廣一郎・北原敦編『概説イタリア史』有斐閣、一九八八年
陣内秀信『都市を読む――イタリア――』、法政大学出版会、一九八八年
――『イタリア 都市と建築を読む』講談社、二〇〇一年
――『地中海世界の都市と住居』山川出版社、二〇〇七年
甚野尚志・掘越宏一編『中世ヨーロッパを生きる』東京大学出版会、二〇〇四年
須藤祐孝・油木兵衛編著『〈読む年表・年譜〉ルネサンス・フィレンツェ、イタリア、ヨーロッパ　サヴォナローラ、マキャヴェッリの時代、生涯』無限社、二〇〇〇年
高橋友子『路地裏のルネサンス』中公新書、二〇〇四年
高山博・池上俊一編『西洋中世学入門』東京大学出版会、二〇〇五年
ダガン、クリストファー（河野肇訳）『イタリアの歴史』創土社、二〇〇五年
竹内裕二『イタリア中世の山岳都市――造形デザインの宝庫――』彰国社、一九九一年
藤内哲也『近世ヴェネツィアの権力と社会――「平穏なる共和国」の虚像と実像――』昭和堂、二〇〇五年
徳橋曜（編著）『環境と景観の社会史』、文化書房博文社、二〇〇四年
永井三明『ヴェネツィア貴族の世界　社会と意識』刀水書房、一九九四年
――『ヴェネツィアの歴史　共和国の残照』刀水書房、二〇〇四年
成瀬治、山田欣吾、木村靖二編『世界歴史大系　ドイツ史』第1巻、山川出版社、一九九七年

野口昌夫『イタリア都市の諸相——都市は歴史を語る——』刀水書房、二〇〇八年

バーク、ピーター（森田義之、柴野均訳）『イタリア・ルネサンスの文化と社会』岩波書店、二〇〇〇年

——（亀長洋子訳）『（ヨーロッパ史入門）ルネサンス』岩波書店、二〇〇五年。

藤沢道郎『物語イタリアの歴史　解体から統一まで』中公新書、一九九一年

——『物語イタリアの歴史Ⅱ　皇帝ハドリアヌスから画家カラヴァッジョまで』中公新書、二〇〇四年

ブラック、クリストファー・F（徳橋曜他訳）『図説世界文化地理大百科　ルネサンス』朝倉書店、一九九八年

プロカッチ、ジュリアーノ（斎藤泰弘・豊下楢彦訳）『イタリア人民の歴史』Ⅰ・Ⅱ、未来社、一九八四年

ブローデル、フェルナン（浜名優美訳）『地中海』第一—五巻、藤原書店、一九九一年〜五年

ヘイル、ジョン・R編（中森義宗監訳）『イタリア・ルネサンス事典』東信堂、二〇〇三年

マクニール、W・H（清水廣一郎訳）『ヴェネツィア』岩波書店、一九七九年（二〇〇四年）

マシュー、ドナルド（梅津尚志訳）『図説世界文化地理大百科　中世ヨーロッパ』朝倉書店、一九八七年

マックスウェル＝スチュアート、P・G（高橋正男監修）『ローマ教皇歴代誌』創元社、一九九九年

松本典昭『メディチ君主国と地中海』晃洋書房、二〇〇六年

森田鉄郎『ルネサンス期イタリア社会』吉川弘文館、一九六七年

——『中世イタリアの経済と社会』山川出版社、一九八七年

森田鉄郎編『イタリア史』山川出版社、一九七六年

ロペス、ロバート・S（宮松浩憲訳）『中世の商業革命　ヨーロッパ九五〇—一三五〇』法政大学出版局、二〇〇七年

イタリア文化会館編『イタリア関係図書目録』イタリア文化会館（第1号、一九七八年。第2号以下、原則として毎年一冊刊行。前年度にイタリア関係で出された書籍、論文を検索するのに便利である。）

Abulafia, David, *Italy in the Central Middle Ages 1000-1300 : The Short Oxford Histry of Italy*, Oxford, Oxford Univ. Press, 2004

Dean, Trevor, *The Towns of Italy in the Later Middle Ages*, Manchester, Manchester Univ. Press, 2000

Hay, Denis and Law, John, *Italy in the Age of the Renaissance, 1380-1530*, London, Longman, 1989
Herlihy, David, & Klapisch-Zuber, Christiane, *Tuscans and Their Families. A Study of the Florentine Catasto of 1427*, New Haven and London, Yale Univ. Press, 1985（原著 *Les Toscans et leurs familles. Une étude du Catasto florentin de 1427*, Paris, L' École des Hautes Études en Sciences Sociales, 1978）
Hyde, John Kenneth, *Society and Politics in Medieval Italy: The Evolution of the Civil Life, 1000- 1350*, London, Macmillan, 1973
Kirshner, John（ed.）, *The Origins of the State in Italy, 1300-1600*, Chicago, Univ. of Chicago Press, 1995
Kleinhenz, Christopher,（ed.）, *Medieval Italy, an Encyclopedia*, New York, Routledge, 2004
Larner, John, *Italy in the Age of Dante and Petrarch, 1216-1380*, London, Longman, 1980
Najemy, John M.（ed.）, *Italy in the Age of the Renaissance. 1300-1550*, Oxford, Oxford Univ. Press, 2004
Jones, Philip, *The Italian City-State. From Comune to Signoria*, Oxford, Clarendon, 1997

（序章）
北村暁夫『ナポリのマラドーナ　イタリアにおける「南」とは何か』山川出版社、二〇〇五年
バーク、ピーター（大津真作訳）『フランス歴史学革命　アナール学派一九二九―八九年』岩波書店、一九九二年
ピレンヌ、アンリ（佐々木克巳訳）『中世都市――社会経済史的試論――』創文社、一九七〇年
ブルクハルト、ヤーコプ（柴田治三郎訳）『イタリア・ルネサンスの文化』上・下、中公文庫、一九七四年
村上義和編著『イタリアを知るための55章』明石書店、一九九九年

（第1章）
城戸照子「インカステラメント・集村化・都市」江川溫・服部良久編『西欧中世史〔中〕成長と飽和』ミネルヴァ書房、一九九五年

Wickham, Chris., *The Mountains and the City. The Tuscan Appennines in the Early Middle Ages*, Oxford, Clarendon, 1988

—— *Land and Power. Studies in Italian and European Social History, 400-1200*, London, British School at Rome, 1994

—— *Community and Clientele in Twelfth-Century Tuscany: The Origins of the Rural Commune in the Plain of Lucca*, Oxford, Clarendon, 1998（原著 *Comunità e clientele nella Toscana del XII secolo. Le origini del comune rurale nella Piana di Lucca*, Roma, Viella, 1995）

—— *Framing the Early Middle Ages. Europe and the Mediterranean, 400-800*, Oxford, Oxford Univ. Press, 2005

（第2章）

サールマン、ハワード（福川裕一訳）『中世都市』井上書院、一九八三年

徳橋曜「ボローニャの Ufficio delle Bollette——中世イタリア都市の外国人管理——」『富山大学教育学部研究論集』第三号、二〇〇〇年

フランクラン、アルフレッド（高橋清徳訳）『排出する都市パリ』、悠書館、二〇〇七年

ベネーヴォロ、レオナルド（佐野敬彦・林寛治訳）『図説　都市の世界史2　中世』相模書房、一九八三年

マンフォード、ルイス（生田勉訳）『歴史の都市　明日の都市』新潮社、一九六九年

ル＝ゴフ、ジャック（新倉俊一訳）「教会の時間、商人の時間」『思想』六六三号、一九七九年

Fanelli, G., *Firenze*, Bari, Laterza, 1997

Frati, M., *"De bonis lapidibus conciis": la costruzione di Firenze ai tempi di Arnolfo di Cambio. Strumenti, tecniche e maestranze nei cantieri fra XIII e XIV secolo*, Firenze, 2006.

Goldthwaite, R. A., *The Building of Renaissance Florence: An Economic and Social History*, Baltimore and London, Johns Hopkins Univ. Press, 1980

Sori, E., *La città e i rifiuti. Ecologia urbana dal Medioevo al primo Novecento*, Bologna, Il Mulino, 2001

（第3章）

佐藤公美「中世イタリアにおける領域構造論および都市―農村関係の課題」『史林』第八二巻第三号、一九九九年

――「一四世紀ヴィスコンティ国家下ベルガモにおける代官と代官区」『史林』第九〇巻第三号、二〇〇七年

シャボー、F（須藤祐孝訳）『ルネサンス・イタリアの〈国家〉・国家観』無限社、一九九三年

髙田京比子「中世イタリアにおける支配層の家と都市農村関係――都市コムーネ理解に向けて――」『史林』第七八巻第三号、一九九五年

――「中世イタリアにおける支配の変遷――二〇〇四年におけるひとつの到達点の紹介――」『神戸大学文学部紀要』第三五号、二〇〇八年

中谷惣「中世イタリアのコムーネと司法――紛争解決と公的秩序――」『史林』第八九巻第三号、二〇〇六年

三森のぞみ「フィレンツェにおける近世的秩序の形成」『歴史学研究』八二二号、二〇〇六年

Bordone, R., Castelnuovo, G., e Varanini, G.M., *Le aristocrazie dai signori rurali al patriziato*, Bari, Laterza, 2004

Boucheron, P., *Les Villes d'Italie*（*vers 1150-vers1340*）; *historiographie, bibliographie, enjeux*, Paris, Belin, 2004

Chittolini, G., *Città comunità e feudi negli stati dell'Italia centro- settentrionale*（*secoli XIV-XVII*）, Milano Unicopli, 1996

（第4章）

泉谷勝美『複式簿記生成史論』森山書店、一九八〇年

――『スンマへの径』森山書店、一九九七年

齊藤寛海「定着商業における取引手続――中世後期のヴェネツィア商業における――」『イスラム圏における異文化接触のメカニズム』東京外国語大学アジア・アフリカ言語文化研究所、一九八八年

チポッラ、カルロ・M（徳橋曜訳）『経済史への招待』国文社、二〇〇一年

ピスタリーノ、ジェーオ（齊藤寛海訳）「ナスル朝時代のジェノヴァとグラナダ」関哲行・立石博高編訳『大航海の時代』同文館、一九九八年

星野秀利（齊藤寛海訳）『中世後期フィレンツェ毛織物工業史』名古屋大学出版会、一九九五年
Ashtor, Eliyahu, *Levant Trade in the Later Middle Ages*, Princeton, NJ, Princeton Univ. Press, 1983
Lopez, Roberto S. & Raymond, Irving W., *Medieval Trade in the Mediterranean World*, New York, and London, Columbia Univ. Press, 1955
*The Cambridge Economic History*, vol. II, 2nd ed., Cambridge, Cambridge Univ. Press, 1987
AA.VV., *Studi in onore di Federigo Melis*, 5 voll., Napoli, Giannini, 1978

（第5章）

井上浩一「ビザンツ時代」桜井万里子編著『新版世界各国史　第一七巻　ギリシア史』山川出版社、二〇〇五年
大黒俊二「ヴェネツィアとロマニア――植民地帝国の興亡――」歴史学研究会編『地中海世界史第二巻　多元的世界の展開』青木書店、二〇〇三年
亀長洋子「中世ジェノヴァ人の黒海――多元性のトポスとして――」高山博・池上俊一編『宮廷と広場』刀水書房、二〇〇二年
――「キオスに集う人々――中世ジェノヴァ人公証人登記簿の検討から――」歴史学研究会編『シリーズ港町の世界史1　港町と海域世界』青木書店、二〇〇五年
――「中世ジェノヴァ人のキオス進出史の動向」中野隆生編『歴史における移動とネットワーク』（メトロポリタン史学叢書1）、桜井書店、二〇〇七年
高田京比子「中世地中海における人の移動――キプロスとクレタの「ヴェネツィア人」――」前川和也編著『空間と移動の社会史』ミネルヴァ書房、二〇〇九年
高田良太「中世後期クレタにおける教会とコミュニティ」『史林』第八九巻第二号、二〇〇六年
Epstein, S. A., *Genoa and the Genoese, 958-1528*, Chapel Hill and London, Univ. of North Carolina Press, 1996
Maltezou, Ch. A., "The Historical and Social Context", in: D. Holton (ed.), *Literature and Society in Renaissance Crete*,

Cambridge, Cambridge Univ. Press, 1991
Stringa, P. *Genova e la Liguria nel Mediterraneo: insediamenti e culture urbane*, Genova, Sagep, 1982

（第6章）
児玉善仁「ボローニャ大学の大学史研究の現状」『大学史研究』第八号、一九九二年
――『ヴェネツィアの放浪教師――中世都市と学校の誕生――』平凡社、一九九三年
――『イタリアの中世大学――その成立と変容――』名古屋大学出版会、二〇〇七年
ザッカニーニ、グイド（児玉善仁訳）『中世ボローニャの大学生活』平凡社、一九九〇年
ハスキンズ、チャールズ・ホーマー『十二世紀ルネサンス』（野口洋二訳）創文社、一九八五年／（別宮貞徳・朝倉文市訳）みすず書房、一九九七年
山辺規子「創成期のボローニャ大学をめぐって――なぜ、学生はボローニャに集まったのか――」『日伊文化研究』第三〇号、一九九二年
――「法学者オドフレドゥスにみるステイタス諸相」前川和也編著『ステイタスと職業』ミネルヴァ書房、一九九七年
――「中世イタリア書籍商の書籍リスト」『奈良女子大学文学部研究年報』第四〇号（一九九六年号）一九九七年
横尾壮英『中世大学都市への旅』朝日新聞社、一九九二年
――『大学の誕生と変貌――ヨーロッパ大学史断章――』東信堂、一九九九年

（第7章）
高橋友子『捨児たちのルネッサンス――15世紀イタリアの捨児養育院と都市・農村――』、名古屋大学出版会、二〇〇〇年
クラピッシュ＝ズュベール、クリスティアヌ（江川溫訳）「イタリア都市の公的空間における女性――14―15世紀――」『女性史学』第九号、一九九九年
亀長洋子「遺言書が語るもの」『学習院史学』第四四号、二〇〇六年

Brown, Judith C., & Davis, Robert C. (eds.), *Gender and Society in Renaissance Italy*, London and New York, Longman, 1998
Chojnacki, Stanley, *Women and Men in Renaissance Venice. Twelve Essays on Patrician Society*, Baltimore and London, Johns Hopkins Univ. Press, 2000
Guzzetti, Linda, "Separations and separated couples in fourteenth-century Venice", in: T.Dean & K. J. P. Lowe (eds.), *Marriage in Italy, 1300-1650*, Cambridge, Cambridge Univ. Press, 1998
Haas, Louis, *The Renaissance Man and His Children. Childbirth and Early Childhood in Florence, 1300-1600*, Hampshire and London, Macmilan, 1998
Herlihy, David, *Women, Family and Society in Medieval Europe*, Providence and Oxford, Berghahn Books, 1995
Klapisch-Zuber, Christiane, *Women, Family and Ritual in Renaissance Italy*, Chicago and London, Univ. of Chicago Press, 1985
Kuehn, Thomas, *Illegitimacy in Renaissance Florence*, Ann Arbor, Univ. of Michigan Press, 2002

（第8章）

池上俊一『世界の食文化　イタリア』農文協、二〇〇三年
伊藤亜紀『色彩の回廊――ルネサンス文芸における服飾表象について――』ありな書房、二〇〇二年
ヴェチェッリオ、チェーザレ（ジャンニーヌ・ゲラン・ダッレ・メーゼ監修、加藤なおみ訳）『西洋ルネッサンスのファッションと生活』柏書房、二〇〇四年
モンタナーリ、マッシモ（山辺規子・城戸照子訳）『ヨーロッパの食文化』平凡社、一九九六年
ピセツキー、ロジータ（池田孝江監修）『モードのイタリア史　流行・社会・文化』平凡社、一九八七年
フランドラン、ジャン・ルイ／モンタナーリ、マッシモ編『食の歴史Ⅱ』藤原書店、二〇〇六年
レーヴィ＝ピッコローミニ、アレッサンドロ（岡田温司・石田美紀編訳）『女性の良き作法について』ありな書房、二〇〇〇年
Cohend. Elizabeth S., *Daily Life in Renaissance Italy* (*The Greenwood Press "Daily Life through History" Series*) Westport, Conn. Greenwood Pub Group, 2001

Capatti, Alberto, Montanari, Massimo, and O. Healy, Aine, *Italian Cuisine: A Cultural History* (*Arts and Traditions of the Table*), New York, Columbia Univ. Press, 2003

Duby, Georges (ed.), *A History of Private Life. vol.2 Revelations of the Medieval World*, (原著はフランス語で、その英語版)、Cambridge, Mass., Belknap Press of Harvard Univ. Press, 1988

（第9章）

石鍋真澄『聖母の都市シエナ――中世イタリアの都市国家と美術――』吉川弘文館、一九八八年

フルゴーニ、キアーラ（三森のぞみ訳）『アッシジのフランチェスコ――ひとりの人間の生涯――』白水社、二〇〇四年

三森のぞみ「支配する都市フィレンツェとドゥオーモ」『西洋史論叢』第二九号、二〇〇七年

Dameron, G., *Florence and Its Church in the Age of Dante*, Philadelphia, Univ. of Pennsylvania Press, 2005.

Hay, D., *The Church in Italy in the Fifteenth Century*, Cambridge, Cambridge Univ. Press, 1977.

Henderson, J., *Piety and Charity in Late Medieval Florence*, Oxford, Clarendon Press, 1994

*Pievi e parrocchie in Italia nel Basso Medioevo* (*sec. XIII-XV*). *Atti del VI Convegno di storia della Chiesa in Italia* (*Firenze, 21-25 sett. 1981*), 2 voll, Roma, Herder, 1984.

Verdon, T., & Henderson, J. (eds.), *Christianity and the Renaissance. Image and Religious Imagination in the Quattrocento*, New York, Syracuse Univ. Press, 1990

*Vescovi e diocesi in Italia dal XIV alla metà del XVI secolo. Atti del VII Convegno di storia della Chiesa in Italia* (*Brescia, 21-25 sett. 1987*), 2voll., Roma, Herder, 1990

Webb, D., *Patrons and Defenders: The Saints in the Italian City-states*, London, New York, Tauris Academic Studies, 1996

（第10章）

大黒俊二『嘘と貪欲――西欧中世の商業・商人観――』名古屋大学出版会、二〇〇六年

木村容子「シエナのベルナルディーノの説教にみる「自然に反する罪」」『イタリア学会誌』第五三号、二〇〇三年
――「一五世紀イタリア都市における平和説教――ベルナルディーノ・ダ・フェルトレを中心に――」『西洋史学』第二四五号、二〇一二年
小西礼子「サヴォナローラの説教におけるフランス王シャルル八世の二つの役割」『岡山大学大学院文化学科研究科紀要』第二一号、二〇〇六年
高津美和「サヴォナローラの説教とフィレンツェ市民――ドメニコ・チェッキ『聖なる改革』――」『早稲田大学大学院文学研究科紀要』第五〇輯・第四分冊、二〇〇五年
高橋友子「一四・一五世紀イタリア諸都市における反ソドミー政策――フィレンツェとヴェネツィアを中心に――」『立命館文学』第五五八号、一九九九年
米山喜晟「ジョヴァンニ・ドミニチの『家政の指針』における「家」と教会」『学報』（大阪外国語大学）第六一号、一九八三年
Mormando, F., *The Preacher's Demons: Bernardino of Siena and the Social Underworld of Early Renaissance Italy*, Chicago, Univ. of Chicago Press, 1999
Muzzarelli, M. G., *Pescatori di uomini. Predicatori e piazze alla fine del Medioevo*, Bologna, Il Mulino, 2005
Muzzarelli, M. G. (ed.), *From Words to Deeds. The Effectiveness of Preaching in the Middle Ages*, Brepols, 2014

（第11章）

坂上政美「中世末期フィレンツェの兄弟会」『史林』第八二巻第四号、一九九九年
高橋友子「中世後期フィレンツェにおけるヴェンデッタ」『西洋史学』第一五三号、一九八九年
地中海学会編『地中海の暦と祭り』刀水書房、二〇〇二年
徳橋曜「一五世紀のフィレンツェ社会における「友人関係」」『イタリア学会誌』第四四号、一九九四年
二宮宏之編『結びあうかたち――ソシアビリテ論の射程――』山川出版社、一九九五年
浜本隆志・柏木治編『ヨーロッパの祭りたち』明石書店、二〇〇三年

山田和子『イタリア・フェスタ紀行』平凡社、二〇〇〇年
Davis, R. C., *The War of the Fists: Popular Culture and Public Violence in Late Renaissance Venice*, New York and Oxford, Oxford Univ. Press, 1994
Mackenney, R., *Tradesman and Traders: The World of the Guilds in Venice and Europe, c.1250-c. 1650*, London, Routledge 1987
Pullan, B., *Rich and Poor in Renaissance Venice: The Social Institutions of a Catholic State, to 1620*, Oxford, Basil Blackwell 1971

（第12章）
石井元章『ルネサンスの彫刻　15・16世紀のイタリア』ブリュッケ、二〇〇一年
河辺泰宏『図説ローマ「永遠の都」都市と建築の２０００年』河出書房新社、二〇〇一年
佐々木英也監修、森田義之ほか責任編集『フィレンツェ・ルネサンス』全六巻、日本放送出版協会、一九九一年
ズッフィ、ステファノ編（宮下規久朗訳）『イタリア絵画　中世から二〇世紀までの画家とその作品』日本経済新聞社、二〇〇一年
バクサンドール、マイケル（篠塚二三男ほか訳）『ルネサンス絵画の社会史』平凡社、一九八九年
松本典昭『パトロンたちのルネサンス――フィレンツェ美術の舞台裏――』ＮＨＫブックス、二〇〇七年
マレー、ピーター（長尾重武訳）『イタリア・ルネッサンスの建築』鹿島出版会、一九九一年
森田義之『メディチ家』講談社現代新書、一九九九年
ロンギ、ロベルト（和田忠彦ほか訳）『イタリア絵画史』筑摩書房、一九九七年
和栗珠里「「ポスト・カンブレー期」ヴェネツィアの寡頭支配層とパトロネジ」『西洋史学』第二一四号、二〇〇四年

（第13章）
エリアス、ノルベルト（波田節夫・中埜芳之・吉田正勝訳）『宮廷社会』法政大学出版局、一九八一年
北田葉子『近世フィレンツェの政治と文化』刀水書房、二〇〇三年
――「一六世紀のフィレンツェの宮廷――宮廷職とその機能――」『日伊文化研究』第四三号、二〇〇六年
――「史料に見る宮廷の中の芸術家たち」『西洋美術研究』第一二号、二〇〇六年
ベルテッリ、セルジョ（川野美也子訳）『ルネサンス宮廷大全』東洋書林、二〇〇六年
Adamson J. (ed.), *The Princely Courts of Europe 1500-1750*, London, Seven Dials, 1999
Bertelli S. e Pasta R., (a cura di), *Vivere a Pitti. Una reggia dai Medici ai Savoia*, Firenze, Olschki, 2003
Fantoni, M., *La Corte del Granduca*, Roma, Bulzoni, 1994.
Mozzarelli, C., (a cura di), *«Familia» del principe e famiglia aristocratica*, Roma, Bulzoni, 1988
Sabbadini, R., *La grazia e l'onore. Principe, nobiltà e ordine sociale nei ducati farnesiani*, Roma, Bulzoni, 2001

（終章）
高山博『中世地中海世界とシチリア王国』東京大学出版会、一九九三年
――『神秘の中世王国――ヨーロッパ、ビザンツ、イスラム文化の十字路――』東京大学出版会、一九九五年
――『中世シチリア王国』講談社現代新書、一九九九年
山辺規子『ノルマン騎士の地中海興亡史』白水社、一九九六年
ランシマン、スティーヴン（榊原勝・藤澤房俊訳）『シチリアの晩祷』太陽出版、二〇〇二年

# あとがき

「イタリア史」は、実におもしろいけれど、複雑で難しい。

「イタリア史について入門書をつくりませんか」というご提案をいただいた時に、こう言った覚えがある。たとえば、イギリスやフランス、ドイツといったおなじみのヨーロッパの大国には皇帝や国王といった上級権力が存在する。たとえそれぞれの地域が独自の特徴を持っているとしても、このような存在を中心にして歴史を書き進めていくことが可能である。

ところが、イタリアは、といえば、六世紀以降一九世紀にいたるまで地理的なイタリア全体を支配するものはない。何かを中心にすえたとしても、イタリアの歴史が見渡せるわけではない。もっとも長く権威者として存在しつづけたのはローマ教皇だが、この教皇もずっとイタリアにいたわけでもなく、またイタリア全体に実質的な支配権を行使できたわけでもなかった。同じイタリアにあっても、ヴェネツィア人から見れば、ローマもナポリも外国であり、外交活動の対象だった。さまざまな地域勢力や外国勢力が入り乱れている歴史、それがイタリア史である。具体的に書こうとしたとたんに、山のような固有名詞と向き合うことになる。かくして、イタリア史は、複雑でよくわからないという印象を与える。

しかし一方で、イタリアが実に個性豊かな世界であり、人びとを惹きつけてきたのも事実である。その主役が都市である。どこかが一つの中心というのではない。むしろ、たった一つの中心に向かっていかなかったことが、さまざまな魅力を持つ都市を育み、イタリア史をおもしろくしてくれている。イタリアを訪れると、長い歴史をうかがわせる町並みと自分の都市を愛しやまない人びとの姿を、今もみてとれる。いまだに祖国といえば、イタリアではなく、まず自分の町、地方を考えるといわれる「イタリア」を理解しようとすれば、「都市」という切り口がもっともふさわしいであろう。このような観点から、本書は、特に都市が大きな意味を持った北・中部イタリアの都市群について、さまざまな観点から論じることにした。それぞれの章がどのような観点から描かれているか、どのような時の流れのなかで捉えられているかについては、序章、終章でまとめているので、あえてここで繰り返すことはしない。

本書の作成にあたっては、毎年開催されてきた「中・近世イタリア史研究会」「関西イタリア史研究会」などの研究会活動を通じて、ともに研究を進めてきた研究仲間に、それぞれの専門分野に関連して執筆をお願いした。本書は、そういう意味で、日本における中・近世イタリア史研究の最前線におられる研究者の研究を知っていただくという意味もあろう。執筆者のみなさんは、多忙にもかかわらず、快く協力してくださった。厚く御礼を申し上げたい。また、本書の企画から、さまざまなかたちでご尽力くださった昭和堂の村井美恵子さんに深く感謝したいと思う。

ただ、残念なことに、第7章をご担当くださった高橋友子氏が、刊行の準備をしている間に急逝された。彼女は、フィレンツェのインノチェンティ捨児養育院の史料を用いた研究をされ、日本でもイタリアでも著書を世に問う一方、研究会活動を積極的に進めて、若手の育成や研究の紹介に努めてこられた。この第7章で取り扱っている夫婦や子どもの問題はその研究の一端にすぎず、その問題関心をさらに広げておられた。これからまだ一緒にいろいろな研究活動をともにしたかった研究者を失ったことは、私たちにとってことばにつくせぬ痛手である。

かつて、日本における中世イタリア史をリードしてこられた清水廣一郎先生、ボローニャ大学とフィレンツェ大学で教鞭をとられ、留学してくる日本人学生にさまざまな形でご指導、ご支援くださった星野秀利先生を失ったときにも比すべき思いである。願わくは、諸先生がた、そして彼女がいつも願っていたように、イタリアに関心を持ってくださる方が増えるように、本書がイタリア史の研究をめざす人たちにとって役立つように、心から祈りたい。

二〇〇八年三月

編者を代表して
山辺規子

# 人名索引

## ア行


アダルベルトゥス・サマリタヌス（Adalbertus Samaritanus 11-12世紀）　111
アッヴォカーティ家（(gl') Avvocati）　97
アックルシウス（Accursius（Accursio di Bagnolo）1182頃-1263）　112, 120, 124, 125
アッツォー（Azzo（Azzone）1190-1220頃活動 生没年不詳）　111
アラゴン家（Aragon）　6, 75, 228, 231, 234, 270
——，アルフォンソ．ダラゴーナ（Alfonso d' Aragona 1396-1458［ナポリ王（1442-58)］）　6, 231, 271
アリオスト，ロドヴィーコ（Ariosto, Lodovico（Ludovico）1474-1533）　232
アルデロッティ，タッデオ（Alderotti, Taddeo 1223-1295）　116
アルフォンソ７世（Alfonso VII 1105-57［カスティーリャ・レオン王（1126-57)］）　94
アルベルティ，レオン=バッティスタ（Alberti, Leon Battista 1404-72）　227, 232
アルボイン（Alboin（Alboino）？-572［565-572］）　3
アレクサンデル３世（Alexander III Rolando Brandinelli 1105-1181［教皇1159-1181］）　115, 124
アンジュー家（Anjou）　100, 228, 231, 270
——，シャルル・ダンジュー（Charles d'Anjou 1226-1285［アンジュー伯、プロヴァンス伯、アルバニア王、エルサレム王、アカイア侯、シチリア王（1266-1285)］）　6, 119, 231, 270
アンドレア・ピサーノ（Andrea Pisano ？-1348）　171
アンブロシウス（Ambrosius 339？-397）　181
イブン・バットゥータ（Ibn Baṭṭūṭa 1304-1368/69/77）　74
イルネリウス（Irnerius（Irnerio）1112-1130頃活動 生没年不詳）　110, 111
インノケンティウス３世（Innocentius Ⅲ Lotario dei Conti di Segni 1160/61-1216［教皇1198-1216］）75
インノケンティウス４世（Innocentius IV Sinibardo Fieschi 1190頃-1254［教皇1243-1254］）　116
ヴァッカリウス（Vaccarius（Vaccario）12世紀半ば活動 生没年不詳）　111
ヴァッラ（Lorenzo Valla 1407-57）　231
ヴィスコンティ（(i) Visconti）　64, 66, 67, 228, 229, 275
——，ジャン＝ガレアッツォ（Gian Galeazzo Visconti 1351-1402［ミラノ公（1395-1402)］）　229, 230, 232, 240
——，ジョヴァンニ＝マリア（Giovanni Maria Visconti -1412［ミラノ公（1402-1412)］）　230, 232
——，フィリッポ＝マリア（Filippo Maria Visconti 1392-1447［ミラノ公（1412-47)］）　67, 230
——，マッテオ（Matteo Visconti ？-1322）　229
ヴィットリーノ・ダ・フェルトレ（Vittorino da Feltre 1378-1446）　128, 232, 234
ヴィッラーニ，ジョヴァンニ（Villani, Giovanni 1280頃-1348）　35, 38, 50, 74, 76, 85, 86, 144
ヴィニョーラ（ジャコモ・バロッツィ）（Vignola（本名 Giacomo Barozzi）1507-1573）　241

ヴェチェッリオ，チェーザレ（Vecellio, Cesare 1521-1601） 165
ヴェロッキオ（Andrea di Verrocchio（本名 Andrea di Michele di Francesco Cione） 1435-88） 227
ヴェロネーゼ（Veronese（本名 Paolo Caliari） 1528頃-1588） 236
ウッチェロ（Uccello, Paolo 1397-1475） 227
エステ家（gli Estensi） 64, 128, 229, 233, 246, 247
——，アルフォンソ1世（Alfonso d'Este I 1476-1534［フェラーラ公（1505-34）］） 233, 234
——，アルフォンソ2世（Alfonso II d'Este 1533-97［フェラーラ公（1559-97）］） 246
——，イザベッラ（Isabella d'Este 1474-1539） 229, 232, 233
——，イッポリト（Ippolito d'Este 1509-1572） 233, 242
——，エルコレ1世（Ercole I d'Este 1431-1505［フェラーラ公（1471-1505）］ 229, 233, 242
——，ベアトリーチェ(Beatrice d'Este 1475-1497） 229, 230, 233
——，ボルソ Borso d'Este 1430-71［モデナ・レッジョ公（1452-71)、フェッラーラ公（1471）］ 233
エラスムス，デシデリウス（Erasmus, Desiderius 1469頃-1536） 238
エル・グレコ（El Greco（本名 Doménicos Theotokópoulos ）1541頃-1614） 105
オットー1世（Otto I 912-973［在位 ドイツ王（936-973）／神聖ローマ皇帝（962-973）イタリア王（951-973）］） 4, 267
オドフレドゥス（Odofredus（Odofredo） ?-1265） 112, 121, 127

## カ行

カール5世（Karl V 1500-1558［スペイン王（1516-1556）神聖ローマ皇帝（1519-1556）］） 232, 242, 259, 271, 272, 274
カール大帝（シャルルマーニュ）（Carolus Magnus / Charlemagne 747-814［フランク王（768-814）西ローマ皇帝（800-814）］） 3, 267
カスティリオーネ（Castiglione, Baldassare 1478-1529） 163, 165, 232, 235, 246
カッファロ（Caffaro） 95
カラーラ家（(i) Carrara） 66, 68
カルパッチョ，ヴィットーレ（Carpaccio, Vittore 1457頃-1526頃） 237
キヌス（・デ・ピストイア）（Cinus de Pistoia（Cino Sigisbuldi da Pistoia）1270-1336） 112
ギベルティ，ロレンツォ（Ghiberti, Lorenzo 1378-1455） 226, 228
ギルランダイオ、ドメニコ（Ghirlandaio, Domenico 1449-1494） 36, 227, 240
グァリーノ、バッティスタ（Guarino, Battista 1538-1612） 233
グァリーノ・ダ・ヴェローナ（Guarino da Verona 1370-1460） 128, 233
グイード・ダ・スザーラ（Guido da Suzzara 1225頃-1292） 121
グラティアヌス（Gratianus（Gratiano）12世紀半ば活動 生没年不詳） 112, 113
グリマーニ家（(i) Grimani） 236
グレゴリウス9世（Gregorius IX Ugolino dei Conti di Segni 1170-1241［教皇1227-1241］） 113, 182
クレメンス7世（Clemens Ⅶ Giulio de' Medici 1478-1534［教皇1523-1534］） 232, 242, 274
ゴッツォリ，ベノッツォ（Gozzoli, Benozzo（Benozzo di Lese）1444-97） 227
コルネール，カテリーナ（Corner, Caterina 1454頃-1510） 100
コレッジョ，アントニオ＝アレグリ（Correggio, Antonio Allegri 1489頃-1534） 232
ゴンザーガ家（(i) Gonzaga） 229, 231, 232, 233, 234, 247
——，エリザベッタ（Elisabetta Gonzaga）

229, 235, 247
——，ジャンフランチェスコ1世（Gianfrancesco I Gonzaga 1395-1444［マントヴァ侯（1433-1444）］）　232, 247
——，フェデリコ2世（Federico II Gonzaga 1500-40［マントヴァ侯（1519-30)、マントヴァ公（1530-40)］）　232, 247
——，フランチェスコ2世（Francesco II Gonzaga 1466-1519）　229, 232, 233
——，ロドヴィーコ（Lodovico Gonzaga 1412-1478［マントヴァ侯（1444-78)］）　232
コンタリーニ家（(i) Contarini）　237

## サ行

サヴォイア家（(i) Savoia）　247
——，エマヌエーレ・フィリベルト→サヴォイア家（Emanuele Filiberto（di Savoia）1528-80［サヴォイア公（1559-80)］）　247
——，カルロ・エマヌエーレ1世→サヴォイア家（Carlo Emanuele I 1562-1630［サヴォイア公（1580-1630)］）　249
サヴォナローラ，ジローラモ（Girolamo Savonarola 1452-1498）　198
ザッカリア家（(i) Zaccaria）　93
サッケッティ，フランコ（Sacchetti, Franco 1330頃-1400頃）　31, 32, 162, 178
サンガッロ、アントニオ・ダ（イル・ジョーヴァネ）（Sangallo, Antonio da ( il Giovane）1483-1546）　241
サンソヴィーノ，ヤコポ（Sansovino, Jacopo 1486-1570）　237
シクストゥス4世（Sixtus IV Francesco Della Rovere 1414-1484［教皇1471-1484］）　240, 242
ジャコモ・デッラ・マルカ（Giacomo della Marca 1393-1476）　197
シャルル・ダンジュー→アンジュー家
シャルル8世（Charles VIII 1470-1498［フランス王1483-1498］）　230, 231
シャルルマーニュ→カール大帝　3, 267
ジュスティニアン家（(i) Giustinian）　237
ジュリオ・ロマーノ（Giulio Romano（本名Giulio Pippi）1492-1546）　232
ジョット（Giotto di Bondone 1267/77-1337）　171
ジョルジョーネ（ジョルジョ・バルバベッリ）（Giorgione（本名Giorgio Barbabelli）1476頃-1510）　238
ストーム，アントニオ（Stom, Antonio 1688頃-1734）　206, 207
スフォルツァ家（(gli) Sforza）　228, 231
——，フランチェスコ（Francesco Sforza 1401-1466［ミラノ公（1450-66)］）　67, 230, 232, 234
——，ロドヴィーゴ（Lodovico Sforza（il Moro）1451-1508）　229, 230, 233

## タ行

ダ・チェルタルド，パオロ（Da Certaldo, Paolo 生没年不詳）　32
ダティーニ，フランチェスコ（Datini, Francesco 1335頃-1410）　135
タンクレード（ターラントの）（Tancrede de Hauteville 1072-1112［アンティオキア侯国の摂政（1100-1112)］）　90
ダンテ（Dante Alighieri 1265-1321）　85
ダンドロ，エンリコ（Dandolo, Enrico［ヴェネツィア元首（1107-1205)］）　99
デ・マーリ家（(i) De Mari）　97
ディ・カンビオ，アルノルフォ（Di Cambio, Arnolfo 1245頃？-1310頃？）　41, 171
ティツィアーノ，ヴェチェリオ（Tiziano, Vecellio 1488/90頃-1576）　232, 234, 235, 238
ディヌス（デ・ムジェッロ）（Dinus（de Mugello）（Dino del Mugello）13世紀後半活動 生没年不詳）　112
ティントレット（Tintoretto（本名Jacopo Robusti）1518-1594）　237
テオドリック（Theodoricus（Teodorico）455?

-526［東ゴート王（474-526）］） 3
デッラ・スカーラ家（(gli) Scaligeri） 64, 66
デッラ・ポルタ、ジャコモ（Della Porta, Giacomo 1537頃-1602） 241
デッラポルタ，レオナルド（Dellaporta, Leonardo ?-1419/20） 104
デル・コッサ、フランチェスコ（Del Cossa, Francesco 1435頃-77） 233
ドナテッロ（Donatello（本名 Donato di Niccolò di Batto Bardi）1386-1466） 226, 227, 228
ドミニコ（ドミニクス）(Dominicus（Domingo de Guzman）1170 ? -1221） 174
ドメニコ・ヴェネツィアーノ（Domenico Veneziano 1410-1461） 160
ドミニチ，ジョヴァンニ（Dominici, Giovanni 1356-1420） 188, 191, 192

## ナ行

ニコラウス４世（Nicholaus IV Girolamo da Ascoli 1227-1292［教皇1288-1292］） 120
ニコラウス５世（Nicholaus V Tommaso Parentucelli 1397-1455［教皇1447-1455］） 239

## ハ行

パウルス２世（Paulus Ⅱ Pietro Barbo 1417-1471［1464-1471］） 242
パウルス３世（Paulus Ⅲ Alessandro Farnese 1468-1549［教皇1534-1549］） 240, 242, 248
パッラーディオ，アンドレア（Palladio, Andrea 1508-1580） 237
バドエル，フェデリコ（Badoer, Federico 1519-1593） 238
ハドリアヌス６世（Hadrianus Ⅵ Adrian Florisz Boeyens 1494-1523［教皇1522-1523］） 242
バルディ（大商社名として）((i) Bardi） 76, 82, 96
パルテチパツィオ，ジュスティニアーノ（Partecipazio, Giustiniano 生没年不詳［ヴェネツィア公（元首）827-829］） 236
バルドゥス（・デ・ウバルディス）(Baldus de Ubaldis（Baldo degli Ubaldi）1327-1400） 112, 126, 128
バルトルス（・デ・サッソフェラート）（Bartolus de Saxoferrato（Bartolo da Sassoferrato）1313/1314?-1357） 112, 126
バルトロメオ・サッキ→プラティーナ
バルトロメオ・スカッピ（Bartolomeo Scappi 1500頃-1570以後） 158
バルバロ家（(i) Barbaro） 236
バルバロ，フランチェスコ（Barbaro, Francesco 1390-1454） 238
バンデッロ，マッテオ（Bandello, Matteo 1458-1561） 232
ピーコ・デッラ・ミランドラ，ジョヴァンニ（Pico della Mirandola, Giovanni 1463-1494） 227
ピウス２世（Pius II Enea Silvio Piccolomini 1405-1464［教皇1458-1464］） 127
ピエロ・デッラ・フランチェスカ（Piero della Francesca 1417頃-92） 234
ピサネッロ（Pisanello（本名 Antonio Pisano）活動期1415頃-1455/6） 231, 233
ピッコローミニ，アレッサンドロ（Alessandro Piccolomini 1508-1579） 164
ピッチニーノ、ニッコロ（Piccinino, Niccolò 1386-1444） 234
ピッルス（Pillus de Medicina）12世紀末〜13世紀初めに活動 生没年不詳） 112, 120
ピピン（小）(Pippin（Pippino）714-768［フランク王（751-768）］） 3, 267
ピレンヌ、アンリ（Pirenne, Henri 1862-1935） 4, 52, 53
ファルネーゼ家（(i) Farnese） 248
ファルネーゼ、アレッサンドロ（Farnese, Alessandro 1520-1589） 242
ファン・デル・フース、ヒューホ（van der Goes, Hugo 1436-82） 227
フィチーノ、マルシリオ（Ficino, Marsilio 1433-99） 227

フィラレーテ（Filarete（本名 Antonio di Pietro Averlino）1400頃-1469）　230
フーゴ（Hugo（Ugo de Porta Ravegnate）12世紀半ば活動 生没年不詳）　111
ブオンコンパーニョ（Buoncompagno（da Signa）1165-1250）　111
プラケンティウス（Placentius（Piacentino）12世紀末に活動）　112
プラティーナ（バルトロメオ・サッキ）(Platina 本名 Bartolomeo Sacchi）1421-1481）　158
ブラマンテ、ドナート（Bramante, Donato 1444頃-1514）　230, 240, 241
フランチェスコ（アッシジの）（Francesco（di Assisi）1181/82-1226）　57, 174, 179, 180
フリードリヒ１世（バルバロッサ）（神聖ローマ皇帝）（Friedrich I Barbarossa 1123-1190［ドイツ王（1152-1190）神聖ローマ皇帝（1155-1190）］）　5, 39, 51, 111, 114, 121, 122, 269
フリードリヒ２世（シチリア王・神聖ローマ皇帝）（Friedrich II 1194-1250［シチリア王（1197-1250）ドイツ王（1212-1250）神聖ローマ皇帝（1215-1250 戴冠式は1220））］）　6, 118
ブルーニ, レオナルド（Bruni, Leonardo 1370-1444）　31, 48
ブルガルス（Bulgarus（Bulgaro）?-1167?）　111
ブルクハルト、ヤーコプ（Burckhardt, Jacob 1818-1897）　9
ブルネッレスキ、フィリッポ（Brunelleschi, Filippo 1377-1446）　2, 171, 172
ベッカリーア, チェーザレ（Beccaria, Cesare Bonesana 1738-1794）　135
ベッラ, ガブリエル（Bella, Gabriel 1730-1799）　206, 207
ベッリーニ、ジョヴァンニ(Bellini, Giovanni（活動期）1460頃-1516）　234
ベッリーニ、ヤコポ（Bellini, Jacopo（活動期）1424頃-1470/1）　233
ベネディクトゥス（ヌルシアの）（Benedictus 480?-547？）　175
ベネデット・ダ・マイアーノ（Benedetto da Maiano 1442-1497）　228
ペポ（Pepo 11世紀末に活動 生没年不詳）　109
ペルジーノ（ピエトロ・ヴァヌッチ）（Pergino（本名 Pietro Vanucci）1445頃-1523）　240
ペルッツィ（大商社名として）（(i) Peruzzi）　76, 82, 96
ペルッツィ、バルダッサーレ（Baldassare Peruzzi 1481-1536）　241
ベルナルディーノ・ダ・シエナ（Bernardino da Siena 1380-1444）　160, 186, 187, 188, 189, 190, 191, 193, 194, 195, 196, 197, 199, 203, 204
ベルナルディーノ・ダ・フェルトレ（Bernardino da Feltre 1439-1494）　194, 201, 202
ベルニーニ、ジャン＝ロレンツォ（Bernini, Gian Lorenzo 1598-1680）　241
ベンボ, ベルナルド（Bembo, Berbardo 1433-1519）　238
ベンボ、ピエトロ（Bembo, Pietro 1470-1547）　232, 234, 238
ホーエンシュタウフェン家（Hohenstaufen）　6, 270
ボエモン（ターラントの）（Boemond de Hauteville ？（1050から1058の間）-1111［ターラント侯（1088-1111）アンティオキア侯（1099-1111）］）　90
ボードワン１世（Baudouin I de Boulogne 1058頃-1118［エルサレム王（1100-1118）］）　90
ボッカッチョ、ジョヴァンニ（Boccaccio, Giovanni 1313-75）　87, 130, 178
ボッティ（大商社名として）（(i) Botti）　83
ボッティチェッリ, サンドロ（Botticelli, Sandro（本名 Alessandro di Mariano Filipepi）1444/45-1510）　2, 227, 240
ボニファッチョ（トスカーナ辺境伯）（Boni-

faccio ?-838［ルッカ伯（公）トスカーナ辺境伯（828-38)］）　96
ボニファッチョ（モンフェラート侯）(Bonifacio I del Montferrato. 1150頃-1207)　100
ホノリウス3世（Honorius III Cencio Savelli. 1160頃-1227［教皇1216-1227］）　117
ポリツィアーノ（Poliziano（本名 Angelo Ambrogini）1454-1494）　227
ボルジア，ルクレツィア（Borgia，Lucrezia 1480-1519）　233, 234
ポンターノ（Pontano, Giovanni / Gioviano 1422-1503）　231

## マ行

マキアヴェッリ、ニッコロ（Machiavelli, Niccolò 1469-1527）87
マデルノ，カルロ（Maderno，Carlo 1556頃-1629）　241
マヌーツィオ，アルド（Manuzio，Aldo 1449-1515）　238
マヌエル1世（Manuele I Komnenos 1118-80 ビザンツ皇帝（1143-80)）　92
マラテスタ、シジスモンド（Malatesta, Sigismondo 1417-1468　リミニのシニョーレ）　234
マリピエロ家（(i) Malipiero）　236
マルティヌス（Martinus 12世紀半ば 生没年不詳）　111
マンテーニャ（Mantegna，Andrea 1431-1506）　232
ミカエル8世（パライオロゴス）（Michael VIII Palaiologos 1224/25-82［ビザンツ皇帝（1259-82)］）　92
ミケランジェロ（Michelangelo, Buonarroti 1475-1564）　228, 240, 241, 242
メディチ家（(i) Medici）　87, 151, 222, 226, 227, 228, 241, 247, 250, 252, 260, 272, 274
——，イサベッラ（Isabella 1542-76）　163, 164
——，コジモ（Cosimo de' Medici 1389-1464）　226, 227, 230, 234
——，コジモ1世（Cosimo I de' Medici 1519-74［フィレンツェ公（1537-69)、トスカーナ大公（1569-74)］）　255
——，コジモ3世（Cosimo III de' Medici 1642-1723［トスカーナ大公（1670-1723)］）　250
——，ジュリオ→クレメンス7世
——，ジョヴァンニ→レオ10世
——，フェルディナンド2世（Ferdinando II de' Medici 1610-70［トスカーナ大公（1621-70)］）　257
——，ロレンツォ（Lorenzo de' Medici 1449-1492）　220, 227, 231, 241
——，ロレンツォ・ディ・ピエルフランチェスコ（Lorenzo di Pierfrancesco 1430-76）　227
メフメト2世（Mehmed II 1432-1481［オスマン帝国スルタン（1444-46，1451-81)］）　105
モンテフェルトロ家（(i) Montefeltro）　229, 234
——，グイドバルド（Guidobaldo da Montefeltro 1472-1508［ウルビーノ公（1482-1508)］）　229, 235, 245
——，フェデリコ（Federico da Montefeltro 1422-82［ウルビーノ公（1444-82)］）　229, 234, 245

## ヤ行

ヤコブス（Jacobus（de Porta Ravegnate）?-1178）　111
ユスティニアヌス（Justinianus 482-565［東ローマ皇帝（527-565)］）　3, 110, 266
ユリウス2世（Julius II Giuliano Della Rovere 1443-1513［教皇1503-1513］）　235, 240, 241
ユリウス3世（Julius III Giovanni Maria del Monte 1487-1555［教皇1550-1555］）　242
ヨハンネス23世（Jonannes XXIII Baldassare Cossa 1370頃-1419［対立教皇1410-1415廃

位]）　180

## ラ行

ラニエーリ・ダ・ペルージャ（Ranieri da Perugia 13世紀初め活動 生没年不詳）　111
ラモン・ベレンゲル（カタルーニャ）（Ramón Berenguer（IV）1114-62［バルセロナ伯（1131-62）］）　94
ラファエッロ（Raffaello, Sanzio 1483-1520）　240, 241
ルイ12世（Louis XII 1462-1515［フランス王（1498-1515）］）　230
ルキウス３世（Lucius III Ubaldo Allucingoli ?-1185［教皇1181-1185］）　115
ルター、マルティン（Luther, Martin 1483-1546）　241
ルチェッライ，ジョヴァンニ（Rucellai, Giovanni 1403-81）　227, 228
ルッジェーロ２世（Ruggero II 1095-1154［シチリア王（1130-1154）］）　6, 268
レオ10世（Leo X Giovanni de' Medici 1475-1521［教皇1513-1521］）　241, 242, 248
レオナルド・ダ・ヴィンチ（Leonardo da Vinci 1452-1519）　2, 158, 163, 228, 230, 232
ロッセリーノ、アントニオ（Rosselino, Antonio 1427-79）　228
ロベルト・ダ・レッチェ（Roberto da Lecce 1425-1495）　197
ロメッリーニ家（(i) Lomellini）　97
ロランディーノ・パッサジェーリ（Rolandino Passagieri ?-1300）　111
ロレンツェッティ，アンブロージョ（Lorenzetti, Ambrogio 1285?-1348?）　162
ロンバルド，ピエトロ（Lombardo, Pietro 1435頃-1515）　237

# 事項索引

## ア行

## カ行

## サ行

## タ行

## ナ行



## ハ行

## マ行

## ヤ行



## ラ行

# 年　　表

| 年 | 事項 |
|---|---|
| 395 | 皇帝テオドシウス１世死す。東西ローマ帝国の分裂 |
| 402 | 西ローマ帝国、ラヴェンナに遷都 |
| 410 | 西ゴート族、ローマ劫略 |
| 476 | オドアケル、ロムルス・アウグストゥルスを廃し、王となる |
| 490～493 | 東ゴート族、テオドリックのもとイタリアに侵入、東ゴート王国を建国首都ラヴェンナ |
| 518 | 東ローマ帝国、ユスティニアヌス１世（大帝）即位 |
| 526 | 東ゴート王テオドリック死す |
| 535 | 東ローマ帝国と東ゴート王国との戦争開始 |
| 540 | 東ローマ帝国将軍ベリサリオス、ラヴェンナ占領 |
| 555 | 東ゴート王国滅亡、東ローマ帝国によるイタリア支配 |
| 568 | アルボインに率いられたランゴバルド族、イタリアに侵入し、ランゴバルド王国を建国、首都パヴィア |
| 590 | フランク・東ローマ帝国連合軍、ランゴバルド王国を攻撃するが失敗 |
| 590～604 | 教皇グレゴリウス１世（大教皇） |
| 643 | ランゴバルド王ロターリによるロターリ法典（最初の成文法集成）を発布 |
| 663 | ビザンツ皇帝（ヘラクレイオス朝）コンスタンス２世、イタリアに進入、ランゴバルドに敗北 |
| 697 | ヴェネツィアで、住民が元首（ドージェ）を選出 |
| 713～735 | ランゴバルド王リウトプラントの法整備（ロターリ法典の改訂） |
| 751 | ランゴバルド王アストゥルフォ、ラヴェンナを占領。カロリング朝成立 |
| 754 | フランクのピピン（ペパン）イタリアに侵入 |
| 756 | ピピンによる旧ラヴェンナ総督領占領。総督領はビザンツ皇帝に返還されず、教皇ステファヌス２世に贈与される（いわゆる「ピピンの寄進」） |
| 773～774 | フランクのカール大帝（シャルルマーニュ）、ランゴバルド王国を滅ぼし、その国王を兼ねる |
| 781 | カール大帝、息子のピピンをイタリア王とする |
| 800 | カール大帝、ローマで皇帝として戴冠 |
| 811 | ヴェネツィアの元首、リアルト（現ヴェネツィア）に遷座 |
| 812 | アーヘン条約（東西両帝国間の条約、ヴェネツィアはビザンツ帝国に帰属） |
| 827 | イスラーム勢力、チュニジアからシチリアへ侵入開始 |
| 829 | アレクサンドリアから、ヴェネツィアに聖マルコの遺骸がもたらされる |
| 843 | ヴェルダン条約（カロリング帝国の三分割条約） |
| 850 | ルートヴィヒ（ルイ）２世、皇帝として戴冠。イタリア王国で単独統治 |
| 870 | メルセン条約（カロリング帝国の最終的三分割条約） |
| 875 | ルートヴィヒ（ルイ）２世死す。王位継承争い。ビザンツ軍、南部の再征服開始 |
| 878 | ムスリム、シラクサ占領 |
| 888 | 独立イタリア王国時代開始（イタリア王国でカロリング家支配断絶。有力イタリア諸侯がイタリア王位を争い、政治的に混乱～962） |

| | |
|---|---|
| 888 | イヴレア侯ベレンガリオ１世、イタリア王に選出される |
| 899 | マジャール人の最初のイタリア侵入 |
| 902 | アラブ人、シチリア島のビザンツ勢力最後の拠点タオルミナを占領 |
| 924 | マジャール人、パヴィアを劫略。ベレンガリオ１世、対立王により殺害 |
| 927 | イタリア王ウーゴに対して、パヴィアの役人たちが反乱 |
| 928～954 | テオフィラクトゥス家によるローマ支配 |
| 933 | ヴェネツィア、イタリア王国都市コマッキオを略奪、破壊 |
| 945 | ウーゴの没落。イタリア王の実質的な覇権の終焉 |
| 958 | イタリア王ベレンガーリオ２世と息子アダルベルト、ジェノヴァ人に対して国王証書を発給 |
| 962 | ドイツ王オットー１世、皇帝に即位（いわゆる神聖ローマ帝国の成立） |
| 968～970 | 皇帝オットー１世、ビザンツ領イタリアの征服を試みる |
| 996～1002 | 皇帝オットー３世、「ローマ帝国」の復興を標榜し、イタリア経営に努力 |
| 998 | 神聖ローマ皇帝オットー３世、ローマに皇帝宮殿を造営 |
| 999～1000 | ヴェネツィア、イストリアとダルマツィアに海上遠征 |
| 999～1002 | 教皇シルヴェステル２世 |
| 1001 | オットー３世、ローマから追放 |
| 1002 | 皇帝を支援したトスカーナ辺境伯ウーゴ死す |
| 1002～1014 | イヴレア侯アルドゥイーノ、神聖ローマ皇帝ハインリヒ２世に対抗してイタリア王を称す |
| 1013～1017 | ビザンツ支配に対するランゴバルド系住民の反乱の傭兵としてノルマン人が南イタリアに登場 |
| 1015～1016 | ピサとジェノヴァによってサルデーニャからムスリム勢力が駆逐される |
| 1024 | パヴィア人、ザクセン朝最後の皇帝ハインリヒ２世の死を聞き、王宮を略奪、破壊 |
| 1030 | ノルマン人、初めてアヴェルサ伯位を獲得 |
| 1042 | プーリアでノルマン人独立集団が形成 |
| 1046 | 皇帝ハインリヒ３世、教会の混乱、南部の混乱に介入し、一応の解決を得る |
| 1049 | 教皇レオ９世、教会改革開始 |
| 1053 | チヴィターテの戦い（教皇主導の反ノルマン同盟軍がノルマン人に大敗） |
| 1054 | 枢機卿フンベルトゥスとコンスタンティノープル総大主教の対立。いわゆる東西教会の分離 |
| 1059 | 教皇ニコラウス２世、南部のノルマン人諸侯を叙任。南部及びシチリアの宗主権を獲得。教皇選出規定作成（世俗君主の教皇任命権を否定） |
| 1064 | ピサ、パレルモ沖の海戦に勝利。ピサ大聖堂建設開始 |
| 1067 | ミラノのカピタネイ（封臣）層、教皇勅書に登場 |
| 1071 | ノルマン人によりバリ陥落。イタリアにおけるビザンツ支配の終焉 |
| 1072 | ノルマン人によりパレルモ陥落。ノルマン人によるシチリア実質支配の開始 |
| 1073～1085 | 教皇グレゴリウス７世 |
| 1081～1085 | ピサにおいて、「鐘の音で集められた［住民］集会」開催。コンソリ初出 |
| 1082 | ヴェネツィア、海上支援の見返りに、ビザンツ帝国で広範な商業特権を獲得 |

| | |
|---|---|
| 1087 | ピサとジェノヴァ、北アフリカの商業上の中心地マフディアを略奪 |
| 1088 | ボローニャ大学、公式にはこの年に創立されたとされる |
| 1091 | ノルマン人によるシチリア征服完了 |
| 1092 | ピサ、司教座から大司教座に昇格 |
| 1094 | ヴェネツィア、サン・マルコ聖堂献堂（火災後、再建） |
| 1095 | 教皇ウルバヌス２世、十字軍勧説 |
| | アスティでコンソリ初出 |
| | ヴェネツィア、神聖ローマ帝国で商業特権を獲得 |
| 1096 | 第１回十字軍出発（1099年、エルサレム占領） |
| | この頃、ボローニャでコムーネ（都市住民全体の共同体）が成立 |
| 1097 | ミラノでカピタネイ層出身のコンソリ初出 |
| | ジェノヴァ、第１回十字軍に参加。アンティオキア攻略に参加して、多大な特権を獲得 |
| 1098 | アレッツォでコンソリ初出 |
| 1099 | ジェノヴァでコンソリ初出 |
| | ヴェネツィア、リアルトの市場整備 |
| 1100 | ヴェネツィア、エルサレム王国に艦隊派遣。引き替えに、教会と商業上の特権を獲得 |
| 1101～1110 | 聖地への一連の軍隊派遣 |
| 1110 | 皇帝ハインリヒ５世、イタリア南下。トスカーナ辺境女伯マティルデ領のすべてのロンバルディアの都市が服属 |
| 1111 | ピサ、コンスタンティノープルに居留区を持つ特権獲得 |
| 1113 | ピサ、マジョルカ島攻略。サルデーニャ、コルシカでの影響力を高める |
| 1115 | トスカーナ辺境女伯（カノッサの）マティルデ死す |
| 1116 | 皇帝ハインリヒ５世　ボローニャのコムーネを承認 |
| 1117 | ピストイアの都市条例布告の年とされる |
| 1122 | ヴォルムスの協約 |
| 1124 | ヴェネツィア、 エルサレム王国で特権を獲得し、居留区を獲得 |
| 1130 | ルッジェーロ２世、（対立）教皇アナクレトゥス２世によって、シチリア王位を承認される。パレルモで戴冠式 |
| 1138 | パドヴァで最初のコンソリ会議 |
| | フィレンツェでコムーネの記録初出 |
| | ローマにおいてアルノルド・ダ・ブレッシャの活動開始 |
| | コンラート２世、ジェノヴァに造幣権付与 |
| 1140 | （正統）教皇インノケンティウス２世、シチリア王ルッジェーロ２世の王号承認 |
| | パレルモの王宮完成。カッペッラ・パラティーナ（王宮礼拝堂）献堂 |
| 1143～1145 | ローマのコムーネ制度の再編成 |
| 1147 | 第２回十字軍。エデッサ伯領喪失に対処するために、フランス王、ドイツ王が聖地へ |
| | シチリア王国軍、ビザンツ帝国領のコルフ攻略 |
| 1147～1148 | ジェノヴァがイベリア半島遠征。アルメリアとトルトーサをムスリムから奪取 |
| 1148 | コンスタンティノープルにおけるヴェネツィア人の特権拡大 |

| | |
|---|---|
| 1151 | シエナでレクトル（ポデスタの役割を果たす）初出 |
| 1152 | フリードリヒ1世（バルバロッサ）、ドイツ王に選出 |
| 1154 | シチリア王ルッジェーロ2世死去。グリエルモ1世即位<br>ピアチェンツァで同職組合（アルテ）の記録<br>皇帝フリードリヒ1世、第1回イタリア遠征。パヴィアでイタリア王に選出。ロンカリアで帝国議会開催。アスティ炎上。トルトーナ破壊。 |
| 1155 | フリードリヒ1世、ローマで皇帝として戴冠<br>ローマでアルノルド・ダ・ブレッシャ処刑<br>ジェノヴァ、コンスタンティノープルに居留区を獲得<br>ピサ、第3市壁構築 |
| 1156 | ベネヴェントの和約。教皇ハドリアヌス4世、シチリア王グリエルモ1世を承認 |
| 1158 | 皇帝フリードリヒ1世、第2回イタリア遠征（〜62）ロンカリアで帝国議会開催。ハビタ（外国人学生の裁判権に関する特権）を発す。 |
| 1159〜1181 | 教皇アレクサンデル3世 |
| 1159 | ミラノで同職組合の記録 |
| 1160 | ノルマン人支配下にあったマフディアなどマグリブ諸都市がムスリムによって奪回される |
| 1160〜1161 | パレルモで反乱、王宮が襲撃される（宰相マイオーネ暗殺） |
| 1162 | ミラノ、皇帝に敵対し、破壊される<br>ピサ、ジェノヴァ、それぞれ皇帝から特権を獲得 |
| 1163 | 皇帝フリードリヒ1世、第3回イタリア遠征（〜64） |
| 1163/1164 | ヴェローナ都市同盟（ヴェローナ、ヴィチェンツァ、パドヴァの対皇帝同盟）結成 |
| 1166 | 皇帝フリードリヒ1世の第4回イタリア遠征（〜68）クレモナ、ブレッシャ、ベルガモ、マントヴァ、続いてミラノが、抵抗のための同盟結成。皇帝ローマ入市<br>シチリア王グリエルモ1世死す。グリエルモ2世即位。未成年のため、母后が摂政 |
| 1167 | ロンバルディア都市同盟結成 |
| 1168 | 反皇帝の象徴的存在として教皇アレクサンデル3世の名前にちなんだ都市アレッサンドリアを建設 |
| 1171 | コンスタンティノープルなどで、ビザンツ皇帝の命令によりヴェネツィア人を拘束し、財産を没収 |
| 1172 | ヴェネツィア、大評議会が元首の指名権獲得 |
| 1172〜1175 | フィレンツェ、第2市壁建設 |
| 1173 | ワルド（ヴァルドー）派異端の広がり |
| 1173/1174 | 皇帝フリードリヒ1世、第5回イタリア遠征（〜78）。ビザンツ皇帝に与したアンコーナを包囲するも失敗 |
| 1174 | シチリア王グリエルモ2世、モンレアーレ修道院（大聖堂）を建設 |
| 1176 | レニャーノの戦い。ロンバルディア都市同盟、皇帝軍に勝利 |
| 1177 | ヴェネツィアの和約（皇帝・教皇・ロンバルディア同盟諸都市・シチリア王国）皇帝、シチリア王国を承認 |
| 1179 | 第3回ラテラーノ公会議（教皇アレクサンデル3世主催） |

| | |
|---|---|
| 1181/82 | アッシジのフランチェスコ誕生 |
| 1182 | ボローニャからモデナに教師ピッルスと学生が移動 |
| | フィレンツェで同職組合の記録 |
| | コンスタンティノープルで、ピサ人やジェノヴァ人などに対する民衆暴動発生 |
| 1183 | コンスタンツの和約（ロンバルディア都市同盟諸都市は、皇帝から事実上の主権を獲得） |
| | フィレンツェ、皇帝からコムーネの正式承認を得る |
| | ミラノ、市壁拡大 |
| 1184 | 皇帝フリードリヒ１世、第６回イタリア遠征（～86） |
| | 教皇ルキウス３世、異端対策のための教書を出す |
| 1185 | 教皇ルキウス３世、ボローニャ司教に教師・学生間の民事裁判権確認 |
| | グリエルモ２世、ビザンツ帝国に派兵 |
| 1186 | シチリア王女コスタンツァとフリードリヒ１世の息子ハインリヒ（6世）が結婚 |
| 1187 | 聖地でハッティーンの戦い。ムスリムがエルサレムを奪回 |
| | ヴェネツィア、ビザンツ皇帝より特権を付与される |
| | ヴェネツィアで、小評議会初出 |
| 1188 | ボローニャからレッジョに教師と学生が移動 |
| | 教皇クレメンス３世とローマ市民が和約 |
| | ピサで毛織物業組合（理事が存在）の記録 |
| 1189 | シチリア王グリエルモ２世、継嗣なくして死す |
| | 第３回十字軍（エルサレム喪失に対応して、神聖ローマ皇帝、イングランド王、フランス王が参加） |
| | 第３回十字軍に際し、イタリア諸都市がさらに特権を獲得 |
| 1189/1190 | 皇帝フリードリヒ１世、十字軍遠征途上で死す |
| 1190 | ジェノヴァで市民内部の対立から、コンソリに代えてポデスタを任命 |
| | シチリア王に、グリエルモ２世の従兄弟（庶子）タンクレーディが即位（在位 1190～94） |
| 1191 | ジェノヴァ、ハインリヒ６世から特権を獲得 |
| | ローマにおいて、教皇ケレスティヌス３世、神聖ローマ皇帝ハインリヒ６世に戴冠 |
| 1194 | フリードリヒ２世誕生 |
| | 皇帝ハインリヒ６世、シチリア王に即位（ホーエンシュタウフェン家による支配開始） |
| 1196 | ボローニャからピアチェンツァに教師と学生が移動 |
| 1197 | 神聖ローマ皇帝兼シチリア王ハインリヒ６世、死す |
| 1198 | ミラノ、聖アンブロジョ枢密会議（コンソリの枢密顧問会議）を設置 |
| 1198～1216 | 教皇インノケンティウス３世 |
| 1198 | 神聖ローマ皇帝妃兼シチリア女王コスタンツァ死す。インノケンティウス３世が、遺児フリードリヒ２世の後見人となる |
| 1200 | ボローニャからヴィチェンツァに教師と学生が移動 |
| | フィレンツェ、外国人ポデスタの任命開始（以後断続的に任命） |
| 1201 | ヴェネツィア、第４回十字軍指導者と東方遠征について交渉を始める |

| | |
|---|---|
| 1203 | ルッカで、騎兵勤務ではなく、歩兵勤務をする市民が全歩兵団体を結成 |
| 1204 | 第4回十字軍。ビザンツ帝国がいったん滅亡。ラテン帝国成立。ヴェネツィアが旧ビザンツ帝国領の「八分の三」を獲得 |
| 1205 | ローマのコムーネが、セナトーレ（都市執政官）任命権を獲得 |
| | 教皇インノケンティウス3世、ウンブリア、マルケ、ロマーニャを教皇の保護のもとに皇帝権から「解放する」と宣言 |
| 1209/1210 | 教皇インノケンティウス3世、アッシジのフランチェスコとその仲間（フランチェスコ会／小さき兄弟会）の活動を口頭で承認 |
| 1210 | クレモナ司教、貴族とポポロの争いを和解させ、コムーネの役職を両者に分配 |
| | ヴェネツィア、モンフェラート侯ボニファッチョからクレタ島の領有権を買収 |
| | ボローニャからアレッツォに教師と学生が移動 |
| 1211 | ヴェネツィア、クレタへの軍事的植民計画 |
| 1214 | ブーヴィーヌの戦い。フランス王フィリップ2世とフリードリヒ2世の同盟軍がイングランド王と皇帝オットー4世（ヴェルフェン家）に勝利 |
| 1215 | フィレンツェでブオンデルモンテ暗殺。年代記によると、ここにフィレンツェにおけるグェルフィ・ギベッリーニの対立が始まる |
| | ボローニャから再度アレッツォに、教師と学生が移動 |
| | 第4回ラテラーノ公会議 |
| 1217 | ピサ、サルデーニャに都市カリアリを再建 |
| | ジェノヴァで、ポデスタ制確立 |
| 1218 | ベルガモで、「ロンバルディアの貧者」（異端）の動き |
| 1219 | 教皇ホノリウス3世、ボローニャ司教座大助祭に、学業を修めた者に「教授資格」を授与する権限を付与 |
| 1220 | 教皇ホノリウス3世、フリードリヒ2世を皇帝として戴冠 |
| 1221 | ルッカで、同職組合登録者全員に全歩兵団体への加入を義務づける |
| 1222 | ピアチェンツァのポデスタ、貴族とポポロとの間で、コムーネの役職と負担を分配 |
| | ボローニャからパドヴァに教師と学生が移動 |
| 1223 | 教皇ホノリウス3世、フランチェスコ会の新しい会則承認 |
| 1224 | フリードリヒ2世、ナポリ大学設立（1234、1239、1254、1258年と繰り返し再興） |
| | フリードリヒ2世、シチリアのムスリムをイタリア半島南部のルチェラに移す |
| 1226 | アッシジのフランチェスコ死す |
| 1227～1241 | 教皇グレゴリウス9世 |
| 1227 | 教皇グレゴリウス9世、十字軍出発の遅滞を理由として、フリードリヒ2世を破門 |
| 1228 | ボローニャで、都市の支配権をめぐって民衆が蜂起 |
| | アッシジのフランチェスコの列聖 |
| | パドヴァからヴェルチェッリに教師と学生が移動 |
| 1228～1236 | エッツェリーノ・ダ・ロマーノ、ヴェローナとヴィチェンツァの支配権確立 |

| | |
|---|---|
| 1229 | フリードリヒ2世、十字軍からの帰途南イタリアで教皇軍を撃破 |
| 1230 | サン・ジェルマーノの和約（フリードリヒ2世と教皇間） |
| 1231 | メルフィ法典（皇帝の書 / シチリア王国勅法集成）発布<br>フリードリヒ2世、アウグスタリス貨幣を発行 |
| 1234 | 教皇グレゴリウス9世、列聖の権限を教皇に限定<br>教皇グレゴリウス9世、『教皇令集』を集成 |
| 1237 | コルテヌオーヴァの戦い。フリードリヒ2世、エッツェリーノ・ダ・ロマーノとともにロンバルディア都市同盟に勝利<br>ヴェローナの領主エッツェリーノ・ダ・ロマーノ、パドヴァ占領<br>ミラノで、グェルフィのデッラ・トッレ家が支配権獲得 |
| 1239 | 教皇グレゴリウス9世、フリードリヒ2世を破門。フリードリヒ2世に対する十字軍宣言 |
| 1240 | エステ家のアッツォ7世、フェッラーラでシニョリーア体制を敷く |
| 1244/1245 | 教皇インノケンティウス4世、教皇庁の大学を設立 |
| 1245 | 教皇インノケンティウス4世、皇帝の脅威を感じてリヨンに移る。ロンバルディアの諸都市とフリードリヒ2世の対立再燃<br>リヨン公会議。教皇インノケンティウス4世、フリードリヒ2世の廃位を宣言 |
| 1248 | フリードリヒ2世、第2次ロンバルディア都市同盟に敗北 |
| 1249 | フォッサルタの戦い。ボローニャ、皇帝の息子エンツォを破って捕縛<br>アンティオキアのフリードリヒ、フィレンツェにおける皇帝代官として、フィレンツェにおける最初の大規模なグェルフィ追放を命令 |
| 1250 | フリードリヒ2世死す。帝国とシチリアは息子のコンラート4世のものとされるが、庶子マンフレディがシチリア王国の支配権獲得<br>フィレンツェに、追放されていたグェルフィ復帰。最初のポポロ体制 |
| 1252 | 教皇インノケンティウス4世、ボローニャの学生団の学則承認<br>フィレンツェとジェノヴァにおいて、金貨発行開始 |
| 1254 | 皇帝コンラート4世死す。大空位時代（～73）<br>ファリナータ・デリ・ウベルティとフィレンツェのギベッリーニがシエナに移動 |
| 1256～1258 | アッコンでヴェネツィア人とジェノヴァ人が争い、結果としてジェノヴァ人がアッコンからティルスに移動 |
| 1258 | フリードリヒ2世の庶子マンフレディ、シチリア王に即位<br>グリエルモ・ボッカネグラ、ジェノヴァのカピターノ・デル・ポポロに就任 |
| 1259 | デッラ・トッレ家、ミラノの支配権獲得<br>エッツェリーノ・ダ・ロマーノ死す |
| 1260 | パドヴァ大学再興<br>アイン・ジャルートの戦い。マムルーク朝、モンゴル軍に勝利<br>モンタペルティの戦い。この戦いに勝ったシエナによってフィレンツェのグェルフィが追放され、ギベッリーニが帰国 |
| 1260年代 | 「鞭打ち兄弟会」各地で設立 |
| 1261 | ラテン帝国滅亡。ジェノヴァ、ミカエル・パライオロゴスがコンスタンティノープルを奪還するのに協力。黒海における特権を獲得 |

| | |
|---|---|
| 1264 | エステ家、フェッラーラでシニョーレの称号を得る |
| 1265 | ボローニャ、不動産や書籍など高額の取引契約を公式に記録することを規定 |
| 1266 | ベネヴェントの戦い。マンフレディ、シャルル・ダンジューに敗れて戦死<br>フィレンツェで、有力な同職組合が7つの大組合に再編される<br>シャルル・ダンジュー、ナポリ大学を再興。大学として軌道にのる |
| 1268 | タッリァ・コッツォの戦い。シャルル・ダンジュー、ホーエンシュタウフェン家のコンラーディンを破り、処刑 |
| 1270 | シャルル・ダンジュー、兄フランス王ルイ9世の十字軍のチュニス遠征に従軍 |
| 1274 | リヨン公会議。東西教会合同の試みがされるが失敗<br>ジェノヴァ船が、北海まで航行した記録初出 |
| 1277 | ジェノヴァ船が、フランドルまで航行した記録初出<br>ミラノで、大司教オットーネ・ヴィスコンティが、グェルフィのデッラ・トッレ一族を打ち破る |
| 1279 | ボローニャ、法学者グイード・スザリウスを俸給をもって招聘 |
| 1281 | オルヴィエート同盟。シャルル・ダンジューとヴェネツィアがラテン帝国復興を企図 |
| 1282 | 3月「シチリアの晩祷」事件（シャルル・ダンジューがシチリア島喪失)。8月アラゴン王ペドロ3世がシチリアの支配権獲得<br>フィレンツェで、プリオリ制成立（ポポロの政権獲得) |
| 1284 | メロリアの戦い。ジェノヴァ、ピサに勝利。ピサの衰退が決定的になる |
| 1285 | ペドロ3世、シャルル・ダンジューともに死す。ペドロ3世、シチリアを次男ハイメに遺す（シチリア王国がアラゴン王国から分離) |
| 1287 | ミラノで、マッテオ・ヴィスコンティ、5年任期（再任可）のカピターノ・デル・ポポロに就任 |
| 1287～1355 | シエナで九人委員会体制確立 |
| 1289 | カンパルディーノの戦い。フィレンツェ、アレッツォに勝利 |
| 1291 | アッコン陥落。十字軍勢力が、シリアから駆逐される（キプロスがその最前線となる)<br>教皇ニコラウス4世、ボローニャ大学に「万国教授資格」授与の権限を付与 |
| 1293 | フィレンツェ、反豪族立法（正義の規定）制定。ポポロ支配体制が確立 |
| 1294～1303 | 教皇ボニファティウス8世 |
| 1296 | フィレンツェ、新大聖堂建設開始<br>ペドロ3世の三男フェデリコ、シチリア王に選出される。前シチリア王ハイメ2世は、アラゴン王となり、シチリア王国は、ナポリ王国のみならずアラゴン王国とも対立 |
| 1297 | ヴェネツィアの大評議会の閉鎖化により、貴族身分が固定化<br>教皇ボニファティウス8世、アラゴン王ハイメ2世に、シチリア王号の代わりに「サルデーニャ及びコルシカ王」の称号を授与 |
| 1298 | シエナのボンシニョーリ銀行倒産<br>クルツォラの戦い。ジェノヴァ、ヴェネツィアに勝利（マルコ・ポーロがジェノヴァの捕虜となる) |

| | |
|---|---|
| 1300 | ナポリ王カルロ２世、ルチェラのムスリムを奴隷とする |
| | ローマで最初の聖年 |
| | フィレンツェにおける「白党」と「黒党」の対立開始 |
| 1302 | 教皇ボニファティウス８世、教書「ウナム・サンクトゥム（唯一聖なる）」を発して、教皇権の至上性を主張 |
| | カルタベロッタの和約。シチリアをめぐるアラゴン朝とアンジュー朝の和約、後に解消 |
| 1303 | （コムーネによる）ローマ大学創設 |
| | アナーニ事件。（教皇ボニファティウス８世、フランス王顧問ギョーム・ノガレによって幽閉されたのち、死亡） |
| 1307〜1321 | ダンテ『神曲』を執筆 |
| 1309〜1377 | アヴィニョン教皇庁時代 |
| 1308 | ペルージャ大学創設 |
| 1309 | ロベルト、ナポリ王位継承（〜43） |
| 1310 | ヴェネツィア、「十人委員会」設置 |
| 1311 | 皇帝ハインリヒ７世（ルクセンブルク家）、イタリアに南下 |
| | マッテオ・ヴィスコンティ、皇帝代官、続いてミラノのシニョーレの称号を獲得（〜22） |
| 1316〜1334 | 教皇ヨハネス 22 世 |
| 1318 | トレヴィーゾ大学創設 |
| | カラーラ家、パドヴァの実権を掌握 |
| 1323 | 教皇ヨハネス 22 世、フランチェスコ会厳修派を糾弾 |
| 1327 | ゴンザーガ家、マントヴァで実権を掌握 |
| 1328〜1329 | フィレンツェ、役人選出に抽籤制を取り入れるなど機構改革 |
| 1329 | アッツォーネ・ヴィスコンティ、ミラノにおける皇帝代官の資格を獲得 |
| 1331 | イブン・バトゥータ、ジェノヴァ支配下のカッファの繁栄を旅行記に記す |
| 1338〜1339 | アンブロジョ・ロレンツェッティ、シエナのパラッツォ・プブリコ（市庁舎）に≪善政と悪政の寓意≫を描く |
| 1339 | シエナ、フィレンツェに対抗して、大聖堂拡張を決定（1357 年計画を放棄） |
| | ジェノヴァで、シモン・ボッカネグラが終身ドージェに任命される |
| 1340 | ヴェネツィアで、パラッツォ・ドゥカーレ（元首宮殿）拡張計画開始 |
| 1341 | フランチェスコ・ペトラルカ、ローマで桂冠詩人となる |
| 1342〜1343 | フィレンツェにおいて、アテネ公による短期間のシニョリーア制が成立 |
| 1343 | ターナ（ドン河口）で、現地住民による反西ヨーロッパ人暴動 |
| 1345 | フィレンツェ、公債を統合 |
| 1346 | ヴィッラーニ、イングランド王のフィレンツェ商社に対する債務について記す |
| 1347 | コーラ・ディ・リエンツォ、ローマにおいて改革運動 |
| 1347〜1350 | 最初の黒死病流行（以後、1367、1374、1400、1417、1422〜25、1430、1457、1479、1497、1527 にも流行） |
| 1348〜1351 | ボッカッチョ、『デカメロン』執筆 |
| 1349 | フィレンツェ大学創設 |
| 1353〜1367 | 教皇インノケンティウス６世、枢機卿アルボルノスを、教皇領支配確立のためにイタリアに派遣 |

| | |
|---|---|
| 1354 | コーラ・ディ・リエンツォ、ローマで「護民官」となるも殺害される |
| 1355 | ヴェネツィアで、反貴族の陰謀発覚。その指導者である元首マリン・ファリエルなどが処刑 |
| 1357 | アルボルノス、教皇領に「エギディウス憲章（教皇領の国家憲章）」発布 |
| 1361 | パヴィア大学創設 |
| 1363～1366 | クレタ島で、ヴェネツィア支配に対する島民蜂起 |
| 1365 | オスマン軍、アドリアノープルを占領し、帝国の首都とする |
| 1372 | ナポリ王国とシチリア王国の和約（1282 年以来の対立関係終結） |
| 1375～1378 | フィレンツェと教皇グレゴリウス 11 世との間で戦争（八聖人の戦い） |
| 1378 | フィレンツェでチオンピの乱（下層労働者の蜂起） |
| 1378～1381 | キオッジャの戦い。ヴェネツィア、ジェノヴァに勝利を収める |
| 1378～1417 | 教会大分裂 |
| 1385 | ジャン゠ガレアッツォ・ヴィスコンティ、叔父のベルナボから権力を奪取して、単独支配権獲得 |
| 1386 | ミラノにおける新司教座聖堂（ドゥオーモ）建設開始 |
| 1391 | フェッラーラ大学創設 |
| 1393 | フィレンツェで父親がいない子どもの後見行政機関創設 |
| 1395 | ジャン゠ガレアッツォ・ヴィスコンティ、神聖ローマ皇帝からミラノ公の称号獲得 |
| 1396 | ジェノヴァ、フランス王に対して臣従礼をとる |
| 1397 | ジョヴァンニ・ディ・ビッチ・デ・メディチ、メディチ銀行創設 |
| 1398 | 教皇ボニファティウス 9 世、ローマで再び支配権獲得 |
| 1399 | 「ビアンキ」行列の運動 |
| 1401～1402 | ギベルティ、フィレンツェの洗礼堂のブロンズ扉の彫刻のコンクールで、ブルネッレスキに勝利を収める |
| 1405 | トリノ大学創設 |
| 1406 | フィレンツェ、ピサ征服 |
| 1408 | ジェノヴァ、サン・ジョルジョ銀行が公的機関としての性格を獲得 |
| 1409 | ピサ公会議、教皇アレクサンデル 5 世（1409～1410）を選出するも、教会大分裂（シスマ）を終結させることには失敗 |
| | シチリア王マルティーノ 1 世が亡くなり、父でアラゴン王のマルティーノ（2 世）がシチリア王となる。以後、アラゴン王とシチリア王は兼任 |
| 1412 | ジャン゠ガレアッツォの長男ジョヴァンニ゠マリア暗殺、次男フィリッポ゠マリア・ヴィスコンティ、ミラノ公として承認される |
| 1413 | メフメト 1 世、オスマン帝国を再統一（1402 年、ティムールに大敗後、帝国は一時崩壊） |
| 1414～1418 | コンスタンツ公会議。教会大分裂終結。教皇マルティヌス 5 世を選出 |
| 1419 | フィレンツェ、司教座から大司教座に昇格 |
| 1420～1436 | ブルネッレスキ、フィレンツェの大聖堂のドームを設計し、建設を直接指示 |
| 1421 | ジェノヴァ、ミラノ公フィリッポ゠マリア・ヴィスコンティに服属 |
| 1423 | ヴェネツィアの元首トンマーゾ・モチェーニゴの遺言で国勢を分析 |
| | ヴェネツィア、オスマン帝国と戦争 |
| 1425 | ヴェネツィア、フィレンツェと同盟して、ミラノに対抗 |

| | |
|---|---|
| | フィレンツェで「嫁資基金（Monte delle doti）」設立 |
| 1425～1427 | フランチェスコ会厳修派のベルナルディーノ・ダ・シエナ、フィレンツェとシエナで説教 |
| 1427～1430 | フィレンツェにおける最初のカタスト（世帯別資産調査） |
| 1431～1447 | 教皇エウゲニウス３世 |
| 1431～1449 | バーゼル公会議 |
| 1433 | コジモ・デ・メディチ、アルビッツィ派によってフィレンツェから追放される |
| | ゴンザーガ家ジャンフランチェスコ１世、皇帝ジギスムンドからマントヴァ侯の称号を獲得 |
| 1434 | コジモ・デ・メディチ、フィレンツェに呼び戻される。以後、1464 年に亡くなるまでフィレンツェで実権掌握 |
| 1435 | ジェノヴァ、ヴィスコンティに反乱 |
| 1437 | フィレンツェ、ユダヤ人銀行家との取引、契約を公認 |
| 1438～1439 | 教皇エウゲニウス４世、フェッラーラ・フィレンツェ公会議を主催（フィレンツェでの開催にはメディチが協力）。東西教会の合同を採択 |
| 1440 | ロレンツォ・ヴァッラ、『コンスタンティヌスの寄進状について』で、この寄進状が偽書であることを論証 |
| 1441 | フランチェスコ・スフォルツァ、フィリッポ＝マリア・ヴィスコンティの娘ビアンカ＝マリアと結婚 |
| 1442 | アラゴン王アルフォンソ５世、ナポリ王国を征服 |
| 1444 | コジモ・デ・メディチ、フィレンツェでメディチ邸建設 |
| | フェデリコ・ダ・モンテフェルトロ、ウルビーノ伯の称号を獲得 |
| | カターニャ大学創設 |
| | ロドヴィーコ（ルドヴィーコ）３世・ゴンザーガ、マントヴァ侯に |
| 1444～1472 | フェデリコ・ダ・モンテフェルトロ、ウルビーノで宮殿建設 |
| 1445 | フィレンツェ、インノチェンティ捨児養育院創設 |
| 1447 | ミラノ公フィリッポ＝マリア・ヴィスコンティ死す |
| 1447～1450 | ミラノでアンブロジアーナ共和国成立（共和制の一時的復活） |
| 1447～1455 | 教皇ニコラウス５世 |
| 1450 | フランチェスコ・スフォルツァ、ミラノ公に即位 |
| 1452 | フェッラーラのエステ家ボルソ、モデナ及びレッジョ公の称号を皇帝から獲得 |
| 1453 | オスマン帝国、コンスタンティノープル征服。ビザンツ帝国滅亡 |
| 1454 | ローディの和約 |
| 1455 | 教皇ニコラウス５世、ローマ都市計画に本格的に着手。ヴァティカン宮殿やヴァティカン図書館を建設 |
| 1458 | フランチェスコ会厳修派、公益質屋（モンテ・ディ・ピエタ）設立開始 |
| | ナポリ王アルフォンソ死す。庶子のフェッランテがナポリ王国を継承し、嫡子が継承したアラゴン王国から分離独立 |
| | ジェノヴァ、フランスの支配下に入る |
| 1458～1464 | 教皇ピウス２世 |
| 1459 | 教皇ピウス２世、マントヴァで会議を開催し、オスマン帝国に対する十字軍を勧説 |

| | |
|---|---|
| 1460 | マントヴァ侯ロドヴィーコ3世、マンテーニャを宮廷画家として雇用 |
| 1461 | ジェノヴァ、フランス人を追放 |
| 1464 | ジェノヴァ、フランチェスコ・スフォルツァの支配下に入る |
| 1466 | ミラノで、フランチェスコ・スフォルツァ死す。ガレアッツォ＝マリア・スフォルツァ継承 |
| 1469 | ロレンツォ・デ・メディチ、メディチ家の当主となり、市の実権を掌握 |
| 1470 | オスマン帝国によってヴェネツィア領ネグロポンテ陥落 |
| 1471 | エステ家のボルソ、教皇からフェッラーラ公の称号を獲得 |
| 1471～1484 | 教皇シクストゥス4世 |
| 1475～1481 | 教皇シクストゥス4世、システィーナ礼拝堂建設 |
| 1474 | フェデリコ・ダ・モンテフェルトロ、ウルビーノ公の称号を教皇から獲得 |
| 1475 | プラティナ（本名バルトロメオ・サッキ）『適度の楽しみと健康について』執筆 |
| | オスマン帝国によってジェノヴァ領カッファ陥落 |
| 1476 | ミラノの貴族、ガレアッツオ＝マリア・スフォルツァを暗殺 |
| 1477 | フランス王ルイ11世、ブルゴーニュ公国を併合 |
| 1478 | パッツィ家の陰謀。ロレンツォ・デ・メディチの弟ジュリアーノ暗殺 |
| 1478～1480 | 教皇シクストゥス4世とナポリ王フェッランテ、宣戦布告をして、フィレンツェ領に侵入 |
| 1479 | アラゴン王国とカスティーリャ王国の合同（いわゆるスペイン王国成立） |
| 1480 | ロドヴィーコ（ルドヴィーコ）・スフォルツァ（通称イル・モーロ）、ミラノで権力掌握 |
| | オスマン帝国、イタリア攻撃。オトラントを占領 |
| 1484～1492 | 教皇インノケンティウス8世 |
| 1485～1486 | ナポリ王フェッランテに対して、ナポリ王国各地で反乱 |
| 1489 | キプロス女王カテリーナ・コルネール、王国をヴェネツィアに譲渡 |
| | 教皇インノケンティウス8世、13歳のジョヴァンニ・デ・メディチ（後のレオ10世）を枢機卿に任命 |
| 1490 | マントヴァ侯フランチェスコ2世・ゴンザーガ、フェッラーラのイザベッラ・デステと結婚 |
| 1491 | ミラノのロドヴィーコ・スフォルツァ、フェッラーラのベアトリーチェ・デステと結婚 |
| 1492 | ロレンツォ・デ・メディチ死す |
| | スペイン、レコンキスタ完了。ユダヤ人追放令を発布。16世紀にかけてイタリアやオスマン帝国にユダヤ人流入 |
| | コロンブス、バハマ諸島に上陸 |
| 1492～1503 | 教皇アレクサンデル6世 |
| 1494 | フランス王シャルル8世がイタリアに侵入。フィレンツェで、ロレンツォ・デ・メディチの息子が追放され、サヴォナローラの政治的影響力が強まる。ピサがフィレンツェ支配から離脱 |
| 1495 | シャルル8世、2月にナポリ征服。7月のフォルノーヴォの戦いの後、反フランス同盟による退路遮断を警戒して、イタリアから退却 |
| 1495～1498 | レオナルド・ダ・ヴィンチ、ミラノのサンタ・マリア・デッレ・グラツィエ修道院食堂の≪最後の晩餐≫制作 |

| | |
|---|---|
| 1496 | スペインのカトリック両王の王女ファナ、ハプスブルク家のフィリップと結婚 |
| 1498 | フィレンツェにおいて、サヴォナローラ処刑 |
| 1498 | ヴァスコ・ダ・ガマ、インドのカリカットに到着 |
| 1499 | フランス王ルイ12世、イタリアに侵入し、ミラノ占領。ロドヴィーコ・スフォルツァを追放 |
| 1499～1503 | 教皇アレクサンデル6世の息子チェーザレ・ボルジア、ロマーニャにボルジア支配領域をつくる |
| 1500 | ミラノ、フランス支配に反乱。ロドヴィーコ・スフォルツァが帰還するも、フランス軍によって逮捕 |
| 1500頃 | オスマン帝国によってヴェネツィア領モドン、コロンが陥落 |
| 1501 | フランス王ルイ12世とスペインのフェルナンドによってナポリが征服 |
| 1502 | フェッラーラ公アルフォンソ・デステ、教皇アレクサンデル6世の娘ルクレツィア・ボルジアと結婚 |
| | ピエロ・ソデリーニ、フィレンツェで終身の正義の旗手に選出される |
| 1503～1513 | 教皇ユリウス2世 |
| 1504 | アラゴン王国（スペイン王国）、ナポリ王国を属領化 |
| | フィレンツェにおいて、共和国のシンボルとしてプリオリ宮の前にミケランジェロの≪ダヴィデ≫を立てる |
| 1506 | 教皇ユリウス2世、ボローニャを再征服 |
| | ヴェネツィア、貴族を記載する「黄金の書」（戸籍簿）を作成 |
| | ヴァティカンのサン・ピエトロ大聖堂建設開始 |
| 1506～1507 | ジェノヴァにおける民衆反乱。フランスによる制圧 |
| 1508 | カンブレー同盟（反ヴェネツィア同盟）成立。翌年、ヴェネツィアはアニャデッロの戦いで同盟軍に大敗 |
| | ロドヴィーコ・スフォルツァ、フランス王に囚われたまま、死す |
| | ウルビーノ公グイドバルド・デ・モンテフェルトロ死す。甥で養子となっていたフランチェスコ＝マリア・デッラ・ローヴェレが公位継承 |
| 1509 | フィレンツェ、ピサを再征服 |
| 1511 | 教皇ユリウス2世、対フランス神聖同盟結成 |
| 1512 | ラヴェンナの戦い。フランス軍勝利するも、スイス軍の敵対によって撤退。スペイン軍、トスカーナに侵入し、メディチ家復帰 |
| 1513～1521 | 教皇レオ10世 |
| 1515 | フランス王フランソワ1世、イタリアに侵入し、ミラノ征服。フランソワと教皇との間でボローニャ協約。レオ10世、フィレンツェに公式に入市 |
| 1516 | ヴェネツィア、イタリア初のユダヤ人隔離のための「ゲットー」設置 |
| | 教皇レオ10世、フランチェスコ＝マリア・デッラ・ロヴェーレから公位を奪い、甥ロレンツォ・デ・メディチに授与 |
| 1517 | ルター、「95か条の論題」を提起。宗教改革開始 |
| 1519 | カール5世、神聖ローマ皇帝に選出される |
| 1520 | レオ10世、ルターの教えを糾弾し、異端と宣告 |
| 1523～1534 | 教皇クレメンス7世 |
| 1525 | パヴィアの戦い。皇帝軍、フランス軍に勝利 |

| | |
|---|---|
| 1526 | コニャック同盟（教皇、フランス王、ミラノ、フィレンツェなどによる反皇帝同盟）結成 |
| 1527 | ローマ劫略（サッコ・ディ・ローマ）。皇帝軍、ローマを略奪し、教皇を監禁 |
| 1527 | フィレンツェに共和制政府復活 |
| 1528 | ジェノヴァで２年任期ドージュ制開始 |
| | バルダッサーレ・カスティリオーネ、『宮廷人』刊行 |
| 1529 | バルセロナ協定。皇帝が教皇と協定を結び、メディチ家のフィレンツェ復帰を約束 |
| 1530 | カール５世、ボローニャにおいて皇帝としての戴冠式。イタリアでの覇権確立 |
| | ゴンザーガ家のフェデリコ２世、マントヴァ公の称号を皇帝から獲得 |
| | フィレンツェ、皇帝軍に降伏。メディチ家復帰 |
| 1532 | フィレンツェ、共和制から君主制への移行。アレッサンドロ・デ・メディチ、フィレンツェ公に |
| 1534～1549 | 教皇パウルス３世 |
| 1535 | カール５世、ミラノ公国をハプスブルグ家の属領とする |
| 1536～1562 | サヴォイア公国、フランス王によって占領される |
| 1536～1540 | ミケランジェロ、システィーナ礼拝堂の≪最後の審判≫制作 |
| 1537 | １月、アレッサンドロ・デ・メディチ暗殺される。メディチ家弟脈のコジモ１世、フィレンツェの有力者たちの合意で、アレッサンドロの称号を継承。カール５世、コジモに公の称号を授与 |
| 1538 | プレヴェザの戦い。オスマン海軍が、ヴェネツィア・皇帝連合軍を撃破 |
| 1539 | アレッサンドロ・ピッコローミニ、『ラファエッラ、あるいは女性の良き作法についての対話』執筆 |
| 1540 | オスマン帝国によって、ヴェネツィア領ナウプリオン、モネンヴァシアが陥落 |
| 1545～1563 | トレント公会議 |
| 1545 | 教皇パウルス３世、パルマとピアチェンツァを教皇領から分離させ、自分の一族ファルネーゼ家の君主をいただく公国とする |
| 1547 | ピエル＝ルイジ・ファルネーゼ暗殺さる |
| 1550 | ファルネーゼ家、ピアチェンツァ公の称号を承認される |
| | ジョルジョ・ヴァザーリ、『画家・建築家・彫刻家列伝』刊行 |
| 1555 | フィレンツェのコジモ１世、カール５世の後援により、シエナを征服 |
| 1555～1559 | 教皇パウルス４世 |
| 1556 | ファルネーゼ家、ピアツェンツァ公の称号を承認される |
| 1557 | メディチ家のコジモ１世、フェリペ２世より旧シエナ領を封として授与される |
| 1559 | カトー・カンブレジ条約。イタリアの大半でスペインが覇権を確立 |
| 1562 | フィレンツェ公国、サント・ステファノ騎士団創立 |
| 1563 | サヴォイア公エマヌエーレ＝フィリベルト、トリノに遷都 |
| 1566 | オスマン帝国によってジェノヴァ領キオスが陥落 |
| 1569 | メディチ家のコジモ１世、トスカーナ大公の称号を獲得 |
| 1571 | オスマン帝国によって、ヴェネツィア領キプロスが陥落 |

| | |
|---|---|
| | レパントの海戦（キリスト教徒連合軍、オスマン海軍に勝利） |
| 1590 | チェーザレ・ヴェチェッリオ『古今東西の服装』執筆 |
| 1598 | フェッラーラ公位を剥奪されたエステ家、モデナに遷都 |
| 1627 | マントヴァ公位、ゴンザーガ家の断絶により、ヌヴェール公が継承 |
| 1708 | マントヴァ公国、ミラノ公国に統合される |
| 1731 | パルマ・ピアチェンツァ公国、ファルネーゼ家の断絶により、ブルボン朝スペインの支配下に |
| 1737 | トスカーナ大公国、メディチ家の断絶により、ロートリンゲン（ロレーナ）家の支配下に |

大黒俊二（おおぐろ・しゅんじ）　第10章
1953年愛媛県生まれ。大阪大学大学院文学研究科後期課程（博士）所定単位修得退学。
現在、大阪市立大学大学院文学研究科教授。
著書に、『嘘と貪欲――西欧中世の商業・商人観――』（名古屋大学出版会、2006年）、『声と文字』（岩波書店、2010年）、論文に「声のゆくえ――15世紀イタリアの筆録説教から――」（『思想』1111号、2016年）、他。

木村容子（きむら・ようこ）　第10章
1976年大阪府生まれ。大阪市立大学大学院文学研究科博士課程満期退学。博士（文学）。現在、神戸女学院大学非常勤講師。イタリア中世史専攻。
論文に、"The *Bildungsroman* of an Anonymous Franciscan Preacher in Late Medieval Italy (Biblioteca Comunale di Foligno, MS C. 85)"（*Medieval Sermon Studies*, Vol. 58, Issue 1, 2014）、他。

松本典昭（まつもと・のりあき）　第12章1、2、3
1955年鳥取県生まれ。同志社大学大学院文学研究科博士後期課程単位取得退学。博士（文化史学）。
現在、阪南大学国際コミュニケーション学部教授。イタリア近世史、ヨーロッパ文化史専攻。
著書に『メディチ君主国と地中海』（晃洋書房、2006年）、『パトロンたちのルネサンス――フィレンツェ美術の舞台裏――』（ＮＨＫブックス、2007年）。共訳書に『マキァヴェッリ全集』６（筑摩書房、2000年）、ジョルジョ・スピーニ『ミケランジェロと政治』（刀水書房、2003年）、他。

和栗珠里（わぐり・じゅり）　第12章4、5、6
1963年愛媛県生まれ。同志社大学大学院文学研究科博士課程単位取得退学。
現在、桃山学院大学教授。ヴェネツィア近世史専攻。
論文に、「『ポスト・カンブレー期』ヴェネツィアの寡頭支配層とパトロネジ」（『西洋史学』第214号、2004年9月）など。共訳に『マキァヴェッリッリ全集』６（筑摩書房、2000年）、他。訳書にドゥッチョ・バレストラッチ『フィレンツェの傭兵隊長ジョン・ホークウッド』（白水社、2006年）。

北田葉子（きただ・ようこ）　第13章
1967年東京都生まれ。慶應義塾大学大学院文学研究科博士課程修了（博士（史学）2001年）。
現在、明治大学教授。イタリア、とくにフィレンツェの近世史専攻。
著書に、『近世フィレンツェの政治と文化』（刀水書房、2003年）、共著に『ヨーロッパの名家101』（新書館、2004年）、論文に『十六世紀のフィレンツェの宮廷』（『日伊文化研究』43号、2005年）。

亀長洋子（かめなが・ようこ）　第５章１
1965年新潟県生まれ。東京大学大学院人文社会系研究科博士課程修了（博士（文学）1999年）。現在、学習院大学文学部史学科教授。ジェノヴァを中心に中世イタリア史、地中海史を専攻。著書に『中世ジェノヴァ商人の「家」――アルベルゴ・都市・商業活動――』（刀水書房、2001年）、論文に「キオスに集う人々――中世ジェノヴァ公証人登記簿の検討から――」（歴史学研究会編『港町と海域世界』青木書店、2005年）、訳書にピーター・バーク『ルネサンス』（岩波書店、2005年）、他。

高田良太（たかだ・りょうた）　第５章２
1977年ブラジル、サンパウロ市生まれ。現在、京都大学大学院文学研究科西洋史専修博士後期課程在籍。
論文に「中世後期クレタにおける教会とコミュニティ」（『史林』第82巻第2号、2006年）。翻訳論文にフリオ・ビアンコ「『復讐するは我にあり』――15・16世紀フリウリのフェーデにおける貴族クランと農村共同体――」（服部良久編訳『紛争のなかのヨーロッパ中世』京都大学学術出版会、2006年）。

＊山辺規子（やまべ・のりこ）　第６章・第８章１、２
1956年アメリカ合衆国ミネソタ州生まれ。京都大学大学院文学研究科西洋史学専攻博士課程単位取得退学。イタリアを中心とする中世史、ヨーロッパ文化史を専攻。
現在、奈良女子大学文学部教授。人文社会学歴史学コース担当。
著書に、『ノルマン騎士の地中海興亡史』（白水社、1996年）、共編著に『大学で学ぶ西洋史（古代・中世編）』（ミネルヴァ書房、服部良久、南川高志との共編著）、訳書に『ヨーロッパの食文化』（平凡社、1999年　城戸照子と共訳）他。

高橋友子（たかはし・ともこ）　第７章
1957年京都市生まれ。立命館大学文学部卒業。同大学大学院博士後期課程単位取得退学。イタリア政府給費留学生としてボローニャ大学留学後、立命館大学より博士号（文学）取得。2007年急逝。神戸女学院大学文学部総合文化学科教授（＝在職中。イタリア中近世史、女性学専攻）。
執筆時に『捨児たちのルネッサンス』（名古屋大学出版会、2000年、第23回マルコ・ポーロ賞）、『路地裏のルネサンス――花の都のしたたかな庶民たち――』（中公新書、2004年）。

伊藤亜紀（いとう・あき）　第８章３
1967年千葉県生まれ。お茶の水女子大学大学院人間文化研究科博士課程修了。博士（人文科学）現在、国際基督教大学上級准教授。イタリア服飾史専攻。
著書に『色彩の回廊――ルネサンス文芸における服飾表象について――』（ありな書房　2002年）、共訳に徳井淑子編『中世衣生活誌　日常風景から想像世界まで』（勁草書房、2000年）、論文に“Perché si vestì come Venere? —Adiona nella *Comedia delle ninfe fiorentine*—”（*Studi sul Boccaccio*, vol.XXXIII, 2005）など。

三森のぞみ（みつもり・のぞみ）第９章
1963年東京都生まれ。慶應義塾大学大学院文学研究科博士課程単位取得退学。
現在、慶應義塾大学非常勤講師。イタリア中世史専攻。
論文に「14、15世紀フィレンツェにおける司教選出とその法規定」（『史学』第65巻 第1/2号、1995年）、「フィレンツェにおける近世的政治秩序の形成」（『歴史学研究』第822号2006年）他。訳書にキアーラ・フルゴーニ『アッシジのフランチェスコ ひとりの人間の生涯』（白水社、2004年、第14回ピーコ・デッラ・ミランドラ賞）。

## ■■▪▪執筆者紹介（執筆順、＊編者）

**＊藤内哲也（とうない・てつや）　序章、第 11 章**

1970 年福岡県生まれ。京都大学大学院文学研究科博士後期課程学修退学。博士（文学）。

現在、鹿児島大学学術研究院法文教育学域法文学系教授。イタリア中・近世史、ヴェネツィア史専攻。

著書に『近世ヴェネツィアの権力と社会――「平穏なる共和国」の虚像と実像――』（昭和堂、2005 年）。編著に『はじめて学ぶイタリアの歴史と文化』（ミネルヴァ書房、2016 年）、『クロスボーダーの地域学』（共編著、南方新社、2011 年）。

**城戸照子（きど・てるこ）　第 1 章**

1960 年福岡県生まれ。九州大学大学院経済学研究科博士課程満期退学。

現在、大分大学経済学部教授。中世イタリア社会経済史専攻。

論文に「8 -10 世紀北イタリアにおける流通構造と地域統合――修道院経済との関係――」（田北廣道・藤井美男編著『中・近世西欧における社会統合の諸相』（九州大学出版会、2000 年）、「8 -10 世紀イタリア北部の裁判集会文書」（田北廣道・藤井美男編著『ヨーロッパ中世世界の動態像――史料と理論の対話――』（九州大学出版会、2004 年）他。共著に『西洋中世学入門』（東京大学出版会、2005 年）。

**徳橋　曜（とくはし・よう）　第 2 章**

1960 年東京都生まれ。東京都立大学大学院人文科学研究科博士課程単位取得退学。

現在、富山大学人間発達科学部教授。フィレンツェを中心とした中世イタリア都市の社会史および環境史を専攻。

共著に『近世ヨーロッパの東と西　共和制の理念と現実』（山川出版社、2004 年）、編著に『環境と景観の社会史』（文化書房博文社、2004 年）、訳書にカルロ・マリア・チポッラ『経済史への招待』（国文社、2001 年）、論文に「15 世紀のフィレンツェ社会における『友人関係』」（『イタリア学会誌』第 44 号、1994 年 10 月）、「中世イタリアにおける公証人の社会的位置づけ」（『公証法学』第 36 号、2006 年 12 月）他。


**髙田京比子（たかだ・けいこ）　第 3 章**

1965 年大阪府生まれ。京都大学文学部博士後期課程研究指導認定退学。

現在、神戸大学人文学研究科准教授。中世イタリア史、ヴェネツィア史専攻。

論文に「サン・マルコ財務官と中世ヴェネツィア都市民――遺言書史料に見る行政機構の発展――」（『史林』84 巻 5 号、2001 年）、「メディアとしての聖地巡礼記――中世地中海世界の情報網――」（前川和也編著『コミュニケーションの社会史』ミネルヴァ書房、2001 年）、“«Commissarii mei Procuratores Sancti Marci». Ricerche sulle competenze dell’ufficio della Procuratia di San Marco（1204-1270）”.（*Archivio Veneto. V serie.* Vol.CLXVI.N.201,2006）、訳にアルフレード・ヴィッジャーノ「ルネサンス期ヴェネツィアにおける市内と海上支配領域のギリシャ人」（『海港都市研究』第 3 号、2008 年）他。

**＊齊藤寛海（さいとう・ひろみ）　第 4 章、終章**

1945 年京城（ソウル）生まれ。東北大学大学院文学研究科博士課程所定単位取得退学。博士（文学）。

現在、信州大学名誉教授。イタリア中・近世史専攻。

著書に『中世後期イタリアの商業と都市』（知泉書館、2002 年）、訳書に星野秀利『中世後期フィレンツェ毛織物工業史』（名古屋大学出版会、1995 年）、マキァヴェッリ『フィレンツェ史』上・下（岩波書店、2012 年）。

イタリア都市社会史入門

2008 年 7 月 25 日　初版第 1 刷発行
2017 年 9 月 30 日　初版第 3 刷発行

編著者　齊 藤 寛 海
山 辺 規 子
藤 内 哲 也

発行者　杉 田 啓 三
〒 606-8224　京都市左京区北白川京大農学部前
発行所　株式会社　昭 和 堂
振替口座　01060-5-9347
TEL（075）706-8818 / FAX（075）706-8878



印刷　亜細亜印刷

ISBN 978-4-8122-0820-5